COLLECTION MICHEL LÉVY

OEUVRES COMPLÈTES

D'ALEXANDRE DUMAS

LAGNY. — Typographie de A. VARIGAULT et Cie

L'HOROSCOPE

PAR

ALEXANDRE DUMAS

PARIS

MICHEL LÉVY FRÈRES, LIBRAIRES-ÉDITEURS

RUE VIVIENNE, 2 BIS

—

1860

Tous droits réservés

L'HOROSCOPE

I

LA FOIRE DU LANDI

Vers le milieu du mois de juin de l'année 1559, par une radieuse matinée de printemps, une foule, que l'on pouvait approximativement évaluer à trente ou quarante mille personnes, encombrait la place Sainte-Geneviève.

Un homme, arrivé fraîchement de sa province et tombant tout à coup au milieu de la rue Saint-Jacques, d'où il eût pu apercevoir cette foule, eût été bien embarrassé pour dire à quelle fin elle se trouvait agglomérée en si grand nombre sur ce point de la capitale.

Le temps était superbe : ce n'était donc pas la châsse de sainte Geneviève que l'on allait faire sortir, comme en 1551, pour obtenir la cessation des pluies.

Il avait plu l'avant-veille : ce n'était donc point la châsse de sainte Geneviève que l'on promenait pour demander de la pluie, comme en 1556.

On n'avait point à déplorer une désastreuse bataille dans le genre de celle de Saint-Quentin : ce n'était donc pas, comme en 1557, la châsse de sainte Geneviève que l'on menait en procession pour obtenir la protection de Dieu.

Il était évident, néanmoins, que cet immense concours de populaire, rassemblé sur la place de la vieille abbaye, y venait célébrer quelque grande solennité.

Mais quelle solennité?

Elle n'était pas religieuse; car, quoique l'on aperçût çà et là dans la foule quelques robes de moines, ces robes respectables n'étaient pas en quantité suffisante pour donner à la fête un caractère religieux.

Elle n'était pas militaire; car les hommes d'armes étaient en petit nombre dans la foule, et ceux qui y étaient n'avaient ni pertuisanes ni mousquets.

Elle n'était pas aristocratique; car on ne voyait pas au-dessus des têtes flotter les pennons armoriés des gentilshommes et les casques empanachés des seigneurs.

Ce qui dominait dans cette multitude aux mille couleurs, où étaient confondus gentilshommes, moines, voleurs, bourgeoises, filles de joie, vieillards, bateleurs, sorciers, bohémiens, artisans, porteurs de rogatons, vendeurs de cervoise, les uns à cheval, les autres à mulet, ceux-ci à âne, ceux-là en coche (on venait justement, cette année-là, d'inventer les coches), et dont le plus grand nombre, cependant, allait, venait, poussait, grouillait, se démenait pour arriver au centre de la place; ce qui dominait dans cette multitude, disons-nous, c'étaient les écoliers : écoliers des quatre nations, écossais, anglais, français, italiens.

En effet, c'était cela : on était au premier lundi après la Saint-Barnabé, et c'était pour aller à la foire du landi que toute cette foule était rassemblée.

Mais peut-être ces trois mots, qui appartiennent à la langue du XVIe siècle, ne disent-ils rien à nos lecteurs. Expliquons-leur donc ce que c'était que la foire du landi.

Attention, chers lecteurs! nous allons faire de l'étymologie, ni plus ni moins qu'un membre de l'Académie des inscriptions et belles-lettres.

Le mot latin *indictum* signifie un jour et un lieu indiqués pour quelque assemblée du peuple.

L'i, changé d'abord en e, le fut définitivement en a. On dit donc successivement, au lieu d'*indictum* : l'indict, l'endit, puis l'andit, et enfin landi.

Il en résulte que ce mot signifie jour et lieu indiqués pour une assemblée.

Du temps de Charlemagne, le roi teuton qui faisait sa capitale à Aix-la-Chapelle, une fois par an, on montrait aux pèlerins les saintes reliques dans la chapelle.

Charles le Chauve transporta ces reliques d'Aix à Paris, et on les montra au peuple une fois par an, dans un champ de foire qui se tenait vers le boulevard Saint-Denis.

L'évêque de Paris, trouvant que, vu la piété croissante des fidèles, le champ de foire n'était point en harmonie avec ceux qu'il devait contenir, établit la fête du landi dans la plaine Saint-Denis.

Le clergé de Paris y apportait les reliques en procession ; l'évêque venait y prêcher et y donner la bénédiction au peuple ; mais il en était des bénédictions comme des biens du prochain ou des fruits du voisin : n'a pas le droit de les distribuer qui veut ; les clercs de Saint-Denis prétendirent qu'eux seuls avaient le droit de bénir sur leurs terres, et assignèrent au parlement de Paris l'évêque, comme usurpateur.

L'affaire fut débattue avec acharnement et plaidée de part et d'autre avec une telle éloquence, que le parlement, ne sachant à qui des deux donner raison, donna tort à tous deux, et défendit, vu le trouble qu'ils causaient, aux évêques d'une part et aux abbés de l'autre, de mettre les pieds à la foire du landi.

Ce fut le recteur de l'Université qui hérita des prérogatives réclamées ; il avait le droit de se transporter tous les ans à la foire du landi, le premier lundi après la Saint-Barnabé, pour y choisir le parchemin nécessaire à tous ses collèges ; il était même défendu aux marchands siégeant à cette foire d'en débiter une seule feuille avant que M. le recteur eût fait toutes ses emplettes.

Cette promenade du recteur, qui durait plusieurs jours, suggéra aux écoliers la pensée de l'accompagner : ils lui en demandèrent la permission. Cette permission leur fut accordée, et, à partir de ce moment, le voyage se fit chaque année avec toute la pompe et toute la magnificence imaginables.

Les régents et les écoliers s'assemblaient, à cheval, sur la place Sainte-Geneviève, et, de là, ils marchaient en ordre jusqu'au champ où se tenait la foire. La cavalcade arrivait assez tranquillement à sa destination; mais, une fois arrivé, le cortége trouvait, pour venir se joindre à lui, tous les bohèmes, tous les sorciers (l'on en comptait à Paris trente mille à cette époque), toutes les filles et toutes les femmes équivoques (de celles-ci, aucune statistique n'a jamais donné le nombre), en habits de garçons, toutes les demoiselles du Val-d'Amour, du Chaud-Gaillard, de la rue Froid-Mantel : une véritable armée, quelque chose comme une de ces grandes migrations du iv⁰ siècle, avec cette différence que ces dames, au lieu d'être des barbares ou des sauvages, n'étaient que trop civilisées.

Arrivé dans la plaine Saint-Denis, chacun faisait halte, descendait de son cheval, de son âne, de sa mule, secouait simplement la poussière de ses bottes, de ses chausses, de ses souliers et de ses houseaux, s'il était venu à pied, se mêlait à l'honorable compagnie, dont il essayait de prendre ou de faire monter le diapason; on s'asseyait, on mangeait boudins, saucissons et pâtés; on buvait, à la prolongation des joues fleuries de ces dames, des quantités effroyables de pots de vin blanc de tous les coteaux d'alentour, Saint-Denis, La Briche, Épinay-lez-Saint-Denis, Argenteuil. Les têtes se montaient aux propos d'amour et aux propos de beuverie : alors *flacons d'aller, jambons de trotter, goubelles de voler. Tus braille; tourne Rousse à moi sans eau; fouette-moi ce verre gualantement, mon ami; du blanc! du blanc! verse tout, verse de par le diable! cent mains fault à un sommelier comme avait Briarius pour enfatigablement verser.* La *langue me pelle, mon compagnon, courage!* On avait mis en action le cinquième chapitre de *Gargantua*.

Le beau temps, ou plutôt le joyeux temps, vous en conviendrez, que celui où Rabelais, curé de Meudon, écrivait *Gargantua*, et où Brantôme, abbé de Bourdeille, écrivait les *Dames galantes!*

Une fois gris, on chantait, on s'embrassait, on se querellait, on débitait des choses folles, on injuriait les passants. Il fallait bien s'amuser, que diable!

On entamait donc, avec les premiers venus qui tombaient sous la main, des propos qui, selon le caractère des gens, finissaient par des rires, des injures ou des coups.

Il fallut vingt arrêts du parlement pour remédier à ces désordres; encore finit-on par être obligé, comme essai, de transporter la foire, de la plaine, dans la ville même de Saint-Denis.

En 1550, il fut bien décrété qu'à la foire du lundi les écoliers n'assisteraient plus que par députations de douze pour chacun des quatre colléges aux Nations, comme on les appelait à cette époque, et cela y compris les régents. Mais alors il arrivait ceci:

C'est que les écoliers non admis quittaient les habits universitaires, et, vêtus en manteaux courts, en chapeaux de couleur, en chausses chiquetées, ajoutant, en vertu de ces espèces de saturnales, l'épée, qui leur était défendue, à la dague, qu'ils s'étaient, de temps immémorial, arrogé le droit de porter, ils se rendaient à Saint-Denis, par toutes sortes de routes, en vertu du proverbe: *Tout chemin conduit à Rome*; et que, comme ils échappaient, sous leurs mascarades, à la vigilance des maîtres, les désordres étaient devenus infiniment plus grands qu'avant l'ordonnance rendue pour y remédier.

On en était donc là en 1559; et, à voir l'ordre avec lequel le cortége commençait à se mettre en marche, on était à cent lieues de songer aux excentricités auxquelles il allait se livrer, une fois arrivé.

Cette fois, comme d'habitude, la cavalcade s'ébranla donc assez régulièrement, entra dans la grande rue Saint-Jacques sans faire trop de trouble; poussa, en débouchant devant le Châtelet, un de ces hourras de malédiction, comme savent seules en pousser les foules de Paris; car la moitié des membres composant cette foule connaissait certainement les prisons souterraines de ce monument autrement que par ouï-dire), et, après cette manifestation, qui était toujours un petit soulagement, elle s'engageait dans la rue Saint-Denis.

Devançons-la, cher lecteur, et allons prendre place dans la ville abbatiale de Saint-Denis, afin d'y assister à un épisode de la fête qui se rattache à l'histoire que nous avons entrepris de vous raconter.

La fête officielle était bien dans la ville, dans la grande rue de la ville même; c'était bien dans la ville, et particulièrement dans la grande rue, que barbiers, cervoisiers, tapissiers, merciers, lingères, bourreliers, selliers, cordiers, éperonniers, marchands de cuirs, mégissiers, tanneurs, chaussiers, huchiers, drapiers, changeurs, orfévres, épiciers, taverniers surtout, étaient enfermés dans des loges de bois qu'ils avaient fait construire deux mois à l'avance.

Ceux qui ont assisté à la foire de Beaucaire, il y a une vingtaine d'années, ou plus simplement à la fête des Loges, de Saint-Germain, il y a dix ans, peuvent, en étendant à des proportions gigantesques le tableau qu'ils ont vu dans ces deux localités, se faire une idée de ce que c'était que la foire du landi.

Mais ceux qui assistaient régulièrement toutes les années à cette même foire du landi, que l'on célèbre encore de nos jours dans la sous-préfecture de la Seine, ne sauraient en aucune façon, en voyant ce qu'elle est, imaginer ce qu'elle était.

En effet, au lieu de ces sombres vêtements noirs qui, au milieu de toutes les fêtes, attristent malgré eux les moins mélancoliques, comme un souvenir de deuil, comme une espèce de protestation de la tristesse, la reine de ce pauvre monde, contre la gaieté, qui n'en semble que l'usurpatrice ; toute cette foule en habits de draps de couleurs éclatantes, d'étoffes d'or et d'argent, *pourfelures, passements, bordures, plumes, cordons, cornetts, velours, taffetas barrés d'or, satins lamés d'argent* ; toute cette foule étincelait au soleil et semblait lui renvoyer en éclairs ses plus ardents rayons : jamais luxe pareil n'avait été, en effet, déployé depuis le haut jusqu'au bas de la société ; et, bien que, depuis l'année 1543, d'abord le roi François Iᵉʳ, ensuite le roi Henri IV, eussent publié vingt lois somptuaires, jamais ces lois n'avaient été exécutées.

L'explication de ce luxe inouï est des plus simples. La découverte du nouveau monde par Colomb et par Améric Vespuce, les expéditions de Fernand Cortez et de Pizarre dans le fameux royaume du *Cathay*, indiqué par Marco Polo, avaient jeté une telle quantité de numéraire dans toute l'Europe, qu'un écrivain de ce siècle se plaint du débordement du luxe, du haussement du prix des denrées, qui, dit-il, a plus que quadruplé en quatre-vingts ans.

Mais ce n'était pas toutefois dans Saint-Denis même qu'était le côté pittoresque de la fête. En effet, l'ordonnance du parlement l'avait transportée dans la ville ; mais l'ordonnance du populaire, bien autrement puissante, l'avait transportée au bord de la rivière. C'était donc dans Saint-Denis qu'était la foire, mais c'était au bord de l'eau qu'était la fête. N'ayant rien à acheter, c'est au bord de l'eau que nous allons nous transporter, au-dessous de l'île Saint-Denis, et, une fois là, nous regarderons et écouterons ce qui va se passer.

La cavalcade que nous avons vu partir de la place Sainte-Geneviève, suivre la rue Saint-Jacques, saluer d'un houra le Châtelet et enfiler la rue Saint-Denis, avait fait son entrée dans la nécropole royale entre onze heures et onze heures et demie ; puis, comme les moutons arrivés au pré et laissés en liberté, les écoliers échappèrent aux régents et se répandirent, les uns dans les champs, les autres par la ville, les autres au bord de la Seine.

C'était, il faut l'avouer, pour les cœurs sans souci (rares cœurs, mais qui existent cependant), un délicieux spectacle que de voir étendus, çà et là au soleil, sur l'herbe au-dessus de la berge, à une lieue à la ronde, de frais écoliers de vingt ans, couchés aux pieds de belles jeunes filles au corset de satin rouge, aux joues de satin rose, au cou de satin blanc.

Les yeux de Boccace devaient transpercer le tapis azuré du ciel et regarder amoureusement ce gigantesque Décaméron.

La première partie de la journée se passa assez bien : on avait chaud, on buvait; on avait faim, on mangeait; on était assis, on se reposait. Puis les conversations commencèrent à devenir bruyantes, les têtes à s'échauffer. Dieu sait le nombre de pots pleins, vidés, remplis, revidés, reremplis et définitivement cassés, dont on se jeta les éclats les uns aux autres.

Aussi, vers trois heures, le bord de la rivière, couvert de pots et d'assiettes, les uns intacts, les autres brisés, de tasses pleines et de bouteilles vides, de couples s'embrassant et se roulant sur le gazon, de maris prenant des étrangères pour leurs femmes, de femmes prenant leurs amoureux pour leurs maris; le bord de l'eau, disons-nous, vert, frais, étincelant tout à l'heure comme un village des bords de l'Arno, ressemblait maintenant à un paysage de Teniers servant de cadre à une kermesse flamande.

Tout à coup, un cri formidable s'éleva :

— A l'eau ! à l'eau ! criait-on.

Tout le monde se leva; les cris redoublèrent.

— A l'eau l'hérétique! à l'eau le protestant! à l'eau le huguenot! à l'eau le parpaillot, la vache à Colas! à l'eau! à l'eau! à l'eau!

— Qu'y a-t-il? criaient vingt voix, cent voix, mille voix.

— Il y a qu'il a blasphémé! il y a qu'il a douté de la Providence! il y a qu'il a dit qu'il allait pleuvoir!...

Ce fut peut-être cette accusation, au premier abord la plus innocente, qui fit cependant le plus d'effet dans la foule. La foule s'amusait et eût été furieuse de voir troubler ses amusements par un orage ; la foule avait ses habits des dimanches, et eût été furieuse que ses habits des dimanches fussent gâtés par la pluie. Les vociférations, cette explication donnée, recommencèrent donc de plus belle. On se rapprocha de l'endroit d'où partaient ces cris, et peu à peu la foule devint si compacte sur ce point, que le vent lui-même eût eu peine à passer.

Au milieu de ce groupe, presque étouffé par lui, se débattait un jeune homme d'une vingtaine d'années, qu'il était facile de reconnaître pour un écolier déguisé; les joues pâles, les lèvres blêmes, mais les poings serrés, il semblait attendre que des assaillants plus hardis que les autres, au lieu de se contenter de crier, portassent la main sur lui, pour abattre tout ce qui se rencontrerait sous les deux masses d'armes que formaient ses poings fermés.

C'était un grand jeune homme blond, assez maigre, assez chétif cependant, ayant l'air d'une de ces galantes demoiselles habillées en garçons dont nous parlions tout à l'heure; ses yeux, lorsqu'ils étaient baissés, devaient indiquer la candeur la plus extraordinaire, et si l'Humilité eût pris une face humaine, elle n'eût pas choisi un autre type que celui que présentait le visage de ce jeune garçon.

Quel crime pouvait-il donc avoir commis pour que toute cette foule fût à ses trousses, pour que toute cette meute aboyât après lui, pour que tous ces bras s'étendissent dans l'intention de le jeter à l'eau?

II

OU IL EST EXPLIQUÉ POURQUOI, LORSQU'IL PLEUT LE JOUR DE LA SAINT-MÉDARD, IL PLEUT QUARANTE JOURS PLUS TARD.

Nous l'avons dit dans le chapitre précédent, il était huguenot et il avait annoncé qu'il allait pleuvoir.

Voici comment l'affaire s'était engagée ; la chose était toute simple, vous allez voir :

Le jeune homme blond, qui paraissait attendre un ami ou une amie, se promenait tout le long de la rivière. De temps en temps, il s'arrêtait, il regardait l'eau ; puis, quand il avait suffisamment regardé l'eau, il regardait le gazon ; enfin, quand il avait suffisamment regardé le gazon, il levait les yeux et regardait le ciel.

On peut trouver, certes, que c'était là un exercice monotone, mais on avouera qu'il était inoffensif. Cependant, quelques-unes des personnes qui célébraient la fête du lundi à leur façon, trouvèrent mauvais que ce jeune homme la célébrât à la sienne. En effet, depuis une demi-heure environ, plusieurs bourgeois, mêlés d'écoliers et d'artisans, s'étaient montrés visiblement agacés de la triple contemplation de ce jeune homme ; d'autant plus agacés, que ce même jeune homme ne semblait pas le moins du monde faire attention à eux.

— Ah ! dit une voix de femme, je ne suis pas curieuse, mais je voudrais bien savoir pourquoi ce jeune homme s'acharne à regarder successivement l'eau, la terre et le ciel.

— Tu veux le savoir, Perrette de mon cœur ? demanda un jeune bourgeois qui buvait galamment le vin dans le verre de la dame et l'amour dans ses yeux.

— Oui, Landry, et je donnerai un rude baiser à celui qui me le dira.

— Ah! Perrette, je voudrais que, pour une si douce récompense, tu demandasses une chose plus difficile.
— Je me contenterai de celle-là.
— Fais-moi ton billet?
— Voilà ma main.

Le jeune bourgeois baisa la main de la jeune fille, et, se levant :
— Tu vas le savoir, dit-il.

En conséquence, celui que la jeune fille avait désigné sous le nom de Landry se leva, et, allant au contemplateur solitaire et muet :
— Ah çà ! jeune homme, lui dit-il, sans vous commander, pourquoi donc regardez-vous ainsi le gazon? Est-ce que vous avez perdu quelque chose?

Le jeune homme, s'apercevant que c'était à lui qu'on parlait, se retourna, ôta poliment son chapeau et répondit, avec la plus grande courtoisie, à son interlocuteur :
— Vous faites erreur, monsieur, je ne regardais pas le gazon, je regardais la rivière.

Et, ayant prononcé ces quelques mots, il se retourna de l'autre côté. Maître Landry fut un peu déconcerté; il ne s'attendait pas à une réponse si polie. Cette politesse le toucha. Il revint vers sa société en se grattant l'oreille.
— Eh bien? lui demanda Perrette.
— Eh bien, nous nous trompions, dit assez piteusement Landry, il ne regardait pas le gazon.
— Que regardait-il donc?
— Il regardait la rivière.

On éclata de rire au nez du messager, qui sentit le rouge de la honte lui monter au visage.
— Et vous ne lui avez pas demandé pourquoi il regardait la rivière? dit Perrette.
— Non, répondit Landry; il m'a paru si poli, que j'ai pensé qu'il serait indiscret de lui faire une seconde question.
— Deux baisers à qui ira lui demander pourquoi il regarde la rivière, dit Perrette.

Trois ou quatre amateurs se levèrent.

Mais Landry fit signe que, puisque c'était lui qui avait engagé l'affaire, c'était à lui de la terminer.

On reconnut la justesse de sa réclamation.

Il retourna donc vers le jeune homme blond, et, pour la seconde fois :

— Ah çà ! jeune homme, lui demanda-t-il, pourquoi donc regardez-vous ainsi la rivière ?

Le même jeu de scène se renouvela. Le jeune homme se retourna, ôta son chapeau et répondit, poliment toujours, à son interlocuteur ;

— Excusez-moi, monsieur, je ne regardais pas la rivière : je regardais le ciel.

Et, ayant dit ces mots, le jeune homme salua et se retourna de l'autre côté.

Mais Landry, démonté d'abord par cette seconde réponse comme il l'avait été par la première, crut son honneur engagé, et, entendant de loin les éclats de rire de ses compagnons, il prit courage, et, saisissant l'écolier par son manteau :

— Alors, jeune homme, insista-t-il, voulez-vous me faire la grâce de me dire pourquoi vous regardez le ciel ?

— Monsieur, répondit le jeune homme, voulez-vous me faire, à moi, la faveur de me dire pourquoi vous me le demandez ?

— Eh bien, je vais m'expliquer franchement avec vous, jeune homme.

— Vous me ferez plaisir, monsieur.

— Je vous le demande, parce que les personnes de ma société sont taquinées de vous voir, depuis une heure, debout et immobile comme un pieu et faisant le même manège.

— Monsieur, répondit l'écolier, je suis immobile parce que j'attends un de mes amis ; je suis debout, parce qu'en restant debout je le verrai venir de plus loin. Puis, comme il ne vient pas, que je m'ennuie à l'attendre, et que l'ennui que j'éprouve me pousse à marcher, je regarde la terre pour ne pas déchirer mes chaussures aux éclats de pots dont le gazon est émaillé; puis je regarde la rivière pour me reposer d'avoir regardé la terre; puis, enfin, je regarde le ciel pour me reposer d'avoir regardé la rivière.

Le bourgeois, au lieu de prendre cette explication pour ce qu'elle était, c'est-à-dire pour la pure et simple vérité, le bourgeois se crut mystifié et devint rouge comme les coquelicots que l'on voyait éclater au loin dans les champs de luzerne et de blé.

— Et comptez-vous, jeune homme, insista le bourgeois en s'appuyant d'un air provocateur sur la hanche gauche et en renversant le haut du torse en arrière, comptez-vous vous livrer longtemps à cette malplaisante occupation?

— Je comptais m'y livrer jusqu'au moment où mon ami m'aurait rejoint, monsieur; mais...

Le jeune homme regarda le ciel.

— Je ne crois pas que je puisse attendre son bon plaisir...

— Et pourquoi ne l'attendrez-vous point?

— Parce qu'il va tomber une telle pluie, monsieur, que ni vous, ni moi, ni personne ne pourra, d'ici à un quart d'heure, rester en plein champ.

— Vous dites qu'il va pleuvoir? fit le bourgeois de l'air d'un homme qui croit qu'on se moque de lui.

— A verse, monsieur! répondit tranquillement le jeune homme.

— Vous voulez rire, sans doute, jeune homme?

— Je vous jure que je n'en ai pas la moindre envie, monsieur.

— Alors vous voulez vous moquer de moi? demanda le bourgeois exaspéré.

— Monsieur, je vous donne ma parole que je n'en ai pas plus d'envie que de rire.

— Alors pourquoi me dites-vous qu'il va pleuvoir, quand il fait un temps superbe? hurla Landry s'exaspérant de plus en plus.

— Je dis qu'il va pleuvoir, pour trois raisons.

— Pourriez-vous me les donner, ces trois raisons?

— Certainement, si cela pouvait vous être agréable.

— Cela m'est agréable.

Le jeune homme salua poliment, et d'un air qui signifiait : « Vous êtes si aimable, monsieur, que je n'ai rien à vous refuser. »

— J'attends vos trois raisons, dit Landry, les poings crispés et les dents grinçantes.

— La première, monsieur, dit le jeune homme, c'est que, comme il n'a pas plu hier, c'est une raison pour qu'il pleuve aujourd'hui.

— Vous me persiflez, monsieur?

— En aucune façon.

— Alors, voyons la seconde.

— La seconde, c'est que le ciel a été couvert toute la nuit passée, toute la matinée, et qu'il l'est encore en ce moment.

— Ce n'est pas une raison, parce que le temps est couvert, pour qu'il pleuve, entendez-vous?

— C'est au moins une probabilité.

— Voyons votre troisième raison : seulement, je vous préviens que, si elle n'est pas meilleure que les deux premières, je me fâche.

— Si vous vous fâchez, monsieur, c'est que vous auriez un caractère détestable...

— Ah! vous dites que j'ai un détestable caractère?

— Monsieur, je parle au conditionnel, et non au présent.

— La troisième raison, monsieur? la troisième raison?

Le jeune homme étendit la main.

— La troisième raison pour qu'il pleuve, monsieur, c'est qu'il pleut.

— Vous prétendez qu'il pleut?

— Je ne le prétends pas, je l'affirme.

— Mais c'est intolérable! dit le bourgeois hors de lui.

— Ce le sera bien plus tout à l'heure, dit le jeune homme.

— Et vous croyez que je supporterai cela? s'écria le bourgeois écarlate de rage.

— Je crois que vous ne le supporterez pas plus que moi, dit l'écolier; et, si j'ai un conseil à vous donner, c'est de faire ce que je vais faire, c'est-à-dire de chercher un abri.

— Ah! c'est trop fort! hurla le bourgeois se retournant vers sa société.

Puis, s'adressant à tous ceux qui étaient à la portée de sa voix :

— Arrivez tous ici ! arrivez, vous autres!

Le bourgeois paraissait tellement furieux, que chacun accourut à son appel.

— Qu'y a-t-il? demandèrent les femmes d'une voix aigre.

— Que se passe-t-il? demandèrent les hommes d'une voix enrouée.

— Ce qui se passe? dit Landry se sentant soutenu. Il se passe des choses incroyables.

— Lesquelles?

— Il se passe que monsieur veut tout simplement me faire voir des étoiles en plein midi.

— Je vous demande pardon, monsieur, dit le jeune homme avec la plus grande douceur; je vous ai dit, au contraire, que le temps était horriblement couvert.

— C'est une figure, monsieur l'écolier, reprit Landry, entendez-vous? c'est une figure.

— En ce cas, c'est une mauvaise figure.

— Vous dites que j'ai une mauvaise figure? hurla le bourgeois, qui, assourdi par son sang qui battait à ses oreilles, entendait mal ou voulait mal entendre... Ah! c'est trop fort, messieurs; vous voyez bien que ce drôle-là se moque de nous.

— Se moque de vous, dit une voix, ça, c'est possible.

— De moi comme de vous, comme de nous tous; c'est un mauvais plaisant qui se divertit en pensant à mal, et en souhaitant qu'il pleuve pour nous faire niche à tous.

— Monsieur, je vous jure que je ne souhaite pas qu'il pleuve, attendu que, s'il pleut, je serai mouillé comme vous, et même sur une plus grande échelle, puisque j'ai trois ou quatre pouces de plus que vous.

— C'est-à-dire que je suis un roquet, alors?

— Je n'ai pas dit un mot de cela, monsieur.

— Un nain?

— Ce serait une injure gratuite. Vous avez près de cinq pieds, monsieur.

— Je ne sais à quoi tient que je ne te jette à l'eau! s'écria Landry.

— Ah! oui, à l'eau! à l'eau! dirent plusieurs voix.

— Quand vous me jetteriez à l'eau, monsieur, dit le jeune homme avec sa politesse ordinaire, vous n'en seriez pas moins mouillé.

Comme le jeune homme venait de prouver par cette réponse qu'il avait à lui seul plus d'esprit que tout le monde, tout le monde se tourna contre lui. Un grand gaillard s'approcha, et, moitié gouaillant, moitié menaçant :

— Voyons, scélérat, lui dit-il, pourquoi dis-tu qu'il pleut en ce moment?

— Parce que j'ai senti des gouttes.

— Pleuvoir à gouttes, cria Landry, ce n'est pas pleuvoir à verse, et il a dit qu'il allait pleuvoir à verse.

— Mais tu es donc de connivence avec un astrologue? dit le grand gaillard.

— Je ne suis de connivence avec personne, monsieur, répondit le jeune homme, qui commençait à se fâcher, pas même avec vous, qui me tutoyez.

— A l'eau! à l'eau! crièrent plusieurs voix.

Ce fut alors que l'écolier, sentant grossir la tempête, ferma les poings et se prépara à la lutte. Le cercle commença de s'épaissir autour de lui.

— Tiens! dit un des nouveaux venus, c'est Médard!

— Qu'est-ce que c'est que Médard? demandèrent plusieurs voix.

— C'est le saint dont c'est aujourd'hui la fête, dit un plaisant.

— Bon! dit celui qui avait reconnu le jeune homme, celui-là n'est pas un saint, puisque c'est un hérétique.

— Un hérétique! cria la foule; à l'eau l'hérétique! à l'eau le parpaillot! à l'eau le patarin! à l'eau le huguenot!

Et toutes les voix répétèrent en chœur:

— A l'eau! à l'eau! à l'eau!

C'étaient ces cris qui venaient d'interrompre la fête que nous étions en train de décrire.

Mais, juste à ce moment, comme si la Providence voulait envoyer au jeune homme le secours dont il paraissait avoir si grand besoin, celui qu'il attendait, beau cavalier de vingt-deux à vingt-trois ans, qui, par sa haute mine, sentait le gentilhomme, et, par sa tournure, l'étranger; celui qu'il attendait, disons-nous, arriva tout courant, et, perçant la foule, se trouva à vingt pas de son ami au moment où celui-ci, saisi par devant, par derrière, par les pieds, par la tête, se démenait de son mieux.

— Défends-toi, Médard! cria le nouveau venu, défends-toi!

— Vous voyez que c'est bien Médard! s'écria celui qui l'avait salué de ce nom.

Et, comme si porter ce nom était un crime, toute la foule cria:

— Oui, c'est Médard! oui, c'est Médard! à l'eau Médard! à l'eau l'hérétique! à l'eau le huguenot!

— Comment un hérétique a-t-il l'audace de porter le nom d'un si grand saint! s'écria Perrette.

— A l'eau le sacrilége!

Et les gens qui avaient saisi le pauvre Médard l'entraînèrent vers la berge.

— A moi, Robert! cria le jeune homme sentant qu'il ne pouvait résister à cette foule, et que la mort était au bout de la plaisanterie.

— A l'eau le brigand! hurlèrent les femmes, furieuses dans la haine comme dans l'amour.

— Défends-toi, Médard! cria pour la seconde fois l'étranger en tirant son épée, défends-toi, me voilà!

Et, frappant à droite et à gauche du plat de sa lame sur la foule, il se laissa rouler sur le talus comme une avalanche.

Mais il vint un moment où la foule se trouva si épaisse, que, quelque envie que cette foule eût de s'écarter, ses efforts furent inutiles : elle recevait les coups, hurlait de douleur, mais elle ne s'écartait pas. Après avoir hurlé de douleur, elle hurla de rage.

Le nouveau venu, qu'à son accent étranger on pouvait reconnaître pour un Écossais, frappait toujours, mais n'avançait pas, ou avançait si peu, qu'on voyait bien que son ami serait à l'eau avant qu'il fût près de son ami. Une vingtaine de paysans qui étaient là et cinq ou six bateliers s'en mêlèrent. Le pauvre Médard avait beau s'accrocher des mains, ruer des pieds, mordre des dents, chaque seconde le rapprochait de la berge.

L'Écossais n'entendait plus que ses cris, et ses cris se rapprochaient sensiblement de l'eau. Lui ne criait plus, il rugissait, et, à chaque rugissement, le plat de sa lame ou le pommeau de son épée tombaient sur une tête. Tout à coup les cris redoublèrent ; puis il se fit un silence ; puis on entendit le bruit d'un corps pesant qui tombe à l'eau.

— Ah! brigands! ah! meurtriers! ah! assassins! hurla le jeune homme en essayant de se faire jour vers la rivière pour sauver son ami ou mourir avec lui.

Mais ce fut impossible. Autant eût valu renverser un mur de granit que cette muraille vivante. Il recula harassé, les dents grinçantes, la bouche pleine d'écume, le front ruisselant de sueur. Il recula jusqu'au sommet du talus pour voir si, par-dessus cette foule, il n'apercevrait pas la tête du pauvre Médard reparaître à la surface de l'eau. Et là, au sommet du talus, appuyé sur son épée, ne voyant rien reparaître, il abaissa les yeux sur cette populace furieuse, et regarda avec dégoût cette meute humaine.

Ainsi, posé tout seul, pâle et dans son costume noir, il semblait l'ange exterminateur se reposant un instant les ailes repliées. Mais, au bout d'un instant, la rage qui bouillonnait dans sa poitrine, comme la lave dans un volcan, monta brûlante jusqu'à ses lèvres.

— Vous êtes tous des brigands, dit-il, vous êtes tous des assassins, vous êtes tous des infâmes! Vous vous êtes mis quarante pour assassiner, jeter à l'eau, noyer un pauvre garçon qui ne vous avait pas fait de mal. Je vous offre le combat à tous. Vous êtes quarante, venez, et je vous tuerai tous les quarante les uns après les autres, comme des chiens que vous êtes!

Les paysans, les bourgeois et les écoliers à qui cette lettre d'invitation à mourir était adressée, ne parurent pas se soucier de courir les chances d'un combat à l'arme blanche avec un homme qui paraissait manier l'épée d'une si triomphante manière. Ce que voyant l'Écossais, il remit dédaigneusement son épée au fourreau.

— Vous êtes aussi poltrons que vils, lâches coquins! continua-t-il en étendant la main au-dessus de toutes les têtes; mais je vengerai cette mort sur de moins misérables que vous, car, vous, vous n'êtes pas dignes de l'épée d'un gentilhomme. Arrière donc, manants et vilains! et puisse la pluie et la grêle saccager vos vignes, coucher vos moissons en tombant sur vos plaines pendant autant de jours que vous vous êtes mis d'hommes pour tuer un seul homme!

Mais, comme il n'était pas juste que ce meurtre restât impuni, il décrocha de sa ceinture un grand pistolet, et, tirant sans viser au milieu de la foule :

— Au hasard de Dieu! dit-il.

Le coup partit, la balle siffla, et un des hommes qui venaient de jeter le jeune homme à l'eau poussa un cri, mit la main à sa poitrine, chancela et tomba frappé mortellement.

— Et maintenant, adieu! dit-il. Vous entendrez parler plus d'une fois de moi. Je me nomme Robert Stuart.

Comme il disait ces mots, les nuages amoncelés au ciel depuis la veille crevèrent tout à coup, et, ainsi que l'avait prédit le malheureux Médard, il tomba une de ces pluies torrentielles comme il n'en tombe jamais dans les saisons pluvieuses.

Le jeune homme se retira lentement.

Les paysans lui eussent infailliblement couru sus en voyant que ses malédictions produisaient instantanément leur effet; mais le bruit du tonnerre, qui semblait leur annoncer le dernier jour de la création, l'eau qui tombait par torrents, les éclairs qui les aveuglaient, les préoccupèrent infiniment plus que le soin de leur vengeance, et ce fut à partir de ce moment un sauve-qui-peut général.

En un instant la berge de la rivière, couverte tout à l'heure de cinq à six mille personnes, se trouva aussi déserte que les rives d'un de ces fleuves du nouveau monde que venait de découvrir le navigateur génois.

La pluie tomba quarante jours sans discontinuer.

Et c'est pour cela, nous le croyons du moins, chers lecteurs, que, lorsqu'il pleut le jour de la Saint-Médard, il pleut quarante jours plus tard.

III

L'AUBERGE DU CHEVAL ROUGE

Nous n'entreprendrons pas de dire à nos lecteurs où se réfugièrent les cinquante ou soixante mille personnes qui assistaient à la fête du landi, et qui, surprises inopinément par ce nouveau déluge, cherchèrent un abri sous les loges, dans les maisons, dans les cabarets et jusque dans la basilique royale.

A peine y avait-il à cette époque dans la ville de Saint-Denis cinq ou six auberges, qui se trouvèrent en un instant tellement encombrées, que quelques personnes commencèrent à en sortir avec plus de hâte encore qu'elles n'y étaient entrées, préférant être noyées par la pluie plutôt qu'étouffées par la chaleur.

La seule auberge qui demeurât à peu près vide, et elle devait cette faveur à sa situation isolée, était l'auberge du *Cheval rouge*, située sur la route, à une ou deux portées d'arquebuse de la ville de Saint-Denis.

Trois personnes habitaient momentanément la grande chambre enfumée que l'on appelait emphatiquement la salle des voyageurs, et qui, à l'exception de la cuisine et d'un grenier régnant au-dessus de ce rez-de-chaussée, et qui servait de chambre à coucher aux muletiers et aux marchands de bestiaux attardés, formait à elle seule toute l'auberge. C'était quelque chose comme un gigantesque hangar éclairé par la porte, qui montait jusqu'au toit; le plafond était fait sur le modèle de l'arche, de solives visibles, inclinées selon la forme du toit.

Comme dans l'arche, un certain nombre d'animaux, chiens, chats, poules et canards, grouillaient sur le plancher, et, à défaut du corbeau qui devait revenir le bec vide, et de la colombe qui devait rapporter le rameau d'olivier, on voyait, autour des solives noircies par la fumée, voltiger, le jour, des hirondelles, et, la nuit, des chauves-souris. Quant aux meubles de cette salle, ils se bornaient aux ustensiles indispensables d'une auberge, c'est-à-dire à des tables boiteuses, à des chaises et à des tabourets écloppés.

Les trois personnes qui habitaient cette chambre étaient l'aubergiste, sa femme et un voyageur de trente à trente-cinq ans.

Disons comment étaient groupés ces trois personnages, et à quelle chose ils s'occupaient.

L'aubergiste, qu'en sa qualité de maître de maison nous posons le premier en scène, s'occupait à ne rien faire; il était assis à cheval devant la porte, sur une chaise de paille, et, le menton appuyé au sommet du dossier, grommelait contre le mauvais temps.

La femme de l'aubergiste, assise un peu en arrière de son mari, de façon cependant à se trouver dans la lumière, filait au rouet, mouillant à sa bouche le fil qu'elle tordait sous ses doigts et qu'elle tirait du chanvre de sa quenouille.

Le voyageur de trente à trente-cinq ans, au lieu de chercher la lumière, était, au contraire, assis dans l'angle le plus reculé de la chambre, tournant le dos à la porte, et paraissait un consommateur, à en juger par le pot et le gobelet posés devant lui.

Cependant il ne semblait pas songer à boire : le coude sur la table, la tête dans sa main, il rêvait profondément.

— Chien de temps ! grommela l'aubergiste.

— Tu te plains ? dit la femme. C'est toi qui l'as demandé.

— C'est vrai, dit l'aubergiste ; mais j'ai eu tort.

— Alors ne te plains pas.

L'aubergiste, à cette admonestation peu consolante, mais pleine de logique, baissa la tête en poussant un soupir et se tint coi. Ce silence dura dix minutes environ ; après quoi, l'aubergiste releva la tête et répéta :

— Chien de temps !

— Tu l'as déjà dit, fit la femme.

— Eh bien, je le redis, alors.

— Quand tu le rediras jusqu'au soir, cela n'y fera rien, n'est-ce pas ?

— C'est vrai ; mais cela me fait du bien de blasphémer contre le tonnerre, la pluie et la grêle.

— Pourquoi ne blasphèmes-tu pas tout de suite contre la Providence ?

— Si je croyais que ce fût-elle qui envoyât un pareil temps...

L'aubergiste s'arrêta.

— Tu blasphémerais contre elle. Voyons, avoue cela tout de suite.

— Non, parce que...

— Parce que quoi ?...

— Parce que je suis un bon chrétien, et non pas un chien d'hérétique.

A ces mots : *parce que je ne suis pas un chien d'hérétique*, le voyageur, pris dans l'auberge du *Cheval rouge* comme un chat dans un trébuchet, sortit de sa méditation, releva la tête et frappa avec son gobelet de fer-blanc un tel coup sur la table, que le pot se mit à danser et que le gobelet s'aplatit.

— Voilà, voilà! dit en sautant sur sa chaise, comme le pot avait sauté sur la table, l'aubergiste, croyant que son consommateur l'appelait; voilà, mon jeune seigneur!

Le jeune homme fit tourner sa chaise sur un des pieds de derrière, et, tournant avec elle, se trouva en face de l'aubergiste, qui se tenait debout devant lui; puis, le regardant des pieds à la tête, sans hausser la voix d'une note, mais en fronçant le sourcil :

— N'est-ce pas vous qui venez de prononcer ces deux mots : *chien d'hérétique?*

— C'est moi, mon jeune seigneur, balbutia en rougissant le tavernier.

— Eh bien, si c'est vous, maître drôle, reprit le consommateur, vous n'êtes qu'un âne mal appris, et vous mériteriez que l'on vous rognât les oreilles.

— Pardon, mon gentilhomme, mais j'ignorais que vous fussiez de la religion réformée, dit l'aubergiste en tremblant de tous ses membres.

— C'est ce qui vous prouve, bélître que vous êtes, continua le huguenot sans hausser la voix d'un demi-ton, qu'un aubergiste, qui a affaire à tout le monde, doit garder sa langue dans sa poche; car il se peut que, croyant avoir affaire à un chien de catholique, il ait affaire à un honorable disciple de Luther et de Calvin.

Et, en prononçant ces deux mots, le gentilhomme leva son feutre. L'aubergiste en fit autant. Le gentilhomme haussa les épaules.

— Allons, dit-il, un autre pot de vin, et que je ne vous entende plus prononcer le mot d'hérétique, ou je vous perce le ventre comme à une vieille futaille ; vous entendez, mon ami?

L'aubergiste se retira à reculons et s'en alla dans la cuisine chercher le pot de vin demandé.

Pendant ce temps, le gentilhomme, après avoir fait décrire

un demi-tour à droite à son tabouret, se retrouva dans l'ombre, tournant de nouveau le dos à la porte, quand le tavernier revint poser son cruchon devant lui.

Alors le gentilhomme silencieux lui tendit son gobelet écrasé, pour qu'il le lui changeât contre un gobelet neuf. L'aubergiste, sans souffler une parole, fit des yeux et de la tête un signe qui signifiait : « Diable ! il paraît que, quand celui-là cogne, il cogne bien, » et il revint présenter un verre intact au disciple de Calvin.

— C'est bien, dit celui-ci, voilà comme j'aime les aubergistes.

L'aubergiste sourit au gentilhomme le plus agréablement qu'il put, et s'en alla reprendre sa place à l'avant-garde.

— Eh bien, lui demanda sa femme, qui, vu la sourdine que le protestant avait mise à sa voix, n'avait point entendu un mot des paroles échangées entre son mari et son hôte, que t'a dit ce jeune seigneur ?

— Ce qu'il m'a dit ?

— Oui, je te le demande.

— Les choses les plus flatteuses, répondit celui-ci : que mon vin était excellent, que mon auberge était tenue à merveille, et qu'il s'étonnait qu'un pareil logis ne fût pas mieux achalandé.

— Et que lui as-tu répondu ?

— Que c'était ce chien de temps-là qui était cause de notre ruine.

Au moment où, d'une façon détournée, notre homme, pour la troisième fois, blasphémait contre le temps, la Providence, comme pour lui donner un démenti, fit apparaître en même temps, quoique venant de deux côtés opposés, deux nouveaux consommateurs, l'un à pied, l'autre à cheval. Celui qui était à pied, et qui avait l'air d'un officier d'aventures, venait par la route de gauche, c'est-à-dire par la route de Paris ; celui qui était à cheval et qui portait un costume de page, venait par la route de droite, c'est-à-dire par la route de Flandre.

Mais, en franchissant le seuil de l'auberge, les pieds du piéton se trouvèrent sous ceux du cheval. Le piéton poussa un juron et pâlit. Rien que ce juron indiquait le pays du jureur :

— Ah ! cap de Diou ! s'écria-t-il.

Le cavalier, en écuyer de première force, fit décrire un demi-tour à gauche à son cheval, qu'il enleva sur les pieds de derrière, et, sautant à terre avant que les pieds de l'animal eussent retouché le sol, il se précipita vers le blessé, et, du ton de la plus vive sollicitude :

— Oh ! mon capitaine, dit-il, je vous fais toutes mes excuses.

— Savez-vous, monsieur le page, dit le Gascon, que vous avez failli m'écraser ?

— Croyez, capitaine, reprit le jeune page, que j'en éprouve un violent chagrin.

— Eh bien, consolez-vous, mon jeune maître, riposta le capitaine en faisant une grimace, prouvant qu'il n'était pas redevenu complétement maître de sa douleur ; consolez-vous, vous venez de me rendre, sans vous en douter, un énorme service, et je ne sais en vérité de quelle façon je pourrai le reconnaître.

— Un service ?

— Énorme ! répéta le Gascon.

— Et comment cela, mon Dieu ? demanda le page, voyant, aux mouvements nerveux qui agitaient la face de son interlocuteur, qu'il lui fallait une grande puissance sur lui-même pour ne point sacrer au lieu de sourire.

— C'est bien simple, reprit le capitaine ; il n'y a que deux choses qui me chagrinent souverainement en ce monde : les vieilles femmes et les bottes neuves ; eh bien, depuis ce matin, je suis empêtré de bottes neuves avec lesquelles il m'a fallu venir de Paris ici. Je cherchais un moyen expéditif de les briser, et vous venez, en un tour de main, d'accomplir ce miracle à votre gloire éternelle. Je vous prie donc de faire état de moi, et, en toute occasion, de disposer de ma personne, qui se dit votre obligée.

2

— Monsieur, dit le page en s'inclinant, vous êtes homme d'esprit, ce qui ne m'étonne pas, ayant entendu le juron dont vous m'avez salué; vous êtes courtois, ce qui ne m'étonne pas, devinant que vous êtes gentilhomme : j'accepte tout ce que vous m'offrez, en me mettant de mon côté bien à votre service.

— Je présume que vous comptiez vous arrêter à cette auberge?

— Oui, monsieur, pour quelques instants, répondit le jeune homme en attachant son cheval à un anneau scellé au mur à cet effet, opération que l'aubergiste lui vit accomplir avec des yeux étincelants de joie.

— Et moi aussi, dit le capitaine. Allons, tavernier du diable, du vin, et du meilleur!

— Voilà, messeigneurs! dit l'aubergiste se précipitant vers sa cuisine, voilà!

Cinq secondes après, il rentrait avec deux pots et deux verres, qu'il posa sur une table voisine de celle où était déjà assis le premier gentilhomme.

— Avez-vous dans votre auberge, monsieur le tavernier, demanda le jeune page avec une voix douce comme une voix de femme, avez-vous une chambre où une jeune fille puisse se reposer une heure ou deux?

— Nous n'avons que cette salle, répondit le tavernier.

— Ah diable! voilà qui est fâcheux.

— Vous attendez une femme, mon gaillard? dit mystérieusement le capitaine en passant sa langue sur ses lèvres, et en attrapant le bout de sa moustache qu'il se mit à mordiller.

— Ce n'est point une femme pour moi, capitaine, répondit gravement le jeune homme; c'est la fille de mon noble maître, M. le maréchal de Saint-André.

— Haü! grand double et triple Diou vivant! seriez-vous donc au service de l'illustre maréchal de Saint-André?

— J'ai icet honneur, monsieur.

— Et vous croyez que le maréchal va descendre ici, dans

ce taudis? Vous vous imaginez cela, mon jeune page?.. Allons donc! fit le capitaine.

— Il le faut bien; depuis quinze jours, M. le maréchal est malade au château de Villers-Cotterets, et, comme il lui était impossible de se rendre à cheval à Paris, où il vient pour assister au tournoi du 29, qui a lieu à l'occasion des noces du roi Philippe II avec la princesse Élisabeth, et de la princesse Marguerite avec le duc Emmanuel-Philibert de Savoie, M. de Guise, dont le château est voisin du château de Villers-Cotterets...

— M. de Guise a un château dans le voisinage de Villers-Cotterets ? interrompit le capitaine, qui voulait prouver qu'il savait sa cour : où prenez-vous donc ce château, jeune homme ?

— A Nanteuil-le-Haudouin, capitaine ; c'est une acquisition qu'il vient de faire pour se trouver sur la route du roi quand le roi va à Villers-Cotterets et qu'il en revient.

— Ah! ah! c'est assez bien joué, ce me semble.

— Oh! dit le jeune page en riant, ce n'est pas l'adresse qui manque à ce joueur-là.

— Ni le jeu, dit le capitaine.

— Je disais donc, reprit le page, que M. de Guise a envoyé son coche au maréchal et qu'il le ramène au petit pas ; mais, si doux que soit le coche, et si doucement que le traînent les chevaux à Gonesse, M. le maréchal s'est senti fatigué, et mademoiselle Charlotte de Saint-André m'a envoyé en avant chercher une auberge où son père pût prendre quelque repos.

En entendant ces paroles, qui étaient dites à la table voisine de la sienne, le premier gentilhomme, celui qui se fâchait si écarlate quand on parlait mal des huguenots, prêta l'oreille et parut prendre à la conversation un intérêt des plus directs.

— Per la crux Dious! fit le Gascon, je vous jure, jeune homme, que, si je connaissais à deux lieues à la ronde une chambre digne de recevoir ces deux capitaines, je ne céderais à personne, fût-ce à mon père, l'honneur de les y conduire ; mais, par malheur, ajouta-t-il, je n'en connais pas.

Le gentilhomme huguenot fit un mouvement qui pouvait ressembler à un signe de mépris. Ce mouvement attira sur lui l'attention du capitaine.

— Ah ! ah ! fit-il.

Et, se levant, il salua le huguenot avec une politesse recherchée et tourna, ce devoir accompli, la tête du côté du page ; le huguenot se leva, comme avait fait le Gascon, salua poliment, mais sèchement, et tourna la tête du côté du mur. Le capitaine versa à boire au page, qui haussa son verre avant qu'il fût au tiers plein ; puis, reprenant :

— Ainsi vous disiez, jeune homme, que vous êtes au service de l'illustre maréchal de Saint-André, le héros de Cérisoles et de Renty... J'étais au siége de Boulogne, jeune homme, et je vis les efforts qu'il tenta pour se jeter dans la place. Ah ! per ma fé ! en voilà un qui n'a pas volé son titre de maréchal.

Puis, tout à coup, s'arrêtant et paraissant réfléchir :

— Cap de Diou ! dit-il ; mais j'y pense, j'arrive de Gascogne, j'ai abandonné le château de mes pères pour me mettre au service de quelque prince de renom ou de quelque illustre capitaine. Jeune homme, n'y aurait-il point dans la maison du maréchal de Saint-André quelque place que pourrait convenablement remplir un brave officier comme moi ? Je ne serai pas difficile sur les appointements, et, pourvu qu'on ne me donne ni vieilles femmes à distraire, ni bottes neuves à briser, je me fais fort de remplir, à la satisfaction de mon maître, la charge que l'on voudra bien me confier.

— Ah ! capitaine, dit le jeune page, vous me voyez tout marri, en vérité ; mais, malheureusement, la maison de M. le maréchal est complète, et je doute que, le voulût-il, il pût accepter votre offre obligeante.

— Morbleu ! tant pis pour lui, car je puis me vanter d'être un sujet précieux pour les personnes qui m'emploient. Maintenant, prenons que je n'aie rien dit, et buvons.

Le jeune page avait déjà levé son verre pour faire raison

u capitaine, lorsque, tout à coup, faisant un mouvement et prêtant l'oreille, il reposa son verre sur la table.

— Pardon, capitaine, dit-il, mais j'entends le bruit d'un coche, et, comme les coches sont encore rares, je crois, sans trop m'avancer, pouvoir affirmer que c'est celui du duc de Guise ; je vous demande donc la permission de vous quitter pour quelques instants.

— Faites, mon jeune ami, faites, dit emphatiquement le capitaine ; le devoir avant tout.

La permission que demandait le page était de pure courtoisie, car, avant même que le capitaine lui répondit, il était sorti précipitamment de l'auberge et avait disparu à l'angle du chemin.

IV

LES VOYAGEURS

Le capitaine profita de cette absence pour réfléchir et pour absorber, en réfléchissant, le pot de vin qu'il avait devant lui. Le premier pot de vin absorbé, il en demanda un second. Puis, comme si la matière de la réflexion lui eût manqué, ou que cette opération de l'esprit ne s'accomplît pas chez lui sans un pénible effort, à cause du peu d'habitude qu'il avait de s'y livrer, le capitaine retourna la tête du côté du huguenot, le salua avec cette politesse affectée dont il avait déjà donné des preuves et lui dit :

— Per ma fé, monsieur, il me semble que je salue un compatriote.

— Vous vous trompez, capitaine, répondit celui qu'il interpellait ; car, si je ne m'abuse, vous êtes de la Gascogne, tandis que je suis de l'Angoumois.

— Ah ! vous êtes de l'Angoumois ! s'écria le capitaine avec un air de surprise admiratif ; de l'Angoumois ! Tiens ! tiens ! tiens !

— Oui, capitaine ; cela vous est-il agréable ? demanda le huguenot.

— Je le crois bien ! aussi permettez-moi de vous en faire mon compliment : pays magnifique, fertile, coupé de charmantes rivières ; les hommes y pétillent de courage, témoin feu Sa Majesté François Ier ; les femmes y pétillent d'esprit témoin, madame Marguerite de Navarre ; enfin, je vous avoue, monsieur, que, si je n'étais pas de la Gascogne, je voudrais être de l'Angoumois.

— C'est en vérité trop d'honneur pour ma pauvre province, monsieur, dit le gentilhomme angoumois, et je ne sais quels remerciements vous faire ?

— Oh ! rien n'est plus facile, monsieur, que de me prouver le peu de reconnaissance que vous voulez bien accorder à ma brutale franchise. Faites-moi l'honneur de trinquer avec moi à la gloire et à la prospérité de vos compatriotes.

— Avec le plus grand plaisir, capitaine, dit le huguenot en transportant son pot et son verre sur un des angles de la table devant laquelle était assis le Gascon, et que l'absence du page avait laissée au seul occupant.

Après la santé portée à la gloire des enfants de l'Angoumois, le gentilhomme huguenot, pour ne pas demeurer en reste de courtoisie, porta le même toast à la prospérité et à la gloire des enfants de la Gascogne.

Puis, comme la politesse était rendue à celui qui l'avait faite, le gentilhomme angoumois reprit son pot et son verre, s'apprêtant à retourner à sa place.

— Oh ! monsieur, dit le Gascon, ce serait une connaissance trop tôt interrompue ; faites-moi donc la grâce d'achever votre pot de vin à cette table.

— Je craignais de vous incommoder, monsieur, dit civilement mais froidement le huguenot.

— M'incommoder ? Jamais ! D'ailleurs, monsieur, mon avis

est que les meilleures et les plus complètes connaissances se font à table. Il est bien rare qu'il n'y ait pas la valeur de trois verres dans un pot de vin, n'est-ce pas?

— En effet, monsieur, c'est bien rare, répondit le huguenot, cherchant visiblement où son interlocuteur en voulait venir.

— Eh bien, mettons une santé à chaque verre de vin. M'accordez-vous une santé par verre?

— Je vous l'accorde, monsieur.

— Quand on s'est entendu pour porter en même temps et du fond du cœur la santé de trois hommes, c'est qu'on est d'esprit, d'opinions et de principes pareils.

— Il y a du vrai dans ce que vous dites, monsieur.

— Du vrai! du vrai! vous dites qu'il y a du vrai; par le sang-Dieu! monsieur, c'est la vérité pure.

Puis, avec son plus charmant sourire :

— Pour commencer la connaissance, monsieur, et pour faire éclater au jour la similitude de nos opinions, permettez-moi donc, comme première santé, de vous proposer celle de l'illustre connétable de Montmorency.

Le gentilhomme, qui avait déjà, de confiance, levé son verre et épanoui son visage, redevint grave et posa son verre sur la table.

— Vous m'excuserez, monsieur, dit-il; mais, à l'endroit de cet homme, il m'est impossible de vous faire raison. M. de Montmorency est mon ennemi personnel.

— Votre ennemi personnel?

— Autant qu'un homme dans sa position peut l'être d'un homme dans la mienne, autant que le grand peut être l'ennemi du petit.

— Votre ennemi personnel! En ce cas, de cette heure, il devient le mien, d'autant plus que je vous avoue que je ne le connais aucunement et que je n'ai pas pour lui une profonde tendresse. Mauvaise réputation : avare, rabroueur, paillard, se faisant battre comme un niais, prendre comme un sot. Où diable avais-je donc l'idée de vous offrir une pareille santé? Permettez donc que je reprenne ma revanche en vous en offrant une autre. A l'illustre maréchal de Saint-André !

— Par ma foi ! vous tombez mal, capitaine, répondit le gentilhomme huguenot, accomplissant pour le maréchal de Saint-André le même jeu de scène qu'il avait accompli pour le connétable. Je ne bois pas à la santé d'un homme que je n'estime pas, d'un homme prêt à tout faire pour des honneurs ou de l'argent, d'un homme qui vendrait sa femme ou sa fille, comme il a vendu sa conscience, si on lui en donnait le même prix.

— Oh ! cap de Diou ! que me dites-vous là? s'écria le Gascon. Comment! je voulais boire à la santé d'un pareil homme?... Où diable avais-tu donc l'esprit, capitaine? continua le Gascon se réprimandant lui-même. Ah! l'ami, si tu veux garder l'estime des honnêtes gens, il ne faut plus faire de pareilles bévues.

Puis, changeant d'interlocuteur, et s'adressant au huguenot:

— Monsieur, dit-il, à partir de ce moment, je tiens le maréchal de Saint-André dans le même mépris que vous le tenez vous-même. Aussi, ne voulant pas vous laisser sous l'impression de l'erreur que j'ai commise, je viens vous proposer une troisième santé, à laquelle, je l'espère, vous n'aurez rien à redire.

— Laquelle, capitaine?

— A la santé de l'illustre François de Lorraine, duc de Guise! au défenseur de Metz! au vainqueur de Calais! au vengeur de Saint-Quentin et de Gravelines! au réparateur des bévues du connétable de Montmorency et du maréchal de Saint-André?... Ah!

— Capitaine, dit le jeune homme en pâlissant, vous jouez de malheur avec moi; car j'ai fait un vœu.

— Lequel, monsieur? et croyez que, si je puis concourir à son accomplissement...

— J'ai juré que celui dont vous me proposez la santé ne mourrait que de ma main.

— Pécaire! dit le Gascon.

Le huguenot fit un mouvement pour se lever.

— Comment! s'écria le Gascon. Que faites-vous donc, monsieur?

— Monsieur, dit le huguenot, l'essai est fait; les trois santés sont portées, et, comme nous ne paraissons pas du même avis sur les hommes, il serait à craindre que ce ne fût bien pis quand nous en arriverons aux principes.

— Hau! grand double et triple Diou vivant! il ne sera pas dit, monsieur, que des hommes faits pour s'entendre se sont brouillés pour des hommes qu'ils ne connaissent point; car je ne connais ni le duc de Guise, ni le maréchal de Saint-André, ni le connétable de Montmorency; prenons donc que j'ai eu l'imprudence de porter la santé de trois grands diables : Satan, Lucifer et Astaroth; vous me faites observer, à la troisième santé, que je perds mon âme: je retourne en arrière, et lestement. Me voilà donc au point d'où je suis parti, et, comme nos verres sont pleins, nous allons, s'il vous plaît, les boire à nos santés respectives. Dieu vous donne de longs et glorieux jours, monsieur! voilà ce que je lui demande du plus profond de mon cœur.

— Le souhait est trop plein de courtoisie pour que je ne vous le rende point, capitaine.

Et, cette fois, l'Angoumois vida son verre, suivant l'exemple du capitaine, qui avait déjà vidé le sien.

— Eh bien, voilà donc une affaire arrangée, dit le Gascon en faisant clapper sa langue, et nous nous entendons à merveille; ainsi donc, à partir de ce jour, monsieur, vous pouvez disposer de moi comme de l'ami le plus dévoué.

— Je me mets également à votre disposition, capitaine, répondit le huguenot avec sa courtoisie ordinaire.

— Quant à moi, continua le Gascon, j'ajouterai, monsieur, que je n'attends qu'une occasion de vous rendre service.

— Moi de même, répondit l'Angoumois.

— Sincèrement, mon gentilhomme?

— Sincèrement, mon capitaine.

— Eh bien, cette occasion que vous cherchez de me rendre service, je crois que vous l'avez trouvée.

— Est-il possible que j'aie eu ce bonheur?

— Oui, per la crux Diou! ou je me trompe fort, ou vous l'avez sous la main.

— Parlez, alors.

— Voici la chose : j'arrive de Gascogne; j'ai abandonné le château de mes pères, où j'engraissais à vue d'œil et d'une façon déplorable; mon barbier m'a recommandé l'exercice, et je viens à Paris dans l'intention de me livrer à un exercice salutaire. Il va sans dire que j'ai choisi la carrière des armes. Ne connaîtriez-vous pas, dans l'Angoumois, quelque bonne place qu'un capitaine gascon pût remplir, pourvu qu'on ne lui donne pas de vieilles femmes à distraire ou des bottes neuves à briser? J'ose me flatter, monsieur, que, dans ce cas, je remplirai avantageusement les emplois que l'on me confiera.

— Je le voudrais, capitaine, répondit l'Angoumois; malheureusement, j'ai quitté fort jeune mon pays et je n'y connais personne.

— Par les entrailles du saint-père! monsieur, voilà qui est malheureux tout à fait; mais, j'y songe, mon gentilhomme, peut-être connaissez-vous quelque bout de condition dans une autre province; je ne tiens pas absolument à l'Angoumois, qui est, à ce que l'on assure, un pays de fiévreux, ou bien quelque vertueux seigneur de grande race auquel vous pourrez me recommander? Il ne serait pas tout à fait vertueux, que je m'en accommoderais encore, pourvu que Dieu lui eût départi en bravoure ce qu'il lui aurait refusé en vertu.

— Je regrette vivement, capitaine, de ne pouvoir servir en rien un homme aussi accommodant que vous êtes; mais je suis un pauvre gentilhomme comme vous, et j'aurais un frère, que je ne saurais le faire vivre du superflu de ma bourse ou du superflu de mon crédit.

— Par le bon larron! s'écria le Gascon, voilà qui est décidément très-fâcheux; mais, comme l'intention y était, mon gentilhomme, continua le capitaine en se levant et en resserrant la boucle de son épée, je vous en ai, d'honneur, la même obligation.

Et il salua le huguenot, qui lui rendit son salut, reprit son pot et son verre et retourna s'asseoir à sa première place.

Au reste, l'arrivée du coche opéra sur chacun des acteurs que nous avons mis en scène un effet différent.

Nous avons vu le gentilhomme angoumois reprendre sa première place, qui lui permettait de tourner le dos à la porte.

Le capitaine gascon resta debout, comme il convenait à un cadet de famille en face des hautes illustrations annoncées par le page; enfin, l'aubergiste et sa femme, se précipitant vers la porte, afin de se mettre à la disposition des voyageurs que leur bonne fortune amenait chez eux.

Le page, qui, pour ne point souiller ses vêtements par le contact de la route boueuse et défoncée, se tenait debout sur le triple marchepied du coche, sauta à terre et ouvrit la portière. Un homme de haute mine, portant une large cicatrice à la joue, en descendit le premier.

C'était François de Lorraine, duc de Guise, surnommé le Balafré, depuis la terrible blessure qu'il avait reçue à Calais. Il portait l'écharpe blanche, à la frange et aux fleurs de lis d'or, insigne de son grade de lieutenant général des armées du roi. Ses cheveux étaient coupés courts et en brosse; il portait le toquet de velours noir à plumes blanches, à la mode à cette époque, le pourpoint gris perle et argent, qui étaient ses couleurs favorites, des chausses et un manteau de velours écarlates, avec de longues bottes, qui pouvaient au besoin se tirer jusqu'au haut de la cuisse ou se rabattre au-dessous du genou.

— Mais c'est véritablement le déluge, dit-il en prenant pied au milieu des flaques d'eau qui émaillaient le devant de la porte de l'auberge.

Puis, se retournant vers le coche et se penchant à l'intérieur :

— Voyons, continua-t-il, vous ne pouvez cependant pas, chère Charlotte, mettre vos jolis petits pieds dans cette grosse vilaine boue.

— Que faire, alors? demanda une petite voix douce et flûtée.

— Mon cher maréchal, continua le duc, voulez-vous me permettre d'emporter votre fille entre mes bras? Cela me rajeunira de quatorze ans; car il y a quatorze ans aujourd'hui même, ma belle filleule, que je vous enlevai ainsi de votre berceau. Allons, charmante colombe, continua-t-il, sortez de votre arche.

Et, prenant la jeune fille entre ses bras, il la déposa en trois enjambées dans l'intérieur de la salle.

Le titre de colombe que le galant duc de Guise avait donné à sa filleule, dont il était question de faire sa belle-fille, n'était aucunement usurpé : il était, en effet, impossible de voir un oiseau plus blanc, plus langoureux, plus mignon que celui que le duc venait d'emporter entre ses bras et de déposer sur les dalles humides de l'auberge.

La troisième personne qui descendit, ou plutôt qui essaya de descendre du coche, était le maréchal de Saint-André. Il appela son page; mais, quoique celui-ci fût à trois pas à peine de lui, il ne l'entendit point. En véritable page qu'il était, il couvait amoureusement des yeux la fille de son maître.

— Jacques! Jacques! répétait le maréchal. Ah çà! mais viendras-tu ici, petit drôle?

— Je suis là! s'écria le jeune page en se retournant vivement; je suis là, monsieur le maréchal!

— Morbleu! dit celui-ci, je le vois bien, que tu es là; mais ce n'est point là que tu devrais être, maroufle! c'est ici, ici, au bas de ce marchepied. Tu sais bien que, momentanément, je suis empêché, petit drôle! Aïe! ouf! tonnerre!

— Pardon, monsieur le maréchal, dit le page confus, en présentant son épaule à son maître.

— Appuyez-vous sur moi, monsieur le maréchal, dit le duc en présentant son bras au podagre.

Le maréchal profita de la permission, et, soutenu par ce double appui, fit à son tour son entrée dans l'auberge.

C'était, à cette époque, un homme d'une cinquantaine d'années, aux joues roses et fleuries, quelque peu pâles pour le moment par l'indisposition dont il était atteint, à la barbe rousse, aux cheveux blonds, aux yeux bleus, et l'on sentait, à la première vue, que, dix ou douze ans avant l'époque où nous sommes arrivés, le maréchal de Saint-André devait être un des plus beaux cavaliers de son temps.

Il alla s'asseoir, avec quelque peine, sur une espèce de fauteuil de paille qui semblait l'attendre au coin de la cheminée, c'est-à-dire dans l'angle opposé à celui où se trouvaient le capitaine gascon et le gentilhomme angoumois. Le duc présenta à mademoiselle Charlotte de Saint-André la chaise de paille sur laquelle nous avons vu chevaucher l'aubergiste au commencement du précédent chapitre, et lui, s'accommodant d'un tabouret, fit signe à l'hôtelier de faire grand feu dans la cheminée; car, quoiqu'on fût en plein été, l'humidité était telle, que le feu devenait un accessoire de toute nécessité.

En ce moment, la pluie redoublait tellement et tombait avec une telle violence, que l'eau commençait à entrer dans l'auberge par la porte ouverte, comme par une digue rompue ou par une écluse qu'on eût oublié de fermer.

— Holà! tavernier, cria le maréchal, fermez donc notre porte! Voulez-vous nous noyer tout vifs?

L'aubergiste donna à sa femme le fagot qu'il apportait, lui laissant le soin, comme à une autre vestale, d'allumer le feu, et courut à la porte pour exécuter l'ordre du maréchal. Mais, au moment où il réunissait toutes ses forces pour faire tourner l'huis sur ses gonds, on entendit sur la route le galop rapide d'un cheval.

En conséquence, le digne homme s'arrêta, de peur que le voyageur, la porte de l'auberge fermée, ne la crût ou pleine

3

ou déserte, et, dans l'une ou l'autre hypothèse, ne passât outre.

— Pardon, monseigneur, dit-il en passant la tête par l'entre-bâillement de la porte, mais je crois que voilà un voyageur qui m'arrive.

En effet, un cavalier s'arrêta devant l'auberge, sauta à bas de son cheval, et, jetant la bride aux mains du tavernier :

— Conduis cette bête à l'écurie, lui dit-il, et ne lui épargne ni le son ni l'avoine.

Et, entrant vivement dans l'auberge, que n'éclairait pas encore le feu, il secoua son chapeau ruisselant de pluie, sans faire attention qu'il inondait de gouttes d'eau toutes les personnes qui occupaient la salle.

La première victime de cette averse fut le duc de Guise, qui, se levant vivement, ne fit qu'un bond jusqu'à l'étranger, en s'écriant :

— Hé ! monsieur le drôle, ne pouvez-vous donc prêter attention à ce que vous faites ?

A cette apostrophe, le nouveau venu se retourna, et, en se retournant, d'un mouvement rapide comme la pensée, mit l'épée à la main. Sans doute M. de Guise eût-il payé cher le mot dont il avait salué l'étranger, si, bien plus que devant l'épée, il n'eût reculé devant le visage.

— Comment, prince, c'est vous ? dit-il.

Celui que le duc de Guise venait de saluer du nom de prince n'eut besoin que de jeter un regard sur l'illustre capitaine lorrain pour le reconnaître à son tour.

— Mais oui, c'est moi-même, monsieur le duc, répondit-il, presque aussi étonné de le trouver installé dans cette auberge borgne, que celui-ci avait été étonné de l'y voir entrer.

— Avouez, prince, qu'il faut que la pluie aveugle bien un homme, puisque j'ai pu prendre Votre Altesse pour un écolier du lundi.

Puis, s'inclinant :

— J'en fais mes excuses bien sincères à Votre Altesse, dit-il.

— Cela n'en vaut vraiment pas la peine, duc, dit le dernier arrivé avec un air d'aisance et de supériorité qui lui était habituel. Et par quel hasard vous trouvez-vous ici, vous que je croyais en votre comté de Nanteuil?

— J'en arrive, en effet, prince.

— Par la route de Saint-Denis?

— Nous avons fait un coude à Gonesse pour voir, en passant, la foire du landi.

— Vous, duc? Passe encore pour moi, dont la frivolité devient proverbiale, grâce à mes amis. Mais le grave, le sévère duc de Guise se détournant de sa route pour voir une fête d'écoliers...

— Aussi n'est-ce point moi qui ai eu cette idée, prince. Je revenais avec le maréchal de Saint-André, et sa fille, ma filleule Charlotte, qui est une petite capricieuse, a voulu voir ce que c'était que la célèbre foire du landi, et, surpris par la pluie, nous avons abordé ici.

— Le maréchal est donc là? demanda le prince.

— Le voici, dit le duc en démasquant les deux personnes dont le prince avait bien vu dans la demi-teinte se modeler le groupe, mais n'avait pas, à cause de l'obscurité, distingué les traits.

Le maréchal fit un effort et se leva en se soutenant à son fauteuil.

— Maréchal, dit le prince en allant à lui, excusez-moi de ne pas vous avoir reconnu; mais, outre que cette salle est obscure comme une cave, ou plutôt que cette cave est sombre comme une prison, je suis tellement aveuglé par la pluie, que je serais capable, comme M. le duc, de confondre un gentilhomme avec un manant. Heureusement, mademoiselle, continua le prince se tournant vers la jeune fille et la regardant avec admiration, heureusement, la vue me revient peu à peu, et je plains de tout mon cœur les aveugles auxquels il n'est point donné de pouvoir contempler un visage comme le vôtre.

Ce compliment à brûle-pourpoint fit monter le rouge au

visage de la jeune fille. Elle leva les yeux pour regarder celui qui venait de lui adresser la première flatterie qu'elle eût peut-être reçue; mais elle les baissa aussitôt, éblouie par les éclairs que jetaient ceux du prince.

Nous ignorons quelle fut son impression; mais certainement elle dut être pleine de douceur et de charme, car il est difficile qu'une jeune fille de quatorze ans arrêtât son regard sur un visage plus ravissant que ne l'était celui de ce cavalier de vingt-neuf ans, que l'on appelait prince et que l'on saluait du titre d'altesse.

C'était, en effet, un cavalier accompli que Louis Ier de Bourbon, prince de Condé.

Né le 7 mai 1530, il venait d'accomplir, comme nous l'avons dit, sa trentième année, à l'époque où commence ce récit.

Il était plutôt petit que grand, mais admirablement pris dans sa taille. Ses cheveux châtains, coupés ras, ombrageaient des tempes luisantes, où un phrénologue de notre temps eût trouvé toutes les bosses de l'intelligence suprême. Ses yeux, d'un bleu de lapis-lazuli, étaient d'une douceur et d'une tendresse indicibles, et, si des sourcils épais n'eussent un peu durci ce visage, qu'une barbe blonde adoucissait encore, on eût pris le prince pour un bel écolier, tout frais sorti du giron maternel; et cependant parfois cet œil charmant, limpide comme l'azur du ciel, était empreint d'une énergie farouche; ce qui le faisait comparer, par les beaux esprits de l'époque, à un fleuve, doux selon les rayons qui l'éclairent, redoutable selon les tempêtes qui l'agitent. En un mot, il portait sur son visage ce caractère dominant, c'est-à-dire le courage physique et le besoin d'amour poussés au suprême degré.

Dans ce moment, grâce à la porte fermée et au feu flambant dans l'âtre, la salle de l'auberge s'illumina de lueurs fantastiques, éclairant de façons diverses et capricieuses les deux groupes qui occupaient, l'un, l'angle de droite, l'autre, l'angle de gauche; en outre, les éclairs qui glissaient entre les ouvertures supérieures faisaient, de temps en temps, passer sur les visages des reflets bleuâtres, qui donnaient aux personnages, les plus jeunes et les mieux vivants, des aspects de créatures habitant un autre monde. Cette impression était si réelle, qu'elle gagna même l'aubergiste, qui, voyant que, quoiqu'il fût sept heures du soir à peine, la nuit semblait tout à fait venue, alluma une lampe qu'il posa sur le manteau de la cheminée, au-dessus du groupe du prince de Condé, du duc de Guise, du maréchal de Saint-André et de sa fille.

Au lieu de diminuer, la pluie redoublait ; on ne pouvait donc songer à s'éloigner ; à cette pluie se joignait, venant de la rivière, un vent si terrible, que les volets de l'auberge battaient contre la muraille, et que l'auberge elle-même tremblait du faîte à la base. En supposant le coche sur la route, il eût incontestablement été emporté, caisse et chevaux, par la tempête. Les voyageurs résolurent donc de demeurer dans l'auberge tant que durerait cet épouvantable ouragan.

Tout à coup, au milieu de ce tumulte effroyable des éléments, de cette pluie ruisselant sur les têtes, de ces volets battant la muraille, de ces tuiles arrachées à la couverture et se brisant contre terre, on entendit frapper à la porte, et une voix gémissante répéta d'un accent qui allait s'affaiblissant chaque fois :

— Ouvrez ! ouvrez ! Au nom de Notre Seigneur, ouvrez !

En entendant frapper, l'aubergiste, qui croyait à l'arrivée d'un nouveau voyageur, s'était élancé pour ouvrir la porte ; mais, en reconnaissant la voix, il s'arrêta au beau milieu de la salle, et, secouant la tête :

— Tu te trompes de porte, vieille sorcière. Ce n'est point ici qu'il faut frapper, si tu veux qu'on t'ouvre.

— Ouvrez, maître tavernier, répéta la même voix plaintive ; il y a vraiment péché à laisser une pauvre vieille dehors par le temps qu'il fait.

— Tourne le manche de ton balai de l'autre côté, fiancée

du diable ! répondit l'aubergiste à travers la porte; il y a ici trop illustre compagnie pour toi.

— Et pourquoi, demanda le prince de Condé, révolté de la dureté de son hôte, pourquoi n'ouvres-tu pas à cette pauvre femme ?

— Parce que c'est une sorcière, Votre Altesse, la sorcière d'Ardilly, une vieille misérable que l'on devrait brûler, pour l'exemple, au milieu de la plaine Saint-Denis, qui ne rêve que plaies et bosses, qui ne prédit que grêle et tonnerre. Je suis sûr qu'elle aura eu à se venger de quelque pauvre paysan et que c'est elle qui est cause de ce chien de temps.

— Sorcière ou non, dit le prince, allons, ouvre-lui. Il n'est pas permis de laisser une créature humaine à la porte par une pareille tempête.

— Puisque Votre Altesse le désire, dit le tavernier, je vais ouvrir à cette vieille hérétique; mais je souhaite que Votre Altesse ne s'en repente pas; car il arrive malheur partout où elle passe.

Le tavernier, forcé d'obéir malgré sa répugnance, ouvrit la porte; et l'on vit entrer ou plutôt tomber une vieille femme aux cheveux gris épars et flottants, vêtue d'une robe de laine rouge toute déchirée et d'un grand manteau qui, dans le même état que la robe, retombait jusque sur ses talons.

Le prince de Condé s'avança, tout prince qu'il était, pour aider la sorcière à se relever, car c'était le meilleur cœur qu'il y eût au monde. Mais le tavernier s'interposa, et, remettant la vieille sur ses jambes :

— Remercie M. le prince de Condé, sorcière, dit il; car, sans lui, tu peux bien être sûre que je t'eusse, pour le bien de la ville et de ses environs, laissée crever à la porte.

La sorcière, sans demander où était le prince, alla droit à lui, s'agenouilla et baisa le bas de son manteau. Le prince laissa tomber sur la pauvre créature un regard plein de pitié.

— Tavernier, dit-il, un pot de vin et de ton meilleur à cette pauvre femme. Va boire un peu, vieille, continua-t-il; cela te réchauffera.

L'HOROSCOPE

La vieille alla s'asseoir devant une des tables placées au fond de la salle ; elle se trouvait ainsi placée en face de la porte d'entrée, ayant à sa droite le groupe des princes, du maréchal de Saint-André et de sa fille ; à sa gauche, celui du capitaine gascon, du gentilhomme angoumois et du jeune page.

Le gentilhomme angoumois était retombé dans une rêverie profonde. Le jeune page était ébloui dans la contemplation des charmes de mademoiselle de Saint-André. Le capitaine gascon seul avait toute sa liberté d'esprit ; il pensa que, la vieille femme ne fût-elle sorcière que la dixième partie de ce qu'avait prétendu le tavernier, ce serait toujours une lumière pour guider ses pas à la recherche de cette condition dont il s'était informé au gentilhomme angoumois et au jeune page, et dont ceux-ci n'avaient pu lui donner aucune nouvelle.

Enjambant donc par-dessus son banc, il alla se planter devant la sorcière, qui venait, avec une satisfaction marquée, de boire un premier verre de vin, et, les jambes écartées, la main gauche à la poignée de l'épée, la tête inclinée sur la poitrine, couvrant la vieille femme de son regard à la fois plein de finesse et de persévérance :

— Holà, sorcière ! dit-il, est-ce que tu lis véritablement dans l'avenir ?

— Avec l'aide de Dieu, messire, oui, quelquefois.

— Est-ce que tu pourrais me tirer mon horoscope ?

— J'essayerai, si c'est votre désir.

— Eh bien, c'est mon désir.

— Alors, je suis à vos ordres.

— Tiens, voici ma main ; car c'est dans la main que vous lisez, vous autres bohèmes, n'est-ce pas ?

— Oui.

La sorcière, de ses mains décharnées et noires, prit la main du capitaine, presque aussi sèche et aussi noire que la sienne.

— Que voulez-vous que je vous dise d'abord ? demanda-t-elle.

— Je veux que tu me dises d'abord si je ferai fortune.

La sorcière examina longuement la main du Gascon.

Celui-ci, impatient de ne pas voir la sorcière se prononcer, hocha la tête; puis, d'un air de doute :

— Comment diable peux-tu lire dans la main d'un homme s'il fera fortune? demanda-t-il.

— Oh! bien facilement, messire; seulement, c'est mon secret.

— Voyons ton secret?

— Si je vous le dis, capitaine, répondit la sorcière, ce ne sera plus mon secret, mais le vôtre.

— Tu as raison, garde-le; mais hâte-toi! Tu me chatouilles la main, bohème, et je n'aime pas que les vieilles femmes me chatouillent la main.

— Vous ferez fortune, capitaine.

— Vraiment, sorcière?

— Sur la croix !

— Oh! cap de Diou! bonnes nouvelles !... Et crois-tu que ce sera bientôt?

— Dans quelques années.

— Diable ! j'aimerais mieux que ce fût plus vite; dans quelques jours, par exemple.

— Je puis dire le résultat des événements, mais non hâter leur marche.

— Et cela me donnera-t-il beaucoup de peine?

— Non; mais cela pourra en causer beaucoup aux autres.

— Que veux-tu dire?

— Je veux dire que vous êtes ambitieux, capitaine.

— Ah ! per la crux Diou! c'est la vérité, bohème.

— Eh bien, pour arriver à votre but, tous les chemins vous seront bons.

— Oui; montre-moi seulement celui que je dois suivre, et tu verras.

— Oh! vous le prendrez bien de vous-même, si terrible qu'il soit.

— Et que deviendrai-je, voyons, en suivant ce chemin terrible ?

— Vous deviendrez assassin, capitaine.

— Sang du Christ ! s'écria le Gascon, tu n'es qu'une carogne et tu peux aller tirer tes horoscopes à ceux qui sont assez bêtes pour y croire.

Et, couvrant la vieille d'un regard d'indignation, il alla se rasseoir tout en grommelant :

— Assassin ! assassin ! moi !... Apprends, sorcière, qu'il faudrait que ce fût pour une bien grosse somme !

— Jacques, dit alors, s'adressant au jeune page, mademoiselle de Saint-André, qui avait suivi le manège du capitaine, et qui, les oreilles dilatées par une curiosité de quatorze ans, n'avait pas perdu un mot de ce dialogue échangé entre la sorcière et le Gascon, Jacques, faites-vous donc tirer votre horoscope à votre tour ; cela m'amusera.

Le jeune homme que l'on interpellait pour la seconde fois du nom de Jacques, et qui n'était autre que le page, se leva sans faire une observation, et, avec l'attitude et la spontanéité de l'obéissance absolue, il s'approcha de la sorcière.

— Voici ma main, bonne femme, dit-il ; voulez-vous me tirer mon horoscope, comme vous venez de le faire au capitaine ?

— Bien volontiers, mon bel enfant, dit-elle.

Et, prenant cette main, blanche comme celle d'une femme, que lui présentait le jeune homme, elle secoua la tête.

— Eh bien, vieille, demanda le page, vous ne voyez rien de bon dans cette main, n'est-ce pas ?

— Vous serez malheureux, vous.

— Ah ! pauvre Jacques, dit, moitié raillerie, moitié sollicitude, la jeune fille qui avait provoqué la prédiction.

Le jeune homme sourit avec mélancolie, et sa bouche murmura :

— Je ne le serai pas, je le suis.

— C'est l'amour qui causera toutes vos infortunes, continua la vieille.

— Mourrai-je jeune, au moins? continua le page.

— Hélas! oui, mon pauvre enfant: à vingt-quatre ans.

— Tant mieux!

— Comment, Jacques, tant mieux?... Que dites-vous donc là?

— Puisque je dois être malheureux, à quoi bon vivre? répondit le jeune homme. Et mourrai-je au moins sur un champ de bataille?

— Non.

— Dans mon lit?

— Non.

— Par accident?

— Non.

— Comment donc mourrai-je, vieille?

— Je ne puis vous dire précisément comment vous mourrez; mais je puis vous dire la cause de votre mort.

— Et quelle sera cette cause?

La vieille baissa la voix.

— Vous serez assassiné! dit-elle.

Le jeune homme devint pâle comme si l'événement prédit était déjà arrivé. Et, regagnant sa place la tête basse:

— Merci, vieille, dit-il; que ce qui est écrit s'accomplisse!

— Eh bien, demanda le capitaine au page, que vous a dit cette damnée vieille, mon jeune muguet?

— Rien que je puisse répéter, capitaine, répondit celui-ci.

Le capitaine se retourna vers l'Angoumois:

— Eh bien, mon brave gentilhomme, dit-il, n'êtes-vous pas curieux, vous aussi, de tenter le sort? Voyons, vraie ou fausse, bonne ou mauvaise, une prédiction fait toujours passer un instant.

— Pardonnez-moi, répondit le gentilhomme, qui parut sortir tout à coup de sa rêverie; j'ai, au contraire, quelque chose de très-important à demander à cette femme.

Et, se levant, il alla droit à la sorcière avec cette précision de mouvement qui indique chez celui qui la possède la force et la ténacité de la volonté.

— Magicienne, dit-il d'une voix sombre et en lui tendant une main nerveuse, réussirai-je dans ce que je veux entreprendre ?

La sorcière prit la main qu'on lui présentait ; mais, après l'avoir regardée une seconde, elle la laissa retomber avec une espèce d'épouvante.

— Oh ! oui, dit-elle, vous réussirez, pour votre malheur.

— Mais je réussirai ?

— A quel prix, Jésus Dieu !

— Au prix de la mort de mon ennemi, n'est-ce pas ?

— Oui.

— Que m'importe, alors ?

Et le gentilhomme retourna à sa place, en lançant au duc de Guise un regard d'indicible haine.

— Étrange ! étrange ! étrange ! murmura la vieille, assassins tous trois !

Et elle regarda avec une sorte de terreur le groupe composé par le capitaine gascon, par le gentilhomme angoumois et par le jeune page. Cette scène de chiromancie avait été attentivement suivie des yeux par les hôtes illustres qui occupaient le côté opposé de la salle. Nous disons des yeux, parce que, ne pouvant tout entendre, ils avaient du moins pu tout voir.

Or, quelque peu de confiance que l'on ait dans les sorciers, on est toujours curieux d'interroger cette sombre science qu'on appelle la magie, soit pour qu'elle vous prédise mille félicités et qu'on lui donne raison, soit pour qu'elle vous prédise mille infortunes et qu'on l'accuse de mentir. Ce fut sans doute ce qui poussa le maréchal de Saint-André à interroger la vieille.

— Je n'ajoute qu'une foi médiocre à tous ces badinages, dit-il ; mais je dois avouer que, dans mon enfance, une bohémienne m'a prédit ce qui m'arriverait jusqu'à cinquante ans ; or, j'en ai cinquante-cinq, et je ne serais point fâché qu'une autre me prédît maintenant ce qui m'arrivera jusqu'à ma mort... Approche donc, fille de Belzébuth, ajouta-t-il en s'adressant à la vieille.

La sorcière se leva et s'approcha du groupe.

— Voici ma main, dit le maréchal; voyons, parle, et parle haut; que m'annonces-tu de bon?

— Rien, monsieur le maréchal.

— Rien? Diable! ce n'est pas grand'chose; et de mauvais?

— Ne m'interrogez pas, monsieur le maréchal.

— Si fait, parbleu! je t'interrogerai. Voyons! dis, que lis-tu dans ma main?

— Interruption violente de la ligne de la vie, monsieur le maréchal.

— Ce qui veut dire que je n'ai pas longtemps à vivre, hein?

— Mon père! murmura la jeune fille le suppliant du regard de ne pas aller plus loin.

— Laisse donc, Charlotte, dit le maréchal.

— Écoutez cette belle enfant, dit la sorcière.

— Allons, achève, bohême! Donc, je mourrai bientôt?

— Oui, monsieur le maréchal.

— Mourrai-je de mort violente ou de mort naturelle?

— De mort violente. Vous recevrez la mort sur le champ de bataille, mais non d'un ennemi loyal.

— De la main d'un traître, alors?

— De la main d'un traître.

— C'est-à-dire?...

— C'est-à-dire que vous serez assassiné.

— Mon père! murmura la jeune fille en frissonnant et en se serrant contre le maréchal.

— Est-ce que tu ajoutes foi à toutes ces diableries? dit celui-ci en l'embrassant au front.

— Non, mon père, et cependant mon cœur bat dans ma poitrine comme si ce malheur que l'on vous prédit allait vous arriver.

— Enfant! dit le maréchal en haussant les épaules; tiens, montre-lui ta main à ton tour et que ses prédictions ajoutent à ta vie tous les jours qu'elles retranchent de la mienne.

Mais la jeune fille refusa obstinément.

— Alors, je vais vous donner l'exemple, mademoiselle, dit le duc de Guise en tendant sa main à la sorcière.

Puis, avec un sourire :

— Je te préviens, bohème, que l'on m'a déjà trois fois tiré mon horoscope, et qu'il a trois fois donné un résultat funèbre; pour l'honneur de la magie, ne le fais pas mentir.

— Monseigneur, dit la vieille après avoir examiné la main du duc, je ne sais ce qu'on vous a prédit jusqu'à présent; mais voici ce que je vous prédis, moi.

— Voyons !

— Vous mourrez, comme le maréchal de Saint-André, assassiné.

— C'est parfaitement cela, dit le duc, et il n'y a pas moyen d'y échapper. Tiens, prends cela, et va-t'en au diable.

Et il jeta une pièce d'or à la sorcière.

— Ah çà ! mais c'est une tuerie de gentilshommes que nous prédit cette sorcière ? Je commence à regretter de l'avoir fait entrer, duc, et, pour ne pas avoir l'air d'échapper seul à la destinée, ma foi ! à mon tour, vieille !

— Croyez-vous donc aux sorcières, prince ? demanda le duc de Guise.

— Ma foi ! duc, j'ai vu tant de prédictions manquer, tant d'horoscopes s'accomplir, que je vous dirai comme Michel Montaigne : « Que sais-je ? » Tiens, bonne femme, voici ma main; qu'y vois-tu ? Bon ou mauvais, dis tout.

— Voici ce que je vois dans votre main, monseigneur : une vie pleine d'amour et de combats, de plaisirs et de dangers, terminée par une mort sanglante.

— Serai-je donc aussi assassiné ?

— Oui, monseigneur.

— Comme M. le maréchal de Saint-André, comme M. de Guise.

— Comme eux.

— Que tu dises vrai ou faux, bonne femme, comme tu

m'annonces que je mourrai en bonne compagnie, voici pour ta peine.

Et il lui donna, non pas une pièce d'or, comme avait fait le duc de Guise, mais sa bourse tout entière.

— Plaise au ciel, monseigneur, dit la vieille en baisant la main du prince, que ce soit la pauvre sorcière qui se trompe et que la prédiction ne se réalise pas!

— Et, si elle se réalise, bonne femme, malgré ton désir de la voir échouer, je te promets désormais de croire aux sorciers. Il est vrai, ajouta-t-il en riant, que ce sera un peu tard.

Il se fit un instant de morne silence, pendant lequel on entendit la pluie tomber doucement.

— Mais, dit le prince, l'orage diminue. Je vous salue, monsieur le maréchal. Je vous salue, monsieur le duc. On m'attend à neuf heures à l'hôtel Coligny; je me remets donc en route.

— Comment, prince, par cet orage? demanda Charlotte.

— Mademoiselle, dit le prince, je vous remercie bien sincèrement de votre sollicitude; mais je n'ai rien à craindre du tonnerre, puisque je dois être assassiné!

Et, ayant salué ses deux compagnons et arrêté sur mademoiselle de Saint-André un regard qui força la jeune fille à baisser les yeux, le prince sortit de l'auberge, et, un instant après, on entendit sur la route de Paris le galop rapide d'un cheval.

— Fais approcher le coche, petit Jacques, dit le maréchal; si l'on attend le prince à neuf heures à l'hôtel Coligny, on nous attend, nous, à dix, au palais des Tournelles.

Le coche approcha. Le maréchal de Saint-André, sa fille et le duc de Guise y prirent leurs places.

Laissons-les suivre le prince de Condé sur la route de Paris, nous les y retrouverons plus tard.

Rapprochons seulement des noms des trois personnages à qui la sorcière avait prédit qu'ils devaient être assassinés, les noms des trois personnages à qui elle avait prédit qu'ils devaient être des assassins : le duc de Guise, le maréchal de

Saint-André, le prince de Condé; Poltrot de Méré, Baubigny de Mézières, Montesquiou.

C'était sans doute pour donner aux uns et aux autres un avertissement qui, aux uns comme aux autres, fut inutile, que la Providence avait réuni ces six hommes dans l'auberge du *Cheval rouge*.

I

MARCHE TRIOMPHALE DU PRÉSIDENT MINARD

Le mardi 18 décembre de l'année 1559, six mois après la fête du landi, vers trois heures de l'après-midi, par un aussi beau coucher de soleil qu'il fût permis de le désirer à cette époque avancée de l'année, chevauchait, au milieu de la Vieille-Rue-du-Temple, monté sur une mule de si chétive apparence, qu'elle dénonçait l'avarice crasse de son propriétaire, maître Antoine Minard, un des conseillers au parlement.

Maître Antoine Minard, sur lequel nous attirons momentanément les yeux de nos lecteurs, était un homme d'une soixantaine d'années, gras et joufflu, qui faisait coquettement flotter au vent les boucles blondes de sa perruque.

Son visage, en temps ordinaire, devait exprimer la béatitude la plus complète; nul chagrin n'avait jamais, à coup sûr, obscurci ce front poli, luisant et sans rides; nulle larme n'avait creusé son sillon sous ces gros yeux à fleur de tête; enfin, l'insouciance égoïste et la gaieté vulgaire avaient seules passé leurs vernis sur le vermillon de cette face rubiconde, majestueusement supportée par un triple menton.

Mais, ce jour-là, le visage du président Minard était loin de resplendir de son auréole habituelle; car, bien qu'il ne fût plus guère qu'à quatre cents pas de sa maison, et que, comme on voit, la distance ne fût point grande, il ne paraissait pas sûr d'y arriver ; il en résultait que sa figure, miroir des émotions intérieures qui l'agitaient, exprimait l'inquiétude la plus poignante.

En effet, le populaire qui faisait cortége au digne président était loin de le mettre en joie : depuis sa sortie, il était accompagné par une foule immense, qui semblait prendre un vrai plaisir à le malmener ; tout ce qu'il y avait de criards, de hurleurs, de braillards, dans la capitale du royaume très-chrétien, semblait s'être donné rendez-vous sur la place du Palais pour lui faire escorte jusque chez lui.

Quels motifs déchaînaient donc la majorité de ses concitoyens contre le digne maître Minard ?

Nous allons le dire le plus brièvement possible.

Maître Minard venait de faire condamner à mort un des hommes, à bon droit, les plus estimés de Paris, son confrère au parlement, son frère en Dieu, le vertueux conseiller Anne Dubourg. — Quel crime avait commis Dubourg ? Le même que l'Athénien Aristide. On l'appelait le Juste.

Voici les causes du procès, qui durait depuis six mois, et qui venait de se terminer d'une façon si fatale pour le pauvre conseiller :

Au mois de juin de l'année 1559, Henri II, sollicité par le cardinal de Lorraine et par son frère François de Guise, que le clergé de France avait nommés les envoyés de Dieu pour la défense et la conservation de la religion catholique, apostolique et romaine, Henri II avait rendu un édit qui contraignait le parlement à condamner à mort, sans exception et sans rémission, tous les luthériens.

Or, malgré cet édit, quelques conseillers ayant fait sortir un huguenot de prison, le duc de Guise et le cardinal de Lorraine, qui ne tendaient pas à moins qu'à l'extermination complète des protestants, persuadèrent au roi d'aller, le 10 juin, tenir son lit de justice en la grand'chambre, au couvent des Augustins, où se tenait en ce moment la cour, le palais ayant été pris pour y faire les festins de mariage du roi Philippe II avec madame Élisabeth, et de mademoiselle Marguerite avec le prince Emmanuel-Philibert.

Trois ou quatre fois par an, toutes les chambres de la cour se réunissaient dans l'une d'elles, que l'on appelait la grande chambre, et cette assemblée s'appelait mercuriale, parce qu'elle se tenait de préférence le mercredi.

Le roi se rendit donc au parlement le jour de la mercuriale, et ouvrit la séance en demandant pourquoi on s'était permis de mettre en liberté des protestants, et d'où venait qu'on n'avait pas entériné l'édit qui les condamnait.

Cinq conseillers se levèrent, mus d'un même sentiment, et, en son nom et au nom de ses confrères, Anne Dubourg dit d'une voix ferme :

— Parce que cet homme était innocent, et que délivrer un innocent, fût-il huguenot, c'est agir selon la conscience humaine.

Ces cinq conseillers s'appelaient Dufaur, La Fumée, de Poix, de La Porte et Anne ou Antoine Dubourg.

C'était Dubourg, avons-nous dit, qui s'était chargé de répondre. Il ajouta donc :

— Quant à l'édit, sire, je ne puis conseiller au roi de le faire entériner ; je demande, au contraire, que l'on sursoie aux condamnations qu'il renferme, jusqu'à ce que les opinions de ceux que l'on envoie si légèrement au supplice soient mûrement pesées et longuement débattues devant un conseil.

En ce moment intervint le président Minard, qui demanda à parler particulièrement au roi.

« C'étoit, disent les Mémoires de Condé, un homme cauteleux, astucieux, voluptueux et ignorant, mais grand faiseur de mondes et factions. Désirant faire chose agréable au roi et aux principaux de l'Église de Rome, craignant que l'opinion des Dubourg ne fût la plus grande et qu'il ne fallût conclure selon icelle, il fit, en conséquence, entendre au roi que les conseillers de sa cour étoient presque tous luthériens, qu'ils vouloient lui ôter la puissance et la couronne; qu'ils favorisoient les luthériens; que c'étoit horreur d'entendre quelques-uns d'entre eux parler de la sainte messe; qu'ils ne tenoient aucun compte des lois et ordonnances royales; qu'ils se vantoient tout haut de les mépriser; qu'ils s'habilloient en mauresque; que la plupart d'entre eux alloient souvent aux assemblées, mais n'alloient jamais à la messe, et que, s'il ne coupoit point le mal dans sa racine, à partir de cette mercuriale, l'Église étoit à tout jamais perdue. »

Bref, aidé du cardinal de Lorraine, il émut, enflamma, ensorcela tellement le roi, que celui-ci, tout hors de lui, fit appeler le sieur de Lorges, comte de Montgomery, capitaine de la garde écossaise, et M. de Chavigny, capitaine de ses gardes ordinaires, et leur ordonna d'appréhender au corps les cinq conseillers et de les mener incontinent à la Bastille.

A peine cette arrestation fut-elle opérée, que tout le monde en prévit les conséquences : les Guises vouloient terrifier les huguenots par quelque terrible exécution, et l'on jugea, sinon les cinq conseillers, du moins le plus important d'entre eux, c'est-à-dire Anne Dubourg, comme un homme perdu.

Aussi ces deux vers, qui contenaient les noms des cinq prévenus, et qui, par la manière dont ces noms étaient placés, donnaient une idée du sort réservé au chef de l'opposition huguenote, coururent-ils dès le lendemain dans Paris :

Par Poix, de La Porte, du Faur,
J'aperçois du Bourg, La Fumée.

Quoi qu'il en soit, la quintuple arrestation qui avait inspiré ce mauvais distique à quelque bel esprit du temps, produisit une sorte de stupeur par toute la ville de Paris, et, par suite, dans toutes les villes de France, mais particulièrement dans les provinces du nord. On peut même regarder l'arrestation de cet honnête homme, qui avait nom Anne Dubourg, comme la cause principale de la conspiration d'Amboise, et de tous les troubles et de toutes les batailles qui ensanglantèrent le sol de la France pendant quarante ans.

Voilà pourquoi, qu'on nous le pardonne donc, nous nous arrêtons, dans ce premier chapitre, à tous les faits historiques qui sont la base sur laquelle repose l'échafaudage complet de ce nouveau livre, que nous mettons bien humblement, mais avec la confiance à laquelle nous a habitué leur longue sympathie, sous les yeux de nos lecteurs.

Quinze jours après cette arrestation, le vendredi 25 juin, troisième jour du tournoi que le roi donnait au château des Tournelles, près de cette même Bastille d'où les conseillers prisonniers entendaient retentir les clairons, les trompettes et le hautbois de la fête, le roi fit venir le capitaine de sa garde écossaise, ce même comte de Montgomery qui, aidé de M. de Chavigny, avait conduit en prison les cinq conseillers, et lui donna commission pour aller incontinent contre les luthériens au pays de Caux-les-Tournois.

Par cette commission, il était enjoint au comte de Montgomery de passer au fil de l'épée tous ceux qui seraient atteints et convaincus d'hérésie, de leur faire donner la question extraordinaire, de leur couper la langue et de les brûler ensuite à petit feu; pour ceux qui ne seraient que soupçonnés, leur faire simplement crever les yeux.

Or, cinq jours après que le roi Henri II eut donné cette commission à son capitaine de la garde écossaise, Gabriel de Lorges, comte de Montgomery, frappa le roi Henri de sa lance et le tua.

L'impression de cette mort fut si grande, qu'elle sauva certainement quatre des cinq conseillers arrêtés et fit surseoir à l'exécution du cinquième. Un des cinq fut absous, trois condamnés à l'amende. Anne Dubourg, seul, dut payer pour les autres. N'était-ce pas lui qui avait porté la parole?

Or, si les Guises étaient les ardents promoteurs de ces édits, un de leurs plus ardents applicateurs était cet hypocrite président Antoine Minard, que nous avons laissé chevauchant dans la Vieille-Rue-du-Temple, sur une mule rebelle, au milieu des vociférations, des injures et des menaces d'une double haie de citoyens indignés.

Et, quand nous disons que, quoiqu'il n'eût plus qu'une centaine de pas à faire pour regagner sa maison, il n'était pas bien sûr pour cela de rentrer dans son logis, nous ne faisons pas la situation pire qu'elle n'était, attendu que, la veille, en plein jour, à bout portant et d'un coup de pistolet, on avait tué un greffier au parlement nommé Julien Fresno, qui se rendait au palais, muni, disait-on, d'une lettre du duc de Guise, lequel, par cette lettre, excitait son frère le cardinal de Lorraine à précipiter la condamnation d'Anne Dubourg.

Il en résulte que ce meurtre, dont on n'avait pas retrouvé l'auteur, était naturellement présent à la mémoire du président, et que le spectre du pauvre greffier assassiné la veille chevauchait en croupe avec lui.

C'était ce compagnon de voyage qui faisait le président si pâle et qui redoublait le mouvement convulsif dont il talonnait l'animal entêté qui lui servait de monture et qui n'en faisait pas un pas de plus.

Il arriva cependant sain et sauf devant sa maison ; je vous jure, et, s'il était vivant encore, il vous jurerait lui-même qu'il était temps.

En effet, la foule, irritée de son silence qui n'était que le résultat de son angoisse et qu'elle redoutait comme une preuve de sa méchanceté, la foule, se rapprochant peu à peu de lui, menaçait définitivement de l'étouffer.

Or, si menacé qu'il fût par les flots de cette mer orageuse, le président Minard n'en atteignit pas moins le port, à la grande satisfaction de sa famille, qui se hâta, lui rentré, de verrouiller et de refermer la porte derrière lui.

Il avait été si troublé de ce danger, le digne homme, qu'il oublia sa mule à la porte, ce qu'il n'eût jamais fait en autre occasion, quoique, de bon compte et en la payant au-dessus de son prix, elle ne valût pas vingt sous parisis.

Et ce fut un grand bonheur pour lui d'oublier sa mule ;

car ce bon peuple parisien, qui tourne si facilement de la menace au rire et du terrible au grotesque, voyant qu'on lui laissait quelque chose, se contenta de ce qu'on lui laissait, et prit la mule au lieu du président.

Ce que devint la mule aux mains du populaire, l'histoire ne le dit point : laissons donc la mule, et suivons son maître dans l'intérieur de sa famille.

II

LA FÊTE DU PRÉSIDENT MINARD

Nous ne nous intéressons que médiocrement, n'est-ce pas, chers lecteurs, aux alarmes qu'avait causées à sa famille le retard du digne président Minard? Nous ne nous en occuperons donc pas davantage, et, nous mettant à la suite de la famille, comme celle-ci s'était mise à la suite de son chef, nous entrerons avec eux dans la salle à manger, où le souper était servi.

Jetons un regard rapide sur les convives, puis nous prêterons l'oreille à leur conversation.

Aucun des convives qui entouraient la table n'eût excité à la première vue la sympathie d'un observateur intelligent. C'était un échantillon de toutes les physionomies insignifiantes ou sottes que l'on retrouve dans toutes les classes de la société.

Chacun des membres de la famille du président Minard portait sur son visage le reflet des pensées qui l'agitaient. Toutes ces pensées grouillaient dans les brouillards de l'ignorance ou dans les bas-fonds de la vulgarité.

C'était chez les uns l'intérêt, chez les autres l'égoïsme, chez ceux-ci l'avarice, chez ceux-là la servilité.

Ainsi, au contraire de la foule qui, pareille à l'esclave derrière le char du triomphateur romain, venait de crier au président Minard : « Souviens-toi, Minard, que tu es mortel ! » les membres de cette famille, assemblés à l'occasion de l'anniversaire du président, qui était en même temps le jour de sa fête, tous ces gens n'attendaient qu'un mot du conseiller pour le féliciter sur la part brillante qu'il venait de prendre dans le procès de son confrère et pour boire à l'heureux résultat de ce procès, c'est-à-dire à la condamnation à mort d'Anne Dubourg ; et, quand Minard, se laissant tomber sur son fauteuil, eut dit, en passant un mouchoir sur le front :

— Ah ! ma foi ! mes amis, nous avons eu aujourd'hui une orageuse séance.

Chacun, comme s'il n'eût attendu que ce signal, se confondit en exclamations.

— Taisez-vous, grand homme ! lui dit un neveu portant la parole au nom de tous ; ne parlez pas, reposez-vous de vos fatigues, et permettez-nous d'étancher la sueur qui coule de votre noble front. C'est aujourd'hui l'anniversaire de votre naissance, ce grand jour si glorieux pour votre famille et pour le parlement, dont vous êtes un des flambeaux ; elle est réunie pour le célébrer ; mais attendons quelques moments encore. Reprenez haleine ; buvez un verre de ce vieux bourgogne-là, et, dans un instant, nous boirons nous-mêmes à la conservation de vos jours précieux ; mais, au nom du ciel, n'en arrêtez pas le cours par une imprudence ! Votre famille vous supplie de vous conserver à elle, de conserver à l'Église son plus ferme soutien, à la France un de ses plus illustres fils.

A ce petit speach, de forme surannée même à cette antique époque, le président Minard, les larmes aux yeux, voulut répondre ; mais les mains sèches de la présidente et les mains potelées de mesdemoiselles ses filles lui fermèrent la bouche et l'empêchèrent de parler. Enfin, après quelques minutes de repos, la parole fut rendue à M. Minard, et un *chut !* prolongé courut parmi les assistants, afin que les serviteurs eux-mêmes, qui se tenaient debout aux portes, ne perdissent pas un mot de ce qu'allait répondre l'éloquent conseiller.

— Ah ! mes amis, parvint-il à dire, mes frères, mes parents, ma vertueuse et bien-aimée famille, je vous remercie de votre amitié et de vos louanges ; mais j'en suis bien digne, en vérité, ô ma tendre famille ! car je puis dire sans orgueil, ou, si vous le préférez, avec un noble orgueil, je puis dire hautement que, sans moi, sans ma persistance et sans mon acharnement, à l'heure qu'il est, l'hérétique Anne Dubourg serait acquitté comme ses complices de Poix, La Fumée, Dufaur et de La Porte ; mais, grâce à ma volonté énergique, la partie est gagnée, et je viens, continua-t-il en levant les yeux au ciel en signe de remerciement, je viens, grâce à Dieu, de faire prononcer la condamnation de ce misérable huguenot.

— Oh ! *vivat !* cria d'une seule voix la famille en levant les bras au ciel. Vive notre illustre parent !... Vive celui qui ne s'est jamais démenti !... Vive celui qui abat en toute occasion les ennemis de la foi !... Vive à jamais le grand président Minard !...

Et les domestiques derrière la porte, la cuisinière dans la cuisine, le palefrenier dans l'écurie, répétèrent :

— Vive le grand président Minard !

— Merci, mes amis, merci ! dit le président d'une voix onctueuse, merci ! Mais deux hommes, deux grands hommes, deux princes, ont droit à leur part dans ces louanges que vous me prodiguez ; sans eux, sans leur appui, sans leur influence, jamais je n'eusse mené à bien cette glorieuse affaire. Ces deux hommes, mes amis, c'est monseigneur le duc François de Guise et Son Éminence le cardinal de Lorraine. Après avoir bu à ma santé, buvons donc à la leur, mes amis, et que Dieu conserve les jours de ces deux grands hommes d'État !

On porta la santé du duc de Guise et du cardinal de Lorraine ; mais madame Minard s'aperçut que son gracieux époux ne faisait qu'effleurer le verre de ses lèvres et qu'il le reposait sur la table, tandis qu'un souvenir quelconque passait au-dessus de sa tête comme un nuage, et de son ombre obscurcissait son front.

— Qu'avez-vous, mon ami, demanda-t-elle, et d'où vient cette subite tristesse ?

— Hélas ! dit le président, il n'y a pas de triomphe complet, de joie sans mélange ! C'est un souvenir mélancolique qui me vient à l'esprit.

— Et quel souvenir mélancolique peut vous venir à l'esprit, cher époux, au plus beau moment de votre triomphe ? demanda la présidente.

— Au moment où je buvais à la conservation des jours de M. de Guise et de son frère, j'ai pensé qu'hier était mort assassiné un homme qu'ils me faisaient l'honneur de m'expédier.

— Un homme ? s'écria la famille.

— C'est-à-dire un greffier, reprit Minard.

— Comment ! un de vos greffiers a été assassiné hier ?

— Oh ! mon Dieu, oui.

— Vraiment ?

— Vous connaissez bien Julien Fresne ? demanda le président Minard.

— Julien Fresne ? s'écria un parent. Mais, sans doute, nous le connaissons.

— Un zélé catholique, dit un second.

— Un bien honnête homme, dit un troisième.

— Je l'ai rencontré, hier, rue Barre-du-Bec, venant de l'hôtel de Guise, à ce qu'il m'a dit, et se rendant au palais.

— Eh bien, voilà justement : comme il abordait le pont Notre-Dame, apportant à M. le cardinal de Lorraine, de la part de son frère, le duc de Guise, une dépêche qui devait m'être communiquée, il a été assassiné !

— Oh ! s'écria la présidente, quelle horreur !

— Assassiné ! répéta en chœur la famille, assassiné ! Encore un martyr !

— Et a-t-on arrêté l'assassin, au moins ? demanda la présidente à Minard.

— On ne le connaît pas, répondit celui-ci.

— On a des soupçons ? demanda la présidente.

— Mieux que cela, des certitudes.

— Des certitudes ?

— Oui ; que voulez-vous que ce soit, sinon un ami de Dubourg ?

— Certainement que c'est un ami de Dubourg, répéta toute la famille ; que voulez-vous que ce soit, pardieu ! sinon un ami de Dubourg ?

— A-t-on arrêté quelqu'un ? demanda la présidente.

— Cent personnes, à peu près ; pour ma part, j'en ai désigné plus de trente.

— On aura bien mauvaise chance, dit une voix, si le meurtrier ne se trouve point parmi ces cent personnes-là.

— S'il n'y est pas, dit le président, on en arrêtera cent autres, deux cents autres, trois cents autres.

— Les scélérats ! dit une jeune demoiselle de dix-huit ans, on devrait les brûler tous ensemble.

— On y songe, répondit le président ; et le jour où l'on aura résolu en masse la mort des protestants sera un beau jour pour moi.

— Oh ! quel honnête homme vous êtes, mon ami ! dit la présidente les larmes aux yeux.

Les deux filles de M. Minard vinrent embrasser leur père.

— Et sait-on ce que contenait la lettre du duc ? demanda la présidente.

— Non, répondit Minard, et c'est cela qui a si vivement préoccupé la cour aujourd'hui ; mais on le saura demain, M. le cardinal de Lorraine devant voir ce soir son illustre frère.

— La lettre a été volée, alors ?

— Sans doute ; il est même probable que le pauvre Julien Fresno n'a été assassiné que parce qu'il était porteur de cette lettre. L'assassin s'en étant emparé et ayant pris la fuite, on a mis des archers à ses trousses ; tout le guet et tous les hommes de M. de Mouchy sont depuis ce matin en campagne ; mais ce soir, à cinq heures, on n'avait pas encore de nouvelles.

En ce moment, une servante entra, annonçant à M. Minard qu'un inconnu, porteur de la lettre dérobée la veille à Julien Fresne par un assassin, insistait pour lui parler à l'instant même.

— Oh ! faites entrer bien vite ! s'écria le président rayonnant de joie. C'est Dieu qui me récompense de mon zèle pour sa sainte cause en faisant tomber entre mes mains cette précieuse dépêche.

Cinq minutes après, la servante introduisait l'inconnu, et M. Minard voyait entrer un jeune homme de vingt-quatre ou vingt-cinq ans, aux cheveux roux, à la barbe blonde, au regard vif et perçant et au visage pâle, qui, sur l'invitation du président, vint s'asseoir de l'autre côté de la table, en face de lui.

C'était le même jeune homme qui avait dit, en se retirant sur la berge, aux assassins de son ami Médard, qu'on entendrait peut-être un jour parler de lui.

C'était Robert Stuart.

Le jeune homme avait accepté la politesse ; il avait, courtoisement et le sourire sur les lèvres, salué toute la compagnie ; puis il avait pris un siège, ayant le président devant, et la porte derrière lui.

— Monsieur, dit Robert Stuart s'adressant au président lui-même, c'est bien à M. le président Antoine Minard que j'ai l'honneur de parler ?

— Oui, monsieur, parfaitement, répondit le président fort étonné qu'on pût être ignorant en physionomie, au point de ne pas lire sur son visage que lui seul pouvait être et était le célèbre Minard. Oui, monsieur, c'est moi qui suis le président Minard.

— Très-bien, monsieur, continua l'inconnu ; et, si je

vous ai fait cette question, qui, au premier abord, peut vous sembler indiscrète, vous verrez par la suite que cela tenait à mon grand désir d'éviter toute équivoque.

— De quoi s'agit-il, monsieur ? demanda le magistrat. On m'a dit que vous désiriez me remettre la dépêche que portait le malheureux Julien Fresne lorsqu'il a été assassiné.

— On a peut-être été un peu loin, monsieur, dit le jeune homme avec une politesse infinie, en vous annonçant que je vous remettrais cette dépêche. Je n'ai fait aucune promesse de ce genre, et je vous la remettrai ou je la garderai, selon la réponse que vous ferez à une demande que j'aurai l'honneur de vous adresser; vous comprenez, monsieur, que, pour devenir possesseur d'un si important papier, j'ai dû risquer ma vie. Un homme ne risque pas sa vie, vous savez cela, vous, habitué à lire dans le cœur humain, sans un grand intérêt à le faire. J'ai donc l'honneur de vous répéter, afin que là-dessus non plus il n'y ait pas d'équivoque, que je ne vous remettrai cette dépêche que si je suis satisfait de la réponse que vous ferez à ma demande.

— Et quelle est cette demande, monsieur ?

— Monsieur le président, vous savez mieux que personne que, dans une instruction bien ordonnée, chaque chose a son tour; je ne puis donc vous la dire que dans un moment.

— Vous avez cependant cette dépêche sur vous ?

— La voici, monsieur.

Et le jeune homme tira de sa poche un papier scellé qu'il montra au président Minard.

La première pensée de celui-ci fut, il faut l'avouer, une pensée malhonnête : il pensa de faire signe à ses cousins et à ses neveux, qui écoutaient cette conversation avec une certaine surprise, de se précipiter sur l'inconnu, de lui prendre la dépêche et de l'envoyer rejoindre, dans les prisons du Châtelet, les cent personnes arrêtées déjà pour l'assassinat du greffier Julien Fresne.

Mais, outre l'énergie empreinte sur le visage du jeune

homme, qui portait tous les caractères de la volonté poussée jusqu'à l'entêtement et qui faisait appréhender au président de n'avoir point la force matérielle suffisante pour s'emparer du parchemin, il songea que, grâce à son habileté et à sa finesse extraordinaires, il aurait meilleur marché de son interlocuteur en employant la ruse qu'en employant la violence : il se contraignit donc, et la tournure élégante du jeune homme, sa mise soignée, quoique sévère, justifiant à l'avance l'invitation qu'il songeait à lui adresser, il le pria, pour qu'il pût donner tout le temps nécessaire au développement de sa narration, de se mettre à table et de souper avec eux.

Le jeune homme le remercia poliment, mais refusa son invitation.

Le président lui offrit au moins de se rafraîchir, mais le jeune homme remercia et refusa encore.

— Parlez donc, monsieur, dit Minard; et, puisque vous ne voulez rien accepter, je vous demande la permission de continuer mon souper; car je vous avouerai franchement que je meurs de faim.

— Faites, monsieur, répondit le jeune homme, et bon appétit ! La question que j'ai à vous adresser est d'une telle importance, qu'elle a besoin, pour être bien comprise, de quelques questions préliminaires. Mangez, monsieur le président; je questionnerai.

— Questionnez, monsieur ; je mange, dit le président.

Et, effectivement, faisant signe au reste de sa famille de suivre son exemple, il commença à souper avec un appétit qui ne démentait point le programme donné.

— Monsieur, commença lentement l'inconnu au milieu du bruit des fourchettes et des couteaux, que chacun modérait cependant de son mieux pour ne pas perdre un mot du récit qu'on allait entendre, monsieur, à mon accent, vous devez avoir reconnu déjà que je suis étranger.

— En effet, dit le président la bouche pleine, il y a dans votre accent je ne sais quoi d'anglais.

— C'est vrai, monsieur, et votre perspicacité ordinaire ne vous fait pas défaut à mon endroit. Je suis né en Écosse ; j'y serais encore, si un événement, qu'il est inutile de vous raconter, ne m'avait contraint de venir en France. Un de mes compatriotes, fervent disciple de Knox...

— Un hérétique anglais, n'est-ce pas, monsieur? demanda le président Minard en se versant un plein verre de bourgogne.

— Mon bien-aimé maître, répondit l'inconnu en s'inclinant.

M. Minard regarda toute sa compagnie avec un air qui signifiait clairement : « Écoutez, mes amis, et vous allez en entendre de belles! »

Robert Stuart continua :

— Un de mes compatriotes, fervent disciple de Knox, s'est trouvé, il y a quelques jours, dans une maison où je vais moi-même quelquefois : on y parlait de la condamnation à mort du conseiller Anne Dubourg.

La voix du jeune homme tremblait en prononçant ces derniers mots, et son visage, déjà pâle, blêmit encore.

Néanmoins, il continua sans que sa voix parût participer à l'altération de son visage ; mais, comme il s'aperçut que tous les regards se tournaient vers lui :

— Mon compatriote, dit-il, en entendant seulement prononcer le nom d'Anne Dubourg, pâlit visiblement, comme je fais peut-être en ce moment moi-même, et il demanda aux personnes qui parlaient de cette condamnation s'il était possible que le parlement commît une semblable injustice.

— Monsieur, s'écria le président, qui, lui, de son côté, pensa avaler de travers en écoutant ces paroles insolites, vous n'ignorez point que vous parlez à un membre du parlement, n'est-ce pas?

— Pardon, monsieur, répondit l'Écossais, c'est mon compatriote qui s'exprime ainsi ; il parlait, lui, non pas devant un membre du parlement, mais devant un simple greffier du parlement, nommé Julien Fresne, qui a été assassiné hier. Julien

Fresne eut alors l'imprudence de dire devant mon compatriote :

« — J'ai, dans ma poche, une lettre de monseigneur le duc de Guise, dans laquelle M. le duc mande au parlement du roi qu'il faut en finir avec le nommé Anne Dubourg et le dépêcher au plus vite.

« En entendant ces mots, mon compatriote frissonna, et, de pâle qu'il était, devint livide ; il se leva, alla à Julien Fresne, et, par toutes les instances imaginables, il le pria de ne point porter cette lettre, lui remontrant que, si Anne Dubourg était condamné, une part de la mort de ce conseiller retomberait sur lui ; mais Julien Fresne fut inexorable.

« Mon compatriote salua et alla attendre le greffier à sa sortie de la maison ; là, après lui avoir laissé faire quelques pas, il s'approcha de lui :

« — Julien Fresne, lui dit-il tout bas avec la plus exquise douceur, mais en même temps avec la plus grande fermeté, tu as toute la nuit pour réfléchir ; mais si, demain, à la même heure qu'aujourd'hui, tu as accompli ton dessein ou n'en as pas changé, tu mourras !

— Oh! oh! fit le président.

— Et ainsi, continua l'Écossais, mourront tous ceux qui, de près ou de loin, auront coopéré à la mort d'Anne Dubourg.

M. Minard frissonna, car il était impossible de deviner, à la contexture de la phrase, si ces dernières paroles avaient été dites à Julien Fresne par le compatriote de l'Écossais, ou étaient dites à M. Minard lui-même.

— Mais c'est un brigand que votre compatriote, monsieur! dit-il à Robert Stuart en voyant que sa famille n'attendait qu'un mot de lui pour donner cours à son indignation.

— Un brigand véritable! un misérable brigand! s'écria en chœur toute la famille.

— Monsieur, dit le jeune homme sans s'émouvoir, je suis Écossais et ne comprends pas bien toute la portée du mot que vous venez de prononcer et qu'ont répété, après vous, vos honorables parents; je continue donc.

Et, après avoir salué la famille, qui lui rendit son salut, mais visiblement à contre-cœur, il continua :

— Mon compatriote rentra chez lui, et, ne pouvant fermer l'œil, il se leva et alla se promener devant la maison de Julien Fresne.

« Il s'y promena pendant toute la nuit, pendant toute la matinée du lendemain ; il s'y promena jusqu'à trois heures de l'après-midi sans boire ni manger, tant il était soutenu par ce désir qui était en lui de tenir à Julien Fresno la parole qu'il lui avait donnée ; car, continua l'Écossais en forme de parenthèse, mes compatriotes peuvent être des brigands, monsieur Minard, mais ils ont le mérite, leur parole une fois donnée, de ne jamais y faillir.

« A trois heures, enfin, Julien Fresne sortit ; mon compatriote le suivit, et, voyant qu'il allait au palais, il le devança, et, l'arrêtant au coin du pont Notre-Dame :

« — Julien Fresne, lui dit-il, tu n'as donc pas réfléchi ?

« Julien Fresne devint fort pâle ; l'Écossais semblait sortir de terre et avait l'air on ne peut plus menaçant ; mais, il faut rendre cette justice au digne greffier, il répondit nettement :

« — Si fait, j'ai réfléchi ; mais le résultat de ma réflexion est que je dois remplir l'ordre qui m'a été donné par M. le duc de Guise.

« — M. de Guise n'est point votre maître, pour vous donner des ordres, reprit l'Écossais.

« — M. de Guise est non-seulement mon maître, répondit le greffier, mais encore le maître de la France.

« — Comment cela ?

« — Ignorez-vous, monsieur, que le duc de Guise est le véritable roi du royaume ?

« — Monsieur, dit mon compatriote, une discussion politique sur ce sujet nous mènerait trop loin ; je ne partage aucunement vos opinions et j'en reviens à la question que je vous ai posée hier au soir : Êtes-vous toujours dans l'intention de porter cette lettre au parlement ?

« — Je m'y rends à cet effet.

« — De sorte que vous l'avez sur vous ?

« — Je l'ai sur moi, répondit le greffier.

« — Au nom du Dieu vivant, s'écria mon compatriote, renoncez à porter cette lettre aux bourreaux d'Anne Dubourg!

« — Dans cinq minutes, elle sera entre leurs mains.

« Et Julien Fresne fit du bras un mouvement pour écarter mon compatriote.

« — Eh bien, puisqu'il en est ainsi, s'écria mon compatriote, ni toi ni ta lettre n'arriverez au palais, Julien Fresne.

« Et, tirant de dessous son manteau un pistolet, il ajusta Julien Fresne, qui tomba roide mort sur le pavé ; puis, ayant pris la lettre, cause de ce meurtre, mon compatriote continua paisiblement sa route, la conscience tranquille ; car il venait de tuer un misérable en essayant de sauver un innocent...

Ce fut au tour du président à devenir vert et jaune, de pourpre qu'il était. Mille gouttes de sueur perlèrent sur son front.

Le plus profond silence régnait dans toute l'assemblée.

— Il fait une chaleur étouffante ici, dit maître Minard en se tournant alternativement vers les deux bouts de la table ; ne trouvez-vous pas, mes amis?

On se leva pour aller ouvrir la fenêtre ; mais l'Écossais fit, en étendant les deux mains, signe à chacun de s'asseoir.

— Ne vous dérangez pas, messieurs, dit-il ; je vais, moi qui ne mange pas, ouvrir la fenêtre pour donner de l'air à M. le président ; mais, comme deux airs pourraient lui faire mal, ajouta-t-il après avoir ouvert la fenêtre en effet, je vais fermer la porte.

Et, ayant donné un tour de clef à la porte, il revint prendre sa place en face du président Minard.

Seulement, dans les mouvements qu'il venait d'être forcé d'opérer, le manteau de l'Écossais s'était écarté et l'on avait pu voir qu'il portait sous ce manteau, comme arme défensive, une cotte de mailles à tissu d'acier, et, comme arme offensive, deux pistolets à sa ceinture et une courte épée à son côté.

Lui ne parut nullement s'inquiéter de ce que l'on avait pu voir ou ne pas voir, et, reprenant sa place en face du président, dont il n'était séparé que par la largeur de la table :

— Eh bien, cher monsieur Minard, lui demanda-t-il, comment vous trouvez-vous?

— Un peu mieux, répondit celui-ci fort à contre-cœur.

— Croyez que j'en suis aise ! continua le jeune homme.

Et il reprit son récit au milieu d'un silence dans lequel on eût entendu une mouche voler, s'il y avait eu, en décembre, d'autres mouches que les mouches de M. de Mouchy.

III

LE BOUQUET DE LA FÊTE DU PRÉSIDENT MINARD

Le jeune homme, comme nous l'avons dit dans le chapitre précédent, reprit donc son récit à l'endroit où il l'avait laissé :

— Mon compatriote emporta la lettre, et, craignant d'être suivi, il s'enfuit par la Grande-Rue-Montmartre et gagna les quartiers déserts de la Grange-Batelière, où il put lire à son aise la lettre de M. le duc de Guise. Là seulement, il s'aperçut, comme je m'en aperçus moi-même en la lisant, que cette lettre du duc de Guise ne faisait que servir d'enveloppe à une ordonnance du roi François II, comme vous allez le voir vous-mêmes, messieurs, quand je vous aurai donné connaissance de cette lettre ; car, la missive étant décachetée, mon ami crut avoir le droit de chercher, au juste, et de qui elle venait et à qui elle était adressée, afin de la porter lui-même, s'il y avait lieu, à son adresse, avec tous les égards dus à son souscripteur.

Alors, pour la seconde fois, l'Écossais tira le parchemin de sa poitrine, le déploya et lut ce qui suit :

« A nos amés et féaux président en la cour du parlement de Paris, avocats et procureurs dudit lieu.

« De par le roi,

« Nos amés et féaux, nous avons grande occasion de mal-contentement de voir telles longueurs en la vuydange et expédition du procès pendant en notre cour du parlement contre les conseillers détenus pour le fait de la religion, et mesmement en celui du conseiller Dubourg, et pour ce que nous désirons qu'il y soit mis une prompte fin ; à cette cause, nous vous mandons et enjoignons très-expressément que, toute autre affaire cessant, vous ayez à procéder, vaquer et entendre au jugement de leursdits procès, au nombre des juges qu'il a été et sera advisé par notre dite cour, sans souffrir ni permettre qu'ils tirent en plus grande longueur, de manière que nous en puissions avoir autre et plus grande occasion de satisfaction que nous n'avons eue jusqu'ici.

« Signé : FRANÇOIS.

« Et, plus bas : DE LAUBESPINE. »

— Comment, monsieur ! s'écria le président Minard redevenant fort à cette lecture d'une lettre qui donnait si grande raison à la condamnation qu'il venait de faire rendre, vous avez une pareille lettre depuis ce matin ?

— Depuis hier quatre heures de l'après-midi, monsieur ; permettez que, pour la gloire de la vérité, je rétablisse les faits.

— Vous avez une pareille lettre depuis hier quatre heures de l'après-midi, reprit le président avec la même intonation, et vous avez retardé jusqu'ici à la remettre ?

— Je vous répète, monsieur, dit le jeune homme en réintégrant la lettre dans son pourpoint, que vous ignorez encore à quel prix j'ai obtenu cette lettre et à quel prix je veux la donner.

— Alors, parlez donc, dit le président, et formulez votre désir à l'endroit de la récompense que vous réclamez pour une action qui, du reste, n'est que l'accomplissement d'un simple devoir.

— Ce n'est pas un devoir si simple que vous croyez, monsieur, reprit le jeune homme ; la même raison qui a fait désirer à mon compatriote que la lettre ne fût pas rendue au parlement existe encore, et, soit que le conseiller Anne Dubourg touche de si près mon compatriote, que sa mort lui doive être une grande douleur personnelle, soit que l'injustice du parlement lui semble un crime odieux et qu'alors sa persistance à garder la lettre ne vienne que du désir qu'a tout honnête homme d'empêcher une action infâme de se commettre, ou tout au moins d'y apporter un retard, s'il ne peut l'empêcher tout à fait, il a juré de ne remettre cette lettre que quand il aurait la certitude de la délivrance d'Anne Dubourg, et, en outre, de mettre à mort tous ceux qui s'opposeraient à la délivrance de ce conseiller... Et voilà même pourquoi il a tué Julien Fresne, non pas qu'il tînt pour personnellement coupable une créature aussi infime qu'un greffier ; mais, par cette mort, il a voulu prouver à de plus haut placés que Julien Fresne, que, n'ayant pas marchandé avec l'existence des petits, il ne marchanderait pas davantage avec la vie des grands.

Ici, le président fut vivement tenté de faire ouvrir la seconde fenêtre ; chaque cheveu de sa perruque blonde dégouttait de sueur comme une branche de saule dégoutte de pluie après l'orage ; mais, comme il pensa que ce n'était pas un remède suffisant à son émotion, il se contenta de jeter autour de la table des regards effarés qui demandaient de l'œil aux uns et aux autres quelle conduite il devait tenir vis-à-vis de cet Écossais qui avait un ami si féroce ; mais les convives, ne comprenant pas la pantomime du président M.-

nard, ou refusant de la comprendre de peur de voir fondre sur eux toute une légion d'Écossais; les convives, disons-nous, baissèrent les yeux et gardèrent un profond silence.

Cependant, un président du parlement, l'homme qu'on venait de proclamer le soutien le plus ferme de la foi et le plus grand citoyen de la France, cet homme-là ne pouvait pas laisser passer lâchement de telles menaces sans y répondre; seulement, dans quelle mesure devait-il y répondre? S'il se levait en faisant le tour de la table, et allait, contrairement à ses habitudes pacifiques, appréhender au corps ce menaçant Écossais, il courait risque que, se doutant de son projet, celui-ci ne tirât son épée du fourreau, ou ne décrochât un pistolet de sa ceinture; et cela ne pouvait manquer d'arriver, à en juger par l'expression énergique du visage de l'Écossais; or, si cette pensée d'attaquer son hôte, hôte des plus incommodes, comme on voit, traversa un instant l'esprit du président Minard, elle passa aussi rapide qu'un nuage chassé par le vent, et cet esprit lucide, s'il en fut, vit tout d'abord qu'il avait, dans l'exécution d'une résolution pareille, toute chose à perdre et bien peu à gagner.

Or, parmi les choses à perdre, il y avait sa vie, qui était fort douce à ce bon président Minard, et qu'il tenait à garder le plus longtemps possible. Il chercha donc un biais pour sortir de ce pas difficile, où son instinct lui disait qu'il avait tant à craindre que, si avare qu'il fût, il eût bien donné cinquante écus d'or pour avoir ce damné Écossais de l'autre côté de la porte, au lieu de l'avoir simplement de l'autre côté de la table. Ce biais, ce fut de faire avec cet hôte forcé ce que certaines personnes font avec les chiens féroces, c'est-à-dire de le flatter et de le câliner. Ce fut donc, cette résolution une fois prise, d'un ton qu'il essaya de rendre enjoué, qu'il interpella le jeune homme.

— Voyons, monsieur, lui dit-il, à votre façon de vous exprimer, à votre figure pleine d'intelligence, à votre tournure distinguée, je puis affirmer, sans me tromper, que vous n'êtes pas un homme du commun, et, je dirai même plus, c'est que vous révélez en vous le gentilhomme de bonne maison.

L'Écossais s'inclina, mais sans répondre.

— Eh bien, continua le président, puisque je parle à un homme bien élevé et non à un citoyen fanatique, il avait grande envie de dire : et non à un assassin comme votre compatriote, mais la prudence habituelle aux gens de robe le retint, et non à un citoyen fanatique comme votre compatriote, permettez-moi de vous dire qu'un seul homme n'a point le droit, d'après sa seule appréciation, de se faire juge de la conduite de ses semblables : une foule de considérations peuvent l'égarer, et c'est même pour que chacun ne se fît pas juge dans sa propre cause que les tribunaux ont été institués. J'admets donc, jeune homme, que votre compatriote ait été parfaitement consciencieux en faisant ce qu'il a fait; mais vous avouerez avec moi que, si chacun avait le droit de justice, il n'y aurait pas de raison, par exemple, en supposant, et c'est une supposition, que vous partageassiez les opinions de votre compatriote, il n'y aurait pas de raison pour que vous, homme bien élevé et de sang-froid, vous ne vinssiez pas m'arracher la vie au milieu de ma famille, sous prétexte que vous n'approuvez pas non plus la condamnation du conseiller Dubourg.

— Monsieur le président, dit l'Écossais, qui, à travers ce filandreux discours, voyait transparaître la pusillanimité de maître Minard, monsieur le président, permettez-moi, comme on dit au parlement, de vous rappeler à la question, ni plus ni moins que si, au lieu d'être un président, vous étiez un simple avocat.

— Mais, à la question, nous y sommes, au contraire, il me semble; nous sommes en pleine question même, répondit Minard, qui retrouvait quelque aplomb, du moment où le dialogue rentrait dans une forme qui lui était habituelle.

— Faites excuse, monsieur, repartit l'Écossais, car vous m'interpellez directement, et, jusqu'ici, il n'est point encore question de moi; il n'est question que de mon ami, puisque ce n'est point de ma part, mais de celle de mon ami que je venais vous demander de répondre à cette question : « Monsieur le président Minard, pensez-vous que M. le conseiller Dubourg soit condamné à mort? »

La réponse était bien simple, puisque le conseiller Dubourg avait été condamné à mort, une heure auparavant, et que le président Minard avait reçu à ce sujet les félicitations de sa famille.

Mais, comme maître Minard pensa qu'il y aurait peut-être, en avouant franchement l'existence de cette condamnation, qui, au reste, ne devait être connue que le lendemain, autre chose à recevoir de la part de l'Écossais que des félicitations, il continua de suivre le système qu'il avait cru prudent d'adopter.

— Que voulez-vous que je vous réponde, monsieur? dit-il; je ne pourrais là-dessus vous donner l'opinion de mes confrères; je pourrais tout au plus vous donner la mienne.

— Monsieur le président, dit l'Écossais, je tiens votre opinion personnelle en si haute estime, que ce n'est point l'opinion de vos confrères que je vous demande, mais la vôtre.

— A quoi vous servira-t-elle? demanda le président, continuant de biaiser.

— Elle me servira à la connaître, répondit l'Écossais, qui paraissait décidé à faire, à l'endroit de maître Minard, ce que le chien courant fait à l'égard du lièvre, c'est-à-dire à le suivre en tous ses détours jusqu'à ce qu'il fût forcé.

— Mon Dieu, monsieur, dit le président obligé de s'expliquer, mon opinion sur l'issue de cette procédure est arrêtée depuis vieux temps.

Le jeune homme regarda fixement M. Minard, qui, malgré lui, baissa les yeux et continua lentement, comme s'il eût compris la nécessité de peser la valeur de chacune de ses paroles.

— Certainement, dit-il, il est regrettable de condamner à

mort un homme qui, à d'autres titres, aurait pu mériter l'estime publique, un confrère, je dirai presque un ami; mais, vous le voyez vous-même par cette lettre patente du roi, la cour n'attend que la fin de ce malheureux procès pour respirer et pour passer à d'autres : il faut donc en finir, et je ne doute pas que, si le parlement eût reçu hier la missive de Sa Majesté, le pauvre malheureux conseiller, que je suis obligé de condamner comme hérétique, mais que je regrette bien sincèrement comme homme, n'eût subi sa peine aujourd'hui, ou ne fût bien près de la subir.

— Ah ! cela a donc servi à quelque chose que mon ami ait tué hier Julien Fresne? dit l'Écossais.

— Pas à grand'chose, répondit le président; ce sera un retard, voilà tout.

— Mais enfin, un retard d'un jour, c'est toujours vingt-quatre heures de répit données à un innocent, et, en vingt-quatre heures, bien des choses peuvent changer.

— Monsieur, dit le président Minard, qui peu à peu, en sa qualité d'ancien avocat, reprenait des forces dans la discussion, vous parlez toujours du conseiller Dubourg comme d'un innocent ?

— J'en parle au point de vue de Dieu, monsieur, dit l'Écossais levant gravement un doigt vers le ciel.

— Oui, dit le président; mais au point de vue des hommes?

— Croyez-vous, maître Minard, demanda l'Écossais, que, même au point de vue des hommes, la procédure soit bien sincère?

— Trois évêques l'ont condamné, monsieur, trois évêques ont rendu la même sentence; trois sentences conformes.

— Ces évêques n'étaient-ils pas à la fois juges et parties dans la cause?

— Il se peut, monsieur; mais aussi, comment un huguenot s'adresse-t-il à des évêques catholiques?

— A qui voulez-vous qu'il s'adressât, monsieur?

— C'est une question fort grave, dit maître Minard, et hérissée de difficultés.

— Aussi, cette question, le parlement a-t-il résolu de la trancher.

— Comme vous dites, monsieur, répondit le président.

— Eh bien, monsieur, mon compatriote s'est imaginé que c'était à vous que revenait la gloire de cette condamnation.

Il y eut, à cette question, dans l'esprit du président, une honte telle de reculer devant un homme, quand il venait justement de se vanter devant dix autres d'avoir accompli l'acte sur lequel on le questionnait, qu'après avoir consulté des yeux ses parents, et avoir recueilli, à ce qu'il paraît, une certaine force dans leurs regards :

— Monsieur, dit-il, la vérité me force à dire que, dans cette circonstance, j'ai, en effet, sacrifié à mon devoir l'amitié bien tendre et bien réelle que je portais à mon confrère Dubourg.

— Ah! fit l'Écossais.

— Eh bien, monsieur, demanda maître Minard, qui commençait à perdre patience, où cela nous mène-t-il?

— Au but, et nous en approchons.

— Voyons, qu'importe à votre compatriote que j'aie influé ou non sur la détermination du parlement?

— Il lui importe beaucoup.

— En quoi?

— En ce que mon compatriote prétend que, puisque c'est vous qui avez noué l'affaire, c'est à vous de la dénouer.

— Je ne comprends pas, balbutia le président.

— C'est bien simple, cependant : au lieu d'user de votre influence pour la condamnation, usez-en pour l'acquittement.

— Mais, dit un des neveux s'impatientant à son tour, puisqu'il est condamné, votre conseiller Anne Dubourg, comment voulez-vous que mon oncle le fasse acquitter maintenant?

— Condamné! s'écria l'Écossais; n'avez-vous pas dit, là-bas, que le conseiller Dubourg était condamné?

Le président jeta sur l'indiscret neveu un regard plein d'effroi.

Mais, ou le neveu ne vit point ce regard, ou il n'y fit point attention.

— Eh! oui, condamné, dit-il, condamné aujourd'hui, à deux heures de l'après-midi... Voyons, mon oncle, ne nous avez-vous pas dit cela, où ai-je mal entendu?

— Vous avez bien entendu, monsieur, dit l'Écossais au jeune homme, s'expliquant le silence du président comme il devait être expliqué.

Puis, se retournant vers Minard :

— Ainsi, aujourd'hui, à deux heures, le conseiller Dubourg a été condamné? demanda-t-il.

— Oui, monsieur, balbutia Minard.

— Mais à quoi? à l'amende?

Minard ne répondit pas.

— A la prison?

Même silence de la part du président.

A chaque question de l'Écossais, son visage blêmissait; à la dernière, ses lèvres étaient livides.

— A la mort? demanda-t-il enfin.

Le président fit un signe de tête.

Quoique plein d'hésitation, ce signe était cependant affirmatif.

— Eh bien, soit! dit l'Écossais. Au bout du compte, tant qu'un homme n'est pas mort, il n'y a point à désespérer, et, comme le disait mon ami, puisque vous avez tout noué, vous pouvez tout dénouer.

— Comment cela?

— En demandant au roi l'infirmation du jugement.

— Mais, monsieur, dit maître Minard, qui, à chaque pas que faisait la scène, semblait enjamber par-dessus un précipice pour en retrouver un autre, il est vrai, mais qui, à chaque précipice enjambé, se rassurait momentanément; mais, monsieur, quand j'aurais l'intention de faire grâce à Anne Dubourg, le roi n'y consentirait jamais.

— Pourquoi cela?
— Mais, parce que la lettre que vous avez lue indique suffisamment sa volonté.
— Oui, en apparence.
— Comment, en apparence?
— Sans doute : cette lettre du roi était enfermée, comme j'ai eu l'honneur de vous le dire, dans une lettre du duc de Guise. Eh bien, cette lettre du duc de Guise, que je ne vous ai pas lue, je vais vous la lire.

Et le jeune homme tira de nouveau le parchemin de sa poitrine ; mais, cette fois, au lieu de lire la dépêche du roi, il lut la lettre de François de Lorraine.

Elle était conçue en ces termes :

« Monsieur mon frère,

« Voici enfin la lettre de Sa Majesté ; je la lui ai tirée des mains à grand'peine, et j'ai presque été obligé de lui mener la plume pour lui faire écrire ces huit malheureuses lettres dont se compose son nom. Il faut que nous ayons près de Sa Majesté quelque ami inconnu de ce damné hérétique : dépêchez-vous donc, de peur que le roi ne revienne sur sa décision, ou, le conseiller condamné, ne fasse grâce.

« Votre frère respectueux,

« François de Guise.

« 17 décembre, de l'an de grâce 1559. »

L'Écossais releva la tête.
— Avez-vous bien entendu, monsieur? demanda-t-il au président.
— A merveille.
— Voulez-vous que je vous relise la lettre, de peur que quelque point ne vous en ait échappé?
— C'est inutile.

— Voulez-vous vous assurer qu'elle est bien de l'écriture et porte bien le sceau du prince lorrain?

— Je m'en rapporte parfaitement à vous.

— Eh bien, que ressort-il pour vous de cette lettre?

— Que le roi a hésité à écrire, monsieur; mais, enfin, que le roi a écrit.

— Mais, a écrit à contre-cœur; et que, si un homme comme vous, par exemple, monsieur le président, allait dire à cet enfant couronné qu'on appelle le roi : « Sire, nous avons condamné le conseiller Dubourg pour l'exemple, mais il faut que Votre Majesté lui fasse grâce pour la justice, » le roi, à qui M. de Guise a été obligé de mener la main pour lui faire écrire les huit lettres de son nom, le roi ferait grâce.

— Et si ma conscience s'oppose à ce que je fasse ce que vous me demandez là, monsieur? dit le président Minard dans l'intention évidente de tenter le terrain.

— Je vous prierai, monsieur, de vous rappeler le serment qu'a fait mon ami l'Écossais, en tuant Julien Fresne, de tuer, comme lui, tous ceux qui, de près ou de loin, auraient contribué à la condamnation du conseiller Dubourg.

En ce moment, bien certainement, l'ombre du greffier, pareille à une ombre de lanterne magique, passa sur la muraille de la salle à manger; mais sans doute le président détourna-t-il la tête pour ne pas la voir.

— Ah! c'est insensé, ce que vous me dites là! répondit-il au jeune homme.

— Insensé! Pourquoi cela, monsieur le président?

— Mais, parce que vous m'adressez une menace, à moi, à un magistrat, et cela dans ma maison, au sein de ma famille.

— C'est afin que vous puisiez, monsieur, dans les considérations mêmes de la maison et de la famille, un sentiment de pitié pour vous-même, que Dieu n'a point mis pour les autres dans votre cœur.

— Il me semble, monsieur, qu'au lieu de vous repentir et de me faire des excuses, vous continuez de me menacer?

— Je vous ai dit, monsieur, que celui qui avait tué Julien

Fresne avait juré la mort de tout homme qui s'opposerait à ce qu'on rendît la liberté et sauvât la vie à Anne Dubourg, et que, de peur qu'on ne doutât de sa parole, il avait commencé par tuer le greffier, moins parce qu'il tenait ce greffier pour coupable, que parce qu'il voulait, par sa mort, donner à ses autres ennemis, si haut placés qu'ils fussent, un salutaire avertissement. Demanderez-vous au roi la grâce d'Anne Dubourg? Je vous somme de répondre au nom de mon ami.

— Ah! vous me sommez de vous répondre au nom d'un meurtrier, au nom d'un assassin, au nom d'un voleur? s'écria le président exaspéré.

— Remarquez bien, monsieur, dit le jeune homme, que vous êtes libre de me répondre oui ou non.

— Ah! je suis libre de vous répondre oui ou non?

— Sans doute.

— Eh bien, alors, dites à votre Écossais, hurla le président, mis hors de lui par le sang-froid même de celui qui l'interrogeait, dites à votre Écossais qu'il y a un homme qu'on appelle Antoine Minard, un des présidents de la cour, qui a juré, lui, la mort d'Anne Dubourg; que ce président n'a qu'une parole, et qu'il vous le prouvera demain.

— Eh bien, monsieur, répondit sans faire un geste et sans donner signe d'émotion Robert Stuart, en répétant presque les mêmes paroles qui venaient d'être dites; sachez qu'il y a un Écossais qui a juré la mort de M. Antoine Minard, un des présidents de la cour ; que cet Écossais n'a qu'une parole, et qu'il vous le prouve aujourd'hui.

En disant ces derniers mots, Robert Stuart, qui avait passé sa main droite sous son manteau, décrocha un de ses pistolets, l'arma sans bruit, et, avant que l'on songeât même à l'en empêcher, tant le mouvement avait été prompt, ajusta M. Minard d'un côté à l'autre de la table, c'est-à-dire presque à bout portant, et lâcha le coup.

M. Minard tomba à la renverse lui et sa chaise. Il était mort.

Une autre famille que celle du président eût sans doute cherché à saisir l'assassin ; mais, loin de là ; tous les convives du défunt président ne songèrent qu'à leur propre sûreté ; les uns s'enfuirent dans l'office, en poussant des cris désespérés, les autres se fourrèrent sous la table, en se gardant bien de rien dire. Ce fut une déroute générale, et Robert Stuart, se trouvant en quelque sorte seul dans cette salle à manger, d'où chacun semblait avoir disparu par une trappe, se retira lentement à la manière des lions, comme dit Dante, et sans que personne songeât le moins du monde à l'inquiéter.

IV

CHEZ LES MONTAGNARDS ÉCOSSAIS

Il était environ huit heures du soir quand Robert Stuart sortit de chez maître Minard, et se retrouvant seul dans la Vieille-Rue-du-Temple, encore plus déserte à cette époque, dès la nuit venue, qu'elle ne l'est aujourd'hui, il prononça ces deux mots expressifs, faisant allusion aux deux hommes qu'il avait assassinés :

— Et de deux !

Il ne comptait pas celui des bords de la Seine : celui-là, c'était un payement fait au comptant à son ami Médard.

Arrivé en face de l'hôtel de ville, c'est-à-dire sur la place de Grève, où s'exécutaient les condamnés, il porta machinalement les yeux sur l'endroit où l'on avait coutume de dresser la potence ; puis, il s'approcha de cet endroit.

— C'est là, dit-il, qu'Anne Dubourg subira la peine de

son génie, si le roi ne lui fait pas grâce. Et comment forcer le roi à lui faire grâce? ajouta-t-il.

Et, sur ces mots, il s'éloigna.

Il entra dans la rue de la Tannerie, et s'arrêta devant une porte au-dessus de laquelle grinçait une enseigne portant ces mots :

A L'ÉPÉE DU ROI FRANÇOIS Ier.

Un instant, on put croire qu'il allait y entrer, mais, tout à coup :

— Ce serait une folie, dit-il, de rentrer dans cette auberge; dans dix minutes, les archers y seront... Non, allons chez Patrick.

Il traversa rapidement la rue de la Tannerie et le pont Notre-Dame, jeta en passant un regard sur l'endroit où, la veille, il avait tué Julien Fresne; puis, ayant franchi à grands pas la Cité et le pont Saint-Michel, il arriva dans la rue du Battoir-Saint-André.

Là, comme il avait fait dans la rue de la Tannerie, il s'arrêta devant une maison portant enseigne comme la première; seulement, la légende de l'enseigne était :

AU CHARDON D'ÉCOSSE.

— C'est bien ici que logeait Patrick Macpherson, dit-il en levant la tête pour reconnaître la fenêtre; il avait là-haut, sous les toits, une petite chambre où il venait, les jours qu'il n'était pas de garde au Louvre.

Il fit tous ses efforts pour arriver à apercevoir la mansarde; mais l'avancement du toit l'en empêchait.

En conséquence, il allait pousser la porte, ou, dans le cas où elle serait fermée, heurter du pommeau de son épée ou de la crosse de son pistolet, quand, tout à coup, cette porte s'entr'ouvrit et donna passage à un homme vêtu du costume des archers de la garde écossaise.

— Qui va là? demanda l'archer, qui donna presque dans le jeune homme.

— Un compatriote, répondit notre héros en langue écossaise.

— Oh! oh! Robert Stuart? s'écria l'archer.

— Moi-même, mon cher Patrick.

— Et par quel hasard dans ma rue et devant ma porte à cette heure? demanda l'archer en tendant ses deux mains à son ami.

— Je venais te demander un service, mon cher Patrick.

— Parle ; seulement, parle vite.

— Tu es pressé?

— Bien malgré moi ; mais, tu comprends, on fait l'appel au Louvre à neuf heures et demie, et neuf heures viennent de sonner à la paroisse Saint-André : donc, j'écoute.

— Voici ce dont il s'agit, mon cher ami. Le dernier édit m'a fait renvoyer de mon auberge.

— Ah! oui, je comprends: tu es de la religion, et il te faut deux répondants catholiques.

— Que je n'ai pas le temps de chercher, et que je ne trouverais peut-être pas en les cherchant : or, je serais arrêté cette nuit, si j'errais dans les rues de Paris. Veux-tu partager ta chambre avec moi pendant deux ou trois jours?

— Pendant deux ou trois nuits si tu veux, et même pendant toutes les nuits de l'année, si cela peut te faire plaisir ; mais, pour les jours, c'est une autre affaire.

— Et pourquoi cela, Patrick? demanda Robert.

— Parce que, répondit l'archer avec un air tout confus de vanité, depuis que je n'ai eu le plaisir de te voir, mon cher Robert, j'ai eu la chance de faire une conquête.

— Toi, Patrick?

— Cela t'étonne ? demanda l'archer en se dandinant.

— Non, certes ; mais cela tombe mal, voilà tout.

Robert ne paraissait pas disposé à en demander davantage ; mais l'amour-propre de son compatriote ne trouvait son compte à cette discrétion.

— Oui, mon cher, reprit-il, la femme d'un conseiller au parlement m'a fait tout simplement l'honneur de s'amouracher de moi, et je m'attends d'un jour à l'autre, cher ami, à l'honneur de la recevoir.

— Diable! fit Robert. Alors, suppose que je n'ai rien dit, Patrick.

— Et pourquoi donc? Prends-tu ma confiance pour un refus? Je suppose qu'un jour ou l'autre cette honnête dame, comme dit M. de Brantôme, consente à monter jusqu'à mon lambris, et remarque que ceci est une supposition, tu t'en vas; dans le cas contraire, tu demeures chez moi jusqu'au jour où il te déplaira d'y demeurer : on ne saurait mieux arranger les choses, conviens-en!

— En effet, cher Patrick, dit Robert, qui ne paraissait renoncer à son plan qu'avec un suprême regret; j'accepte ton offre avec reconnaissance, et n'attends que l'occasion de te rendre la pareille, de quelque façon que ce soit.

— Bon! dit Patrick, est-ce qu'entre amis, entre compatriotes, entre Écossais, on parle de reconnaissance? C'est comme si... Eh! mais attends donc!

— Quoi? demanda Robert.

— Oh! une idée! s'écria Patrick comme illuminé d'une pensée subite.

— De quoi s'agit-il? Voyons.

— Mon ami, dit Patrick, tu peux me rendre un grand service.

— Un grand service?

— Un service immense.

— Parle, je suis à ta disposition.

— Merci! Seulement...

— Achève.

— Crois-tu que nous soyons de la même taille?

— A peu près.

— De la même grosseur?

— Je le crois.

— Viens au clair de la lune, que je te regarde.

Robert fit ce que son ami lui demandait.

— Sais-tu que tu as un pourpoint magnifique ? continua Patrick en écartant le manteau de son ami.

— Magnifique n'est pas le mot.

— Tout neuf.

— Je l'ai acheté il y a trois jours.

— Un peu sombre, c'est vrai, continua Patrick ; mais elle y verra une intention de me mieux cacher à tous les regards.

— Où veux-tu en venir ?

— J'en veux venir à ceci, cher Robert ; autant la dame de mes pensées me voit de bon œil, autant son mari me voit d'un œil différent. Tant il y a que, chaque fois qu'il voit passer un archer de la garde, il jette sur lui des regards pleins d'aigreur, et tu comprends quels regards il jetterait s'il apercevait cet uniforme sur les marches de son escalier.

— En effet, je comprends à merveille.

— Or, la femme m'a donné le conseil, reprit Patrick, de ne plus remettre les pieds chez elle revêtu de mon costume national. Il en résulte que, depuis la tombée du jour, j'en étais à rêver à un moyen honnête de conquérir un vêtement qui pût avantageusement remplacer le mien ; ton costume, quoique un peu sombre, et peut-être même à cause de sa couleur, me semble devoir atteindre le but que je me propose. Fais-moi donc l'amitié de me le prêter pour demain : je m'arrangerai de façon à ne plus en avoir besoin les jours suivants.

Les dernières paroles de l'Écossais, qui dénotaient cette suprême confiance en eux-mêmes que possédaient et que possèdent encore ses compatriotes, firent sourire Robert Stuart.

— Mes vêtements, ma bourse et mon cœur sont à toi, cher ami, répondit-il. Cependant, fais attention que j'aurai probablement à sortir moi-même demain, et que, en cas de sortie, mes habits me sont à peu près nécessaires.

— Diable !

— Comme le philosophe antique, je porte sur moi tout ce que je possède.

— Par saint Dunstan, voilà qui est fâcheux !

— Et qui me désespère.

— C'est que, en vérité, plus je regarde ton pourpoint, plus il me semble fait pour moi, s'écria Patrick.

— C'est-à-dire que c'est un miracle, dit Robert, qui semblait vouloir pousser son ami à quelque ouverture.

— N'y a-t-il donc aucun moyen de remédier à cet inconvénient ?

— Je n'en vois pas ; mais, tu es homme d'imagination, cherche de ton côté.

— Il y en a un, s'écria Patrick.

— Lequel ?

— A moins, cependant, que le mari de ta maîtresse n'ait la même horreur pour MM. les archers de la garde écossaise que le mari de la mienne.

— Je n'ai pas de maîtresse, Patrick, dit Robert d'un air sombre.

— Eh bien, alors, dit l'archer, qui ne suivait que la réalisation de son idée et qui, par conséquent, ne se préoccupait pas d'autre chose, en ce cas, tout costume doit t'être indifférent.

— Indifférent tout à fait, dit le jeune homme.

— Alors, puisque je te prends le tien, prends le mien.

Cette fois, Robert Stuart réprima son sourire.

— Comment cela ? demanda-t-il comme s'il ne comprenait point parfaitement.

— Tu n'as pas de répugnance à endosser l'uniforme écossais ?

— Aucune.

— Eh bien, si une nécessité impérieuse te force à sortir, tu sortiras avec mon uniforme.

— Tu as raison, rien n'est plus simple, en effet.

— Il te donnera en plus tes grandes entrées au Louvre.

Robert tressaillit de plaisir.

— C'était mon ambition, dit-il en souriant.

— C'est bien, à demain !

— A demain ! dit Robert Stuart en prenant la main de son ami.

Patrick l'arrêta.

— Tu n'oublies qu'une chose, dit-il.

— Laquelle ?

— Il est vrai qu'elle n'est pas bien utile : c'est la clef de ma chambre.

— C'est, par ma foi, vrai, dit Robert. Donne.

— La voici. Bonne nuit, Robert !

— Bonne nuit, Patrick !

Et les deux jeunes gens, après s'être serré une seconde fois la main, tirèrent chacun de son côté, Patrick vers la porte du Louvre, Robert vers la porte de Patrick.

Laissons celui-ci entrer au Louvre, où il arrivera juste à temps pour répondre à l'appel du soir, et suivons Robert Stuart, qui, après avoir tâtonné à deux ou trois portes, finit par trouver la serrure de Patrick.

Un reste de sarment encore enflammé éclairait la toute petite chambre du jeune garde. C'était un réduit propret, assez semblable aux chambrettes des étudiants de nos jours.

Il était meublé d'une couchette assez bien garnie, d'un petit bahut, de deux chaises de paille et d'une table sur laquelle, dans un petit pot de grès à goulot allongé, fumait encore la mèche d'une chandelle de suif.

Robert prit un tison, et, à force de souffler, il finit par en tirer une flamme où il alluma la chandelle.

Après quoi, il s'assit devant la petite table, et, plongeant son front dans ses deux mains, il se mit à réfléchir profondément.

— C'est cela, dit-il enfin en passant la main dans ses cheveux comme pour dégager son front d'un poids terrible, c'est cela, je vais écrire au roi.

Et il se leva.

Sur la cheminée, il trouva un godet plein d'encre et une plume ; mais il eut beau chercher, fouiller le tiroir de la table et les trois tiroirs du bahut, il ne trouva pas l'ombre de papier ou de parchemin.

Il chercha de nouveau, mais inutilement : son camarade

avait sans doute employé sa dernière feuille à écrire à sa conseillère.

Il s'assit de nouveau, désespéré.

— Oh! dit-il, faute d'un morceau de papier, je ne pourrai donc pas tenter ce dernier moyen?

En effet, dix heures sonnaient : les marchands, à cette époque, ne veillaient pas, comme de nos jours, jusqu'à minuit; l'embarras était donc réel.

Alors et tout à coup il se souvint de la lettre du roi qu'il avait gardée sur lui, il la tira de sa poitrine et résolut d'écrire au roi sur le verso de cette feuille.

Il alla prendre le godet et la plume, et écrivit la lettre suivante :

« Sire,

« La condamnation du conseiller Anne Dubourg est inique et impie. On aveugle Votre Majesté et on lui fait verser le sang le plus pur de son royaume.

« Sire, un homme vous crie du milieu de la foule : Ouvrez les yeux et regardez la flamme des bûchers que des ambitieux allument autour de vous, sur tous les points de la France.

« Sire, ouvrez les oreilles et écoutez les gémissements plaintifs qui s'exhalent de la place de Grève et qui montent jusqu'au Louvre.

« Écoutez et voyez, sire. Quand vous aurez écouté et vu, à coup sûr vous pardonnerez. »

L'Écossais relut sa lettre et la plia en sens inverse, c'est-à-dire que le recto sur lequel était écrite la lettre du roi devint le verso de sa lettre à lui, et que le verso sur lequel était écrite sa lettre devint le recto de la lettre du roi.

— Maintenant, murmura-t-il, par quel moyen faire entrer cette lettre dans le Louvre? Attendre Patrick jusqu'à demain? Ce serait trop tard. D'ailleurs, le malheureux Patrick serait arrêté comme mon complice. Je l'expose déjà bien assez en acceptant son hospitalité. Que faire?

Il se mit à la fenêtre et chercha une idée. Dans les cas désespérés, on consulte assez volontiers les objets extérieurs.

Nous avons dit que la journée avait été superbe pour une journée de décembre.

Robert demanda à l'air frais, au ciel étoilé, à la nuit silencieuse, avis sur ce qu'il avait à faire.

De la mansarde de Patrick, située au sommet le plus élevé de la maison, il apercevait les tourelles du palais du roi.

La tour de bois, située à l'extrémité de ce palais, en face, à peu près, de la tour de Nesle, et s'élevant entre la rivière et la cour intérieure du Louvre, lui apparut tout à coup, magnifiquement dessinée aux clartés fantastiques de la lune.

A la vue de cette tour, Robert sembla avoir trouvé le moyen qu'il cherchait, de faire parvenir son message au roi; car, ayant remis son parchemin dans sa poitrine, il éteignit la chandelle, reprit son feutre, se renveloppa dans son manteau et descendit rapidement l'escalier.

On venait, quelques jours auparavant, de rendre une ordonnance qui défendait à tout passant et batelier de passer la Seine à partir de cinq heures du soir.

Il en était dix de la nuit; il n'y avait donc pas à songer à prendre le bac.

Le seul chemin possible était, pour Robert, de revenir sur ses pas et de suivre au rebours le chemin qu'il avait pris en venant de la Grève.

Il remonta donc vers le pont Saint-Michel, laissa à sa gauche la rue de la Barillerie, pour ne point se risquer aux sentinelles du palais, et, par le pont Notre-Dame, rentra dans ce réseau de rues qui pouvaient le ramener au Louvre.

Le Louvre était encombré de pierres, de graviers et de charpentes depuis le règne de François Ier.

On eût dit plutôt l'intérieur d'une carrière ou l'un de ces palais inachevés qui tombent en ruine avant d'être bâtis, que l'habitation du roi de France.

Il était donc assez facile de se glisser à travers les blocs de pierres dont le Louvre, à l'extérieur comme à l'intérieur, était embarrassé.

De pierre en pierre, de fossé en fossé, Robert Stuart, en côtoyant la Seine, arriva à cent pas du grand portail du Louvre faisant face à la rivière, qui occupait, en profondeur, tout le terrain que le quai occupe maintenant ; puis il longea le bâtiment jusqu'à la tour Neuve, et, voyant deux fenêtres éclairées, il ramassa, dans un des fossés, une pierre qu'il enveloppa dans le parchemin, détacha la ganse de son chapeau, noua le parchemin autour de la pierre, et, se reculant de deux ou trois pas pour prendre son élan, il mesura la distance, ajustant comme s'il s'agissait d'envoyer une balle, et il lança pierre et le parchemin dans une des fenêtres éclairées du premier étage.

Le bruit de la fenêtre brisée et le mouvement qui parut se faire dans la chambre, à la suite de ce bruit, lui apprirent que son message était arrivé, et que, s'il ne parvenait point au roi, ce ne serait pas faute de messagers.

— A merveille, dit-il. Et maintenant, attendons; nous verrons bien, demain, si ma lettre a produit son effet.

En se retirant, il regarda autour de lui pour s'assurer qu'il n'avait point été remarqué, et ne vit, dans le lointain, que les sentinelles qui se promenaient de ce pas lent et mesuré des sentinelles.

Il était évident que les sentinelles n'avaient rien remarqué.

Robert Stuart, par le même chemin qu'il avait pris pour venir, regagna donc la rue du Battoir-Saint-André, convaincu qu'il n'avait été vu ni entendu de personne.

Il se trompait : il avait été vu et entendu par deux hommes qui, à cinquante pas de lui environ, dans un des angles de la tour Neuve, cachés dans l'obscurité projetée par cette tour, causaient d'une façon assez animée, non pas pour ne pas voir et entendre, mais, au moins, pour ne pas donner signe qu'ils eussent vu et entendu.

Ces deux personnages étaient le prince de Condé et l'amiral de Coligny.

Disons quel sujet de conversation pouvait préoccuper ces deux illustres personnages, au point de ne pas paraître s'inquiéter des pierres que l'on jetait dans les fenêtres du Louvre à cette heure avancée de la nuit.

V

AU PIED DE LA TOUR NEUVE

« Maintenant, dit Brantôme dans son livre des *Capitaines illustres*, il nous faut parler d'un très-grand capitaine, s'il en fut oncques. »

Faisons comme Brantôme ; seulement, soyons plus juste envers Gaspard de Coligny, seigneur de Châtillon, que ne l'est le courtisan des Guise.

Dans deux autres de nos livres, nous avons déjà parlé grandement de l'illustre défenseur de Saint-Quentin ; mais nos lecteurs peuvent avoir oublié *la Reine Margot* et ne pas connaître encore *le Page du duc de Savoie* : il nous paraît donc urgent de dire quelques mots de la naissance, de la famille et des *antécédants*, comme on dit aujourd'hui, de l'*amiral*.

Nous soulignons ce mot, parce que c'était le titre sous lequel était connu celui dont nous parlons, et qu'il était bien rare qu'on le désignât sous le nom de Gaspard de Coligny ou sous celui de seigneur de Châtillon, le titre de l'*amiral* ayant prévalu.

Gaspard de Coligny était né le 17 février 1517, à Châtillon-sur-Loing, résidence seigneuriale de sa famille.

Son père, noble bressan, s'était établi en France après la réunion de sa province au royaume ; il occupait un rang supérieur dans les armées du roi et prit le nom de Châtillon, étant devenu propriétaire de cette seigneurie.

Il avait épousé Louise de Montmorency, sœur du connétable, duquel nous avons eu occasion de parler bien souvent, et particulièrement dans nos livres d'*Ascanio*, des *Deux Diane* et du *Page du duc de Savoie*.

Les quatre fils du seigneur de Châtillon, Pierre, Odet, Gaspard et Dandelot, se trouvaient donc les neveux du connétable. Le premier, Pierre, mourut à cinq ans. Le second, Odet, se trouva donc destiné à soutenir l'honneur du nom.

Vingt ans après cette mort, le connétable eut à sa disposition un chapeau de cardinal. Aucun de ses fils n'en voulut ; il l'offrit alors aux fils de sa sœur : Gaspard et Dandelot, nés tous deux avec un tempérament guerrier, refusèrent ; Odet, d'un tempérament calme et contemplatif, accepta.

Gaspard se trouva donc le chef de la famille, d'autant plus le chef que, dès 1522, son père était mort.

Nous avons dit ailleurs comment ses *exercices* s'accomplirent comme compagnon de François de Guise, et quelle amitié unit les deux jeunes gens jusqu'au moment où à propos de la bataille de Renty, où chacun d'eux avait fait des prodiges de valeur, un refroidissement se glissa entre eux. Le duc Claude de Lorraine étant mort, le duc François et le cardinal, son frère, s'étant mis à la tête du parti catholique et emparés des affaires de l'État, ce refroidissement devint une belle et bonne haine.

Pendant ce temps, malgré la haine des Guise, le jeune Gaspard de Châtillon était devenu un des hommes les plus distingués de son époque, et avait grandi en renommée et en honneurs. Armé chevalier, ainsi que son frère Dandelot, par le duc d'Enghien, et cela sur le champ de bataille même de Cérisoles, où chacun avait pris un drapeau, il avait été fait colonel en 1544, puis, trois ans après, colonel général de l'infanterie ; puis, enfin, amiral.

C'était alors qu'il s'était défait, en faveur de son frère Dandelot, qu'il aimait tendrement et dont il était tendrement aimé, de la charge de colonel général de l'infanterie.

Vers 1545, les deux frères avaient épousé deux filles de la noble maison bretonne de Laval.

Dans *le Page du duc de Savoie*, on retrouvera l'amiral au siège de Saint-Quentin, et l'on verra avec quelle admirable constance il défendit la ville pierre à pierre et fut pris les armes à la main au dernier assaut.

Ce fut pendant sa captivité, à Anvers, qu'une Bible lui étant tombée entre les mains, il changea de religion.

Depuis six ans déjà, son frère Dandelot était calviniste.

L'importance de l'amiral le désignait naturellement comme chef militaire de la religion réformée.

Cependant, comme il n'y avait pas encore eu rupture entre les deux partis, qu'on n'en était encore qu'aux persécutions, Dandelot et son frère occupaient à la cour chacun le poste que son rang lui donnait.

« Mais, dit un historien du temps, la cour n'avait pas d'ennemi plus redoutable. »

Doué d'un sang-froid, d'un courage et d'une habileté extraordinaires, il semblait né pour devenir ce qu'il était devenu en effet, le véritable chef du parti calviniste : il en avait, et la persistance, et l'indomptable énergie; quoique souvent vaincu, il devenait presque toujours plus redoutable après ses défaites, que ses ennemis après leurs victoires. Ne comptant son rang pour rien, sa vie que pour peu de chose, prêt à toute heure à la sacrifier pour la défense du royaume ou le triomphe de sa foi, il joignait au génie de la guerre les solides vertus des plus grands citoyens.

Au milieu de ces temps orageux, la vue de cette tête sereine repose doucement les yeux; il est comme ces grands chênes qui restent debout au milieu des tempêtes, comme ces grands monts dont le sommet reste calme au milieu des orages, parce que ce sommet domine la foudre.

Chêne, la pluie n'entamera point sa rugueuse écorce, le

vent ne courbera pas son front; pour le déraciner, il faudra un de ces ouragans qui renversent tout.

Mont, il deviendra volcan, et, à chacune de ses éruptions, le trône tremblera, secoué jusque dans sa base, et, pour combler ce cratère, éteindre cette lave, il faudra un des cataclysmes qui changent la face des empires.

Aussi, le prince de Condé, génie actif, entreprenant, ambitieux, s'appuiera-t-il à lui pour livrer pendant dix ans bataille sur bataille aux armées du roi.

Le prince de Condé était, nous l'avons dit, l'interlocuteur de l'amiral. C'était avec cet illustre jeune homme que Coligny causait pendant cette nuit du 18 au 19 décembre, perdu dans l'ombre profilée par la tour Neuve.

Nous connaissons, physiquement du moins, le prince de Condé; nous l'avons vu entrer dans l'auberge du *Cheval rouge*, et nous avons pu, d'après quelques mots prononcés par lui, nous faire une idée de son caractère.

Qu'on nous permette maintenant, et sur ce caractère, et sur la position que le prince occupait à la cour, quelques détails qui nous paraissent indispensables.

M. de Condé ne montrait pas encore ce qu'il était; mais on pressentait ce qu'il pouvait être, et cette prévision donnait une grande importance à ce beau jeune prince, connu jusqu'à cette heure seulement par ses folles et volages amours, et qui, comme son contemporain don Juan, inscrivait sur de gigantesques listes les dames les plus renommées de la cour.

Il avait vingt-neuf ans à cette époque, nous croyons l'avoir dit. C'était le cinquième et dernier fils de Charles de Bourbon, comte de Vendôme, tige moderne de toutes les branches de la maison de Bourbon.

Il avait pour frères aînés Antoine de Bourbon, roi de Navarre et père de Henri IV; François, comte d'Enghien; le cardinal Charles de Bourbon, archevêque de Rouen; et Jean, comte d'Enghien, qui, deux ans auparavant, venait d'être tué à la bataille de Saint-Quentin.

Louis de Condé n'était donc, à cette époque, qu'un cadet de famille, ayant pour toute fortune la cape et l'épée.

Et encore l'épée valait-elle mieux que la cape.

Cette épée, le prince l'avait glorieusement tirée dans les guerres de Henri II, et dans quelques querelles particulières qui lui avaient fait une réputation de courage presque égale à celle qu'il s'était faite comme homme à bonnes fortunes et surtout à inconstantes amours.

C'était pour le prince de Condé surtout que semblait avoir été fait cet axiome : « La possession tue l'amour. »

Dès que le prince possédait, il n'aimait plus.

C'était une chose bien connue parmi ces *belles dames* dont Brantôme nous a écrit la galante histoire, et cependant, chose étrange! cela ne paraissait faire auprès d'elles aucun tort aux intérêts du jeune prince, si amoureux et si jovial, qu'on avait fait sur lui, en forme de prière, le quatrain suivant :

> Ce petit homme tant joli,
> Qui toujours chante et toujours rit,
> Qui toujours baise sa mignonne,
> Dieu gard' de mal le petit homme !

Comme on voit, chez le poëte qui avait fait ces quatre vers, l'intention était meilleure que la rime ; mais, enfin, comme ils offrent une idée assez exacte du sentiment de sympathie qu'inspirait à la cour Louis de Condé, nous nous hasardons à les citer.

Notre livre, d'ailleurs, est signé Alexandre Dumas et non Richelet.

Cette sympathie était grande entre l'amiral et le jeune prince ; l'amiral, encore jeune, il avait quarante-deux ans, aimait Louis de Condé, comme il eût aimé un de ses jeunes frères, et, de son côté, le prince de Condé, caractère chevaleresque et aventureux, bien plus porté par nature à étudier le mystère de l'amour qu'à s'inquiéter des triomphes ou des défaites de la religion, insoucieux catholique qu'il était encore à cette époque, le prince de Condé, comme un écolier avec un maître aimé, écoutait le sévère amiral d'une oreille, tandis que, de loin, il suivait des yeux le galop d'une belle amazone au retour de la chasse, ou la chansonnette d'une jeune fille au retour des champs.

Or, voici ce qui était arrivé une heure auparavant.

L'amiral, en sortant du Louvre, où il avait été faire sa cour au jeune roi, avait aperçu, avec cet œil du capitaine habitué aux ténèbres, au pied de la tour Neuve, un homme enveloppé dans un manteau, qui, la tête levée vers un balcon que dominait deux fenêtres éclairées, semblait ou attendre un signal ou être là pour en donner un. L'amiral, peu curieux de son naturel, allait s'acheminer vers la rue de Béthisy, où était son hôtel, lorsqu'il lui passa par l'esprit qu'un seul homme, à une heure où l'on arrêtait volontiers tous les passants, pour peu qu'ils approchassent du Louvre, pouvait avoir la hardiesse de se promener devant le palais du roi à cent pas des sentinelles, et que cet homme devait être le prince de Condé.

Il alla à lui, et comme cet homme, au fur et à mesure que l'amiral s'avançait, s'enfonçait autant que possible dans l'obscurité, arrivé à vingt pas de distance, il lui cria :

— Hé ! prince !

— Qui va là ? demanda le prince de Condé ; car c'était lui, en effet.

— Un ami, répondit l'amiral en continuant d'avancer, et en souriant à cette idée que sa perspicacité, cette fois encore, avait deviné juste.

— Ah ! ah ! c'est la voix de M. l'amiral, si je ne me trompe, dit le prince en faisant quelques pas pour venir au-devant de celui qui l'appelait.

Les deux hommes se joignirent sur la limite de l'ombre ; le premier tira l'amiral à lui ; de sorte que tous deux se trouvèrent dans l'obscurité.

— Comment, diable, demanda le prince après avoir tendrement et avec une sorte de respect serré la main de l'amiral, comment avez-vous su que j'étais là ?

— Je l'ai deviné, dit l'amiral.

— Ah ! voilà qui est fort, par exemple ! Comment vous y êtes-vous pris ?

— Oh ! bien simplement.

— Voyons, dites.

— En apercevant un homme à la portée des sentinelles, je me suis dit qu'il n'y avait qu'un cavalier en France capable de risquer sa vie pour voir le vent agiter le rideau d'une jolie femme, et que cet homme, c'était Votre Altesse.

— Mon cher amiral, permettez-moi de vous remercier, d'abord, de l'excellente opinion que vous avez de moi, puis, ensuite, de vous faire mon compliment bien sincère : il est impossible d'avoir une plus merveilleuse sagacité que la vôtre.

— Ah ! fit l'amiral.

— Je suis là, en effet, dit le prince, à regarder la fenêtre d'une chambre où demeure, non pas une jolie femme, puisque celle qui me tient ici était une enfant encore il y a six mois, et aujourd'hui est à peine une jeune fille, mais une jeune fille ravissante, d'une beauté accomplie.

— Vous voulez parler de mademoiselle de Saint-André ? dit l'amiral.

— Justement. De mieux en mieux, mon cher amiral, riposta le prince ; et cela m'explique quel intérêt m'a poussé à vous prendre pour ami.

— C'est donc un intérêt qui vous a poussé à cela ? demanda en riant Coligny.

— Oui, et un très-grand même.

— Lequel ? Faites-moi votre confident, prince.

— C'est que, si je ne vous avais pas eu pour ami, monsieur l'amiral, je vous eusse peut-être eu pour ennemi, et qu'alors j'eusse eu en vous un ennemi implacable.

L'amiral hocha la tête à cette flatterie venant de la part

d'un homme auquel il s'apprêtait à faire des reproches, et il se contenta de lui répondre :

— Vous n'ignorez pas, sans doute, prince, que mademoiselle de Saint-André est fiancée à M. de Joinville, fils aîné du duc de Guise.

— Non-seulement je ne l'ignore pas, monsieur l'amiral, mais encore c'est à la nouvelle de ce mariage que je suis devenu amoureux fou de mademoiselle de Saint-André; si bien que je puis dire hardiment que mon amour pour mademoiselle de Saint-André vient principalement de ma haine pour les Guises.

— Ah çà! mais c'est la première fois, prince, que j'entends parler de cet amour; d'ordinaire, vos amours à vous prennent, comme l'alouette, leur vol en chantant. C'est donc un nouveau-né que cet amour, qu'il n'a pas encore fait de bruit?

— Pas si nouveau, mon cher amiral; il est âgé de six mois, au contraire.

— Bah! vraiment? demanda l'amiral en accompagnant sa demande d'un regard qui exprimait son étonnement.

— Six mois, oui, presque jour pour jour, ma foi! Vous souvenez-vous d'un horoscope qu'une vieille sorcière a tiré de M. de Guise, du maréchal de Saint-André et de votre serviteur, à la foire du landi? Il me semble bien, pour mon compte, vous avoir rapporté cette histoire.

— Oui, je me le rappelle parfaitement. Le fait est arrivé dans une auberge, sur la route de Gonesse à Saint-Denis.

— C'est cela même, mon cher amiral. Eh bien, c'est de ce jour-là que date la révélation de mon amour pour la charmante Charlotte, et, soit que la mort que l'on m'a prédite m'ait donné un singulier goût pour la vie, à partir de ce jour, je n'ai vécu que dans l'espoir d'être aimé de la fille du maréchal, et j'ai employé toutes les ressources de mon esprit pour arriver à cette fin.

— Et, sans indiscrétion, prince, demanda l'amiral, avez-vous été payé de retour?

— Non, mon cousin, non; c'est pourquoi vous me voyez ici faisant le pied de grue.

— Et attendant, galant chevalier que vous êtes, qu'on vous jette une fleur, un gant, une parole?

— Ma foi, n'attendant plus même cela.

— Qu'attendez-vous donc, alors?

— Que la lumière s'éteigne et que la fiancée de M. le prince de Joinville s'endorme, afin que, de mon côté, j'éteigne ma lumière à mon tour et m'endorme aussi, si je puis.

— Et ce n'est sans doute pas la première fois, mon cher prince, que vous assistez ainsi au petit coucher de la demoiselle?

— Ce n'est point la première fois, mon cousin, et ce ne sera pas la dernière. Voici tantôt quatre mois que je me donne cette innocente distraction.

— A l'insu de mademoiselle de Saint-André? demanda d'un air de doute M. l'amiral.

— A son insu, je commence à le croire.

— Mais c'est plus que de l'amour, cela, mon cher prince; c'est un véritable culte, de l'adoration à la manière de ce que certains navigateurs nous racontent de la religion des Indous pour leurs divinités invisibles.

— Le mot est très-juste, mon cher amiral : c'est un véritable culte, et il faut que je sois aussi bon chrétien que je le suis pour ne point m'adonner à cette idolâtrie.

— L'idolâtrie est le culte des images, mon cher prince, et vous ne possédez pas même l'image de votre déesse, peut-être?

— Ma foi, non, pas même son image, dit le prince; mais, continua-t-il avec un sourire et en appuyant sa main sur sa poitrine, son image est là, et si bien gravée, par ma foi, que je n'ai pas besoin d'autre portrait que celui qui vit dans ma mémoire.

— Et quelles limites assignez-vous à l'exercice monotone que vous faites?

— Aucune. Je viendrai ainsi tant que j'aimerai mademoiselle de Saint-André. Je l'aimerai, selon mon habitude, tant qu'elle ne m'aura rien accordé, et comme, selon toute probabilité, elle ne m'accordera pas de sitôt ce qu'il faudrait qu'elle m'accordât pour que mon amour entrât dans sa période de décroissance, il est probable que je l'aimerai longtemps.

— Quel singulier corps vous êtes, mon cher prince !

— Que voulez-vous ! je suis ainsi fait ; c'est au point que je ne me comprends pas moi-même : tant qu'une femme ne m'a rien accordé, je suis fou furieux d'amour, capable de tuer son mari, son amant, de la tuer, de me tuer moi-même, de faire la guerre pour elle, comme Périclès pour Aspasie, César pour Eunoé, Antoine pour Cléopâtre ; puis, si elle cède...

— Si elle cède ?

— Alors, mon cher amiral, malheur à elle, malheur à moi ! la douche de la satiété tombe sur ma folie et l'éteint.

— Mais quel diable de plaisir trouvez-vous donc à veiller au clair de la lune ?

— Sous les fenêtres d'une jolie fille ? Un plaisir énorme, mon cher cousin. Oh ! vous ne comprenez pas cela, vous, homme grave et austère, qui mettez tout votre bonheur dans le gain d'une bataille ou dans le triomphe de votre foi. Moi, monsieur l'amiral, c'est autre chose : la guerre n'est pour moi qu'une paix entre deux amours, un amour ancien et un amour nouveau. Je crois, en vérité, que Dieu ne m'a mis au monde que pour aimer, que je ne suis pas bon à autre chose. C'est, d'ailleurs, la loi de Dieu. Dieu nous a ordonné d'aimer notre prochain comme nous-mêmes. Eh bien, excellent chrétien que je suis, j'aime mon prochain plus que moi-même. Seulement, je l'aime dans sa plus belle moitié, sous sa forme la plus agréable.

— Mais où donc avez-vous revu mademoiselle de Saint-André, depuis la foire du lendi ?

— Ah ! mon cher amiral, c'est toute une longue histoire, et, à moins que vous ne soyez décidé, malgré la futilité de mon récit, à me tenir compagnie pendant une bonne demi-heure au moins, en bon parent que vous m'êtes, je vous conseille de ne pas insister et de me laisser seul à mes rêveries et à mon dialogue avec la lune et les étoiles, qui, pour moi, sont moins lumineuses que cette lumière que vous voyez briller à travers les fenêtres de ma divinité.

— Mon cher cousin, dit en riant l'amiral, j'ai, pour l'avenir, sur vous des projets que vous ne soupçonnez même pas; il est donc de mon intérêt de vous étudier sous toutes vos faces; celle que vous me montrez aujourd'hui me parait non-seulement une face, mais une façade. Voyons, ouvrez-moi toutes vos portes. Voyons, quand je voudrai avoir affaire au vrai Condé, au grand capitaine, voyons celle par laquelle je pourrai entrer, et quand, au lieu du héros que je cherche, je ne trouverai qu'un Hercule filant aux pieds d'Omphale, qu'un Samson dormant sur les genoux de Dalila, voyons celle par laquelle il me faudra sortir.

— Alors il faudra que je vous dise toute la vérité?
— Toute.
— Comme à un confesseur?
— Mieux.
— Je vous préviens que c'est une véritable églogue.
— Les plus beaux vers de Virgilius Maro ne sont pas autre chose que des églogues.
— Je commence donc.
— Je vous écoute.
— Vous m'arrêterez quand vous en aurez assez.
— Je vous le promets; mais je crois que je ne vous arrêterai pas.
— Ah! grand et sublime politique que vous êtes!
— Savez-vous, mon cher prince, que vous m'avez l'air de railler?
— Moi? Ah! par exemple, vous savez qu'en me disant de ces choses-là, on me ferait sauter dans un gouffre?
— Allez donc, alors.
— C'était au mois de septembre dernier, après la chass

que MM. de Guise donnèrent à toute la cour dans le bois de Meudon.

— Je me rappelle en avoir entendu parler, quoique je n'y fusse pas.

— Alors vous vous rappelez aussi que, à la suite de ces chasses, madame Catherine se rendit avec toutes ses filles d'honneur, son escadron volant, comme on l'appelle, au château de M. de Gondy, à Saint-Cloud; vous vous le rappelez, car vous y étiez?

— Parfaitement.

— Eh bien, là, si votre attention ne fut pas détournée par de plus graves sujets, vous vous rappelez encore que, pendant la collation, une jeune fille fixa, par sa beauté, l'attention de la cour et particulièrement la mienne; c'était mademoiselle de Saint-André. Après la collation, pendant la promenade sur le canal, une jeune fille excita, par son esprit, l'admiration de tous les invités et particulièrement encore la mienne: c'était mademoiselle de Saint-André. Enfin, le soir, au bal, tous les yeux, et particulièrement les miens, se tournèrent vers une danseuse dont la grâce sans égale tira des sourires de toutes les lèvres, des murmures flatteurs de toutes les voix, des regards d'admiration de tous les yeux: c'était toujours mademoiselle de Saint-André. Vous rappelez-vous cela?

— Non.

— Tant mieux! car, si vous vous le rappeliez, ce ne serait point la peine que je vous le racontasse. Vous comprenez bien que la flamme allumée timidement dans mon cœur à l'auberge du *Cheval rouge*, devint à Saint-Cloud un foyer dévorant. Il en résulta que, le bal terminé, rentré dans la chambre qui m'avait été assignée et qui était placée au premier, au lieu de me coucher, de fermer les yeux et de m'endormir, je me mis à la fenêtre et commençai, en songeant à elle, à tomber dans une douce rêverie. J'y étais plongé tout entier, depuis combien de temps, je n'en sais rien, lorsque, à travers le voile que les amoureuses pensées étendaient devant mes yeux, je crus voir s'agiter un être vivant, presque aussi immatériel que cette brise qui passait en agitant mes cheveux; c'était quelque chose de léger comme une vapeur condensée, une ombre blanche et rose qui glissait à travers les allées du parc et qui, justement, vint s'arrêter au-dessous de ma fenêtre et s'appuyer au tronc de l'arbre dont le feuillage venait balayer ma jalousie fermée. Je reconnus, ou plutôt je devinai que la belle fée nocturne n'était autre que mademoiselle de Saint-André, et j'allais très-vraisemblablement sauter par la fenêtre pour arriver plus tôt près d'elle et tomber plus promptement à ses pieds, lorsqu'une seconde ombre, moins rose et moins blanche que la première, mais presque aussi légère, franchit l'espace qui séparait un côté de l'allée de l'autre côté. Cette ombre était évidemment du sexe masculin.

— Ah! ah! murmura l'amiral.

— C'est justement la même exclamation que je me permis, dit Condé; mais les doutes injurieux qui venaient de naître dans mon esprit sur la vertu de mademoiselle de Saint-André ne furent point de longue durée; car les deux ombres s'étant mises à gazouiller, et le bruit des voix montant à moi à travers les branches des arbres et les interstices des jalousies, de même que j'avais reconnu les acteurs de la scène qui se jouait à vingt pieds au-dessous de moi, j'entendis ce qu'ils disaient.

— Et quels étaient les acteurs ?

— Les acteurs étaient mademoiselle de Saint-André et le page de son père.

— Et il était question ?

— Il était tout simplement question d'une partie de pêche pour le lendemain au matin.

— Une partie de pêche ?

— Oui, mon cousin; mademoiselle de Saint-André est fanatique de la pêche à la ligne.

— Et c'était pour arranger une partie de pêche que, à minuit ou une heure du matin, une jeune fille de quinze ans et un jeune page de dix-neuf ans s'étaient donné rendez-vous dans ce parc?

— J'en doutais comme vous, mon cher amiral, et je dois dire que ce jeune page parut fort désappointé, lorsque, accouru tout bouillant et tout plein d'une autre espérance sans doute, il apprit de la bouche même de mademoiselle de Saint-André qu'elle ne lui avait donné rendez-vous que dans le dessein de le prier de se procurer deux lignes, une pour elle, une pour lui, avec lesquelles elle l'invitait à se trouver, à cinq heures du matin, sur les bords du canal. Il échappa même au jeune page de dire :

« — Mais, mademoiselle, si c'était dans le seul dessein de me demander une ligne que vous m'avez fait venir, il était inutile, pour une chose aussi simple, de faire un si grand mystère.

« — Et c'est ce qui vous trompe, Jacques, répondit la jeune fille : je suis, depuis que les fêtes ont commencé, si adulée, si fêtée, entourée de tant de flatteurs et d'adorateurs, que, si je vous avais demandé une ligne, et que, par malheur, mon intention eût été connue, j'eusse trouvé ce matin, à cinq heures, les trois quarts des seigneurs de la cour, y compris M. de Condé, m'attendant au bord du canal, ce qui, vous devez bien le penser, eût effarouché les poissons, au point que je n'eusse pas pris le plus petit goujon. Or, c'est ce que je n'ai pas voulu ; je veux faire demain, en votre seule compagnie, ingrat que vous êtes, une pêche miraculeuse.

« — Oh ! oui, mademoiselle, dit le jeune page, oh ! oui, je suis un ingrat.

« — Ainsi c'est convenu, Jacques, à cinq heures.

« — J'y serai à quatre heures, mademoiselle, avec deux lignes.

« — Mais vous ne pêcherez pas avant moi et sans moi, Jacques?

« — Oh ! je vous promets de vous attendre.

« — C'est bien. Tenez, pour votre peine, voici ma main.

« — Ah ! mademoiselle, s'écria le jeune homme en se jetant sur cette main coquette et en la couvrant de baisers.

« — Tout beau ! dit alors la jeune fille en retirant sa main ; je vous ai permis de l'embrasser, mais non de l'embraser. Allons, c'est bien ! bonne nuit, Jacques ! A cinq heures, au bord du grand canal.

« — Ah ! venez-y quand vous voudrez, mademoiselle, j'y serai, je vous le promets.

« — Allez, allez ! dit mademoiselle de Saint-André en lui faisant signe de la main. »

Le page obéit à l'instant même sans répliquer, comme un génie obéit à l'enchanteur dont il dépend. En moins d'une seconde, il avait disparu.

Mademoiselle de Saint-André resta un moment derrière lui ; puis, s'étant assurée que rien ne troublait le silence de la nuit ni la solitude du jardin, elle disparut à son tour, croyant n'avoir été vue ni entendue.

— Vous êtes sûr, mon cher prince, que la fine mouche ne vous devinait pas à votre fenêtre ?

— Ah ! mon bon cousin, voilà que vous allez m'enlever mes illusions.

Alors, se rapprochant de l'amiral :

— Eh bien, profond politique que vous êtes, il y a des moments où je n'en jurerais pas.

— De quoi ?

— Qu'elle m'avait vu, et que cette ligne, cette partie de pêche, ce rendez-vous à cinq heures du matin, n'a été qu'une comédie.

— Allons donc !

— Oh ! je ne nie jamais lorsqu'il s'agit d'une tromperie féminine, dit le prince, et plus jeune et plus naïve est la femme, moins je nie ; mais convenez, mon cher amiral, que, s'il en est ainsi, c'est une fort habile personne.

— Je ne vous dis pas le contraire.

— Vous comprenez bien que, le lendemain, à cinq heures, j'étais embusqué aux environs du grand canal. Le page avait tenu parole. Il était là avant le jour. Quant à la belle Charlotte, elle avait paru comme l'aurore, un instant avant le soleil, et de ses doigts de rose avait pris aux mains de Jacques une ligne tout amorcée. Un instant, je me demandai pourquoi elle avait eu besoin d'un compagnon de pêche; mais bientôt je compris que des doigts si charmants ne pouvaient se compromettre à toucher les affreux animaux qu'elle eût été obligée d'attacher aux hameçons et même ceux qu'elle eût été obligée de détacher, si le page n'eût point été là pour lui épargner cette répugnante besogne; de façon que, de cette partie de pêche qui dura jusqu'à sept heures, il ne resta à la belle et élégante jeune fille que le plaisir, et il dut être grand, car, par ma foi, les jeunes gens prirent à eux deux une magnifique friture.

— Et vous, que prîtes-vous, mon cher prince ?

— Un très-gros rhume, attendu que j'avais les pieds dans l'eau et un amour féroce dont vous voyez les suites.

— Et vous croyez que la petite péronnelle vous ignorait là ?

— Eh ! mon Dieu ! mon cousin, peut-être n'y savait-elle; mais, en vérité, en tirant à elle son poisson, elle arrondissait le bras de si bonne grâce, en s'approchant du bord du canal, elle relevait sa robe avec tant de coquetterie, que ce bras et cette jambe me feraient tout pardonner, puisque, si elle me savait là, c'est pour moi alors qu'elle faisait toutes ces charmantes gentillesses, et non pour le page, attendu que j'étais à sa droite, et que c'était le bras droit qu'elle arrondissait et la jambe droite qu'elle mettait à l'air. En somme, mon cher amiral, je l'aime, si elle est naïve ; mais, si elle est coquette, c'est bien pis : je l'adore ! Vous voyez que, de façon ou d'autre, je suis bien malade.

— Et depuis ce temps ?

— Depuis ce temps, mon cousin, j'ai revu ce bras charmant, j'ai revu cette jambe, mais de loin, sans jamais pouvoir rejoindre la maîtresse de ces charmants trésors, qui, dès qu'elle m'aperçoit d'un côté, je dois lui rendre cette justice, s'enfuit de l'autre.

— Et quel sera le dénoûment de cette passion muette?

— Eh! mon Dieu! demandez à plus savant que moi, cher cousin; car, si cette passion est muette, comme vous le dites, elle est en même temps sourde et aveugle, c'est-à-dire qu'elle n'écoute aucun conseil et qu'elle ne voit pas, et surtout ne veut pas voir au delà de l'heure présente.

— Mais vous devez cependant, mon cher prince, dans un avenir quelconque, espérer une récompense à ce servage exemplaire?

— Naturellement; mais c'est dans un si lointain avenir, que je n'ose y regarder.

— Eh bien, croyez-moi, n'y regardez pas.

— Pourquoi cela, monsieur l'amiral?

— Parce que vous n'y verriez rien et que cela vous découragerait.

— Je ne vous comprends pas.

— Eh! mon Dieu, c'est pourtant bien facile à comprendre; mais, pour cela, il faut m'écouter.

— Parlez, monsieur l'amiral.

— Attendez-vous à une chose, mon cher prince.

— Lorsqu'il s'agit de mademoiselle de Saint-André, je m'attends à tout.

— Je vais vous dire la vérité sans détour, mon cher prince.

— Monsieur l'amiral, j'ai depuis longtemps pour vous la tendresse respectueuse que l'on a pour un frère aîné, et le tendre dévouement que l'on a pour un ami. Vous êtes le seul homme du monde auquel je reconnaisse le droit de me conseiller. C'est vous dire que, loin d'appréhender la vérité de votre bouche, je la sollicite humblement. Parlez!

— Merci, prince! répondit l'amiral en homme qui comprenait les influences puissantes que les choses d'amour pouvaient avoir sur un tempérament comme celui de M. de Condé, et qui, par conséquent, attachait une importance grave aux choses, que, chez un autre que le frère du roi de Navarre, il eût traitées de frivolités; merci! et, puisque vous me faites si beau jeu, voici la vérité toute nue : mademoiselle de Saint-André ne vous aime pas, mon cher prince; mademoiselle de Saint-André ne vous aimera jamais.

— Ne seriez-vous point un peu astrologue, monsieur l'amiral? Et, pour me faire une si méchante prédiction, auriez-vous d'aventure interrogé les astres sur mon compte?

— Non. Mais savez-vous pourquoi elle ne vous aimera point? ajouta l'amiral.

— Comment voulez-vous que je sache cela, puisque je mets tout en usage pour être aimé d'elle?

— Elle ne vous aimera pas, parce qu'elle n'aimera jamais personne, pas plus ce petit page que vous : c'est un cœur sec, une âme ambitieuse. Je l'ai connue tout enfant, et, sans avoir la science d'astrologie que vous me supposiez tout à l'heure, je me suis prédit à moi-même qu'elle jouerait un jour un rôle dans cette grande maison de débauche que nous avons sous les yeux.

Et, avec un geste de suprême mépris, l'amiral montrait le Louvre.

— Ah! ah! fit M. de Condé, ceci, c'est un autre aspect, sous lequel je ne l'ai point vue encore.

— Elle n'avait pas encore huit ans qu'elle jouait à la courtisane consommée, à l'Agnès Sorel ou à la madame d'Étampes; ses jeunes amies lui mettaient un diadème de carton sur la tête et la promenaient autour de l'hôtel en criant : « Vive la petite reine! » Eh bien, elle a gardé, des premiers jours de sa vie de jeune fille, le souvenir de cette royauté d'enfant. Elle prétend aimer M. de Joinville, son fiancé : elle ment! Elle en a l'air; savez-vous pourquoi? C'est parce que le père de M. de Joinville, M. de Guise, mon ancien ami, aujourd'hui mon ennemi acharné, sera, si on le l'arrête, roi de France avant peu.

— Ah! diable! c'est votre conviction, mon cousin?

— Sincère, mon cher prince : d'où je conclus que votre amour pour la belle demoiselle d'honneur de la reine est un amour malheureux, et dont je vous adjure de vous défaire au plus vite.

— C'est votre avis ?

— Et je vous le donne du fond du cœur.

— Et moi, mon cousin, je commence par vous dire que je le reçois comme il est donné.

— Seulement, vous ne le suivrez pas ?

— Que voulez-vous ! mon cher amiral, on n'est pas maître de ces choses-là.

— Cependant, mon cher prince, par le passé, jugez l'avenir.

— Eh bien, oui, je confesse que, jusqu'à présent, elle n'éprouve pas une sympathie bien violente pour votre serviteur.

— Et vous pensez que cela ne peut durer. Ah ! je sais que vous avez bonne opinion de vous-même, mon cher prince.

— Eh ! vraiment, ce serait donner aux autres un trop beau champ à nous mépriser que de se mépriser soi-même. Mais ce n'est point cela. Cette tendresse qu'elle n'a pas pour moi, vous ne pouvez empêcher que je ne l'aie malheureusement, moi, pour elle. Cela vous fait hausser les épaules. Qu'y voulez-vous faire ! Suis-je libre d'aimer ou de n'aimer pas ? Si je vous disais : « Vous avez tenu le siége de Saint-Quentin pendant trois semaines avec deux mille hommes contre les cinquante ou soixante mille Flamands et Espagnols du prince Emmanuel-Philibert et du roi Philippe II ; eh bien, il faut faire à votre tour ce siége ; il y a trente mille hommes dans la place, et vous n'en avez que dix mille ; » refuseriez-vous d'assiéger Saint-Quentin ? Non, n'est-ce pas ?... Pourquoi ? Parce que vous avez, par votre génie éprouvé de la guerre, la certitude qu'aucune place n'est imprenable pour des vaillants. Eh bien, moi, mon cher cousin, peut-être me vanté-je, mais je crois avoir la science éprouvée de l'amour, comme vous avez le génie éprouvé de la guerre, et je vous dis : « Nulle place n'est imprenable ; » vous m'avez donné l'exemple à la guerre, mon cher amiral, permettez-moi de vous donner l'exemple en amour.

— Ah! prince! prince! quel grand capitaine vous eussiez fait, dit mélancoliquement l'amiral, si, au lieu que des désirs charnels vous missent l'amour au cœur, de hautes passions vous eussent mis l'épée à la main!

— Vous voulez parler de la religion, n'est-ce pas?

— Oui, prince, et plût à Dieu qu'il voulût faire de vous un des nôtres, et, par conséquent, un des siens!

— Mon cher cousin, dit Condé avec sa gaieté habituelle, mais en laissant transparaître au fond de cette gaieté la volonté d'un homme qui, sans en avoir l'air, a souvent réfléchi sur ce sujet, vous ne le croirez pas, peut-être, mais j'ai sur la religion des idées pour le moins aussi arrêtées que sur l'amour.

— Que voulez-vous dire? demanda l'amiral étonné.

Le sourire du prince de Condé disparut de ses lèvres, et il continua sérieusement :

— Je veux dire, monsieur l'amiral, que j'ai ma religion à moi, ma foi à moi, ma charité à moi; que je n'ai besoin, pour honorer Dieu, de l'intercession de personne, et, tant que vous ne pourrez pas me prouver, mon cher cousin, que votre doctrine nouvelle est préférable à l'ancienne, souffrez que je conserve la religion de mes pères, à moins qu'il ne me prenne fantaisie d'en changer pour faire pièce à M. de Guise.

— Oh! prince! prince! murmura l'amiral, est-ce ainsi que vous allez dépenser ces trésors de force, de jeunesse et d'intelligence que l'Éternel vous a donnés, et ne saurez-vous les employer au profit de quelque grande cause? Cette haine instinctive que vous avez pour MM. de Guise n'est-elle pas un providentiel avertissement? Relevez-vous, prince, et, si vous ne combattez pas les ennemis de votre Dieu, combattez au moins les ennemis de votre roi.

— Bon! dit Condé, voilà que vous oubliez, mon cousin, que j'ai un roi à moi, comme j'ai un Dieu à moi : il est vrai que, autant mon Dieu est grand, autant mon roi est petit. Mon roi, cher amiral, c'est le roi de Navarre, mon frère. Voilà mon vrai roi. Le roi de France ne peut être pour moi qu'un roi d'adoption, un seigneur suzerain.

— Voilà que vous éludez la question, prince; ce roi, vous vous êtes cependant battu pour lui.

— Mais parce que je me bats pour tous les rois selon mon caprice, comme j'aime toutes les femmes selon ma fantaisie.

— Alors, il est impossible, mon cher prince, de parler sérieusement avec vous d'aucune de ces matières? demanda l'amiral.

— Si fait, répondit le prince avec une certaine gravité; en d'autres temps, nous en parlerons, mon cousin, et je vous répondrai à ce sujet. Je me regarderais comme un grand malheureux et comme un piètre citoyen, croyez-moi, si je consacrais ma vie entière au seul service des dames. Je sais que j'ai des devoirs à remplir, monsieur l'amiral, et que l'intelligence, le courage et l'adresse, dons précieux que je tiens du Seigneur, ne m'ont point été donnés seulement pour chanter des sérénades sous les balcons. Mais prenez patience, mon bon cousin et excellent ami; laissez s'échapper ces premières flammes de la jeunesse; songez que je n'ai pas encore trente ans, que diable! monsieur l'amiral, et qu'en l'absence de toute guerre, il me faut bien employer à quelque chose cette énergie que j'ai en moi. Pardonnez-moi donc encore cette aventure, et, puisque je n'ai pas reçu le conseil que vous me donnez, faites-moi le plaisir de me donner celui que je vous demande.

— Parlez, âme folle, dit paternellement l'amiral, et Dieu veuille que le conseil que je vous donnerai vous profite à quelque chose!

— Monsieur l'amiral, dit M. le prince de Condé en prenant le bras de son cousin, vous êtes un grand général, un grand stratégiste, sans contredit le premier homme de guerre de notre époque : dites-moi, comment vous y prendriez-vous, à ma place, par exemple, pour pénétrer à cette heure-ci, c'est-à-dire à près de minuit, chez mademoiselle de Saint-André, pour lui dire que vous l'aimez?

— Je vois bien, mon cher prince, dit l'amiral, que vous ne serez véritablement guéri que lorsque vous connaîtrez celle à qui vous avez affaire. C'est donc vous rendre un service que de vous aider dans votre folie, jusqu'à ce que cette folie se change en raison. Eh bien, à votre place...

— Chut! dit Condé rentrant dans l'ombre.

— Et pourquoi cela?

— Mais parce qu'il me semble que voilà quelque chose comme un second amoureux qui s'approche de la fenêtre.

— En effet, dit l'amiral.

Et, suivant l'exemple de Condé, il se perdit dans l'obscurité que profilait l'ombre de la tour.

Alors, tous deux, immobiles, retenant leur souffle, ils virent s'approcher Robert Stuart; ils le virent ramasser la pierre, y attacher un billet, et, pierre et billet, tout lancer à travers la fenêtre éclairée.

Puis ils entendirent le bruit que faisaient les vitres en se brisant.

Puis ils virent l'inconnu, qu'ils avaient pris pour un amoureux, et qui n'était rien moins que cela, on lui rendra cette justice, fuir et disparaître, quand il eut la certitude que le projectile lancé par lui était arrivé à son adresse.

— Ah! par ma foi, dit Condé, sans vous tenir quitte, mon cher cousin, de votre conseil pour une autre fois, je vous en remercie pour aujourd'hui.

— Comment cela?

— Mais parce que voilà mon moyen tout trouvé.

— Lequel?

— Eh! pardieu! c'est bien simple; cette fenêtre brisée, c'est celle du maréchal de Saint-André, et elle n'est certes pas brisée à bonne intention.

— Eh bien?

— Eh bien, je sortais du Louvre; j'ai entendu le bruit que faisait cette fenêtre en éclatant, j'ai craint que ce ne fût le résultat de quelque complot ourdi contre le maréchal, et, par ma foi, malgré l'heure avancée de la nuit, je n'ai pu y résister, et suis monté, tant est grand l'intérêt que je lui porte, pour demander s'il ne lui était pas arrivé malheur.

— Fou! fou! triple fou! dit l'amiral.

— Je vous demandais un conseil, mon ami; m'en auriez-vous donné un meilleur?

— Oui.

— Lequel?

— De n'y point aller.

— Mais, vous le savez, celui-là, c'est le premier, et je vous ai dit que je ne voulais pas le suivre.

— Eh bien, soit! Allons chez le maréchal de Saint-André.

— Alors vous venez avec moi?

— Mon cher prince, quand on ne peut empêcher un fou de faire ses folies, et qu'on aime ce fou comme je vous aime, il faut se mettre de moitié dans cette folie pour tâcher qu'il en tire le meilleur parti possible. Allons chez le maréchal.

— Mon cher amiral, vous me direz à quelle brèche il faut monter, à travers quelle arquebusade il faut passer, pour vous suivre, et, à la première occasion, je ne vous suivrai pas, je vous devancerai.

— Allons chez le maréchal.

Et tous deux se dirigèrent vers la grande entrée du Louvre, où l'amiral, après avoir donné le mot de passe, entra, suivi du prince de Condé.

VI

LA SIRÈNE

Arrivé devant la porte de l'appartement qu'occupait au Louvre, en sa qualité de chambellan du roi, M. le maréchal de Saint-André, l'amiral frappa; mais la porte, lentement poussée, céda sous son doigt et s'ouvrit sur l'antichambre.

Dans l'antichambre se tenait un valet assez effaré.

— Mon ami, dit l'amiral au valet, M. le maréchal est-il visible, malgré l'heure?

— Certainement M. le maréchal le serait toujours pour Son Excellence, répondit le valet; mais un événement inattendu vient de le forcer de passer chez le roi.

— Un événement inattendu? dit Condé.

— C'est un événement inattendu qui, nous aussi, nous amène chez lui, dit M. de Coligny, et il est probable que c'est le même. N'est-il pas question d'une pierre qui aurait brisé une de ses fenêtres?

— Oui, monseigneur, et qui est tombée aux pieds de M. le maréchal au moment où celui-ci passait de son cabinet de travail dans sa chambre à coucher.

— Vous voyez que je connais l'événement, mon ami, et comme, peut-être, je pourrais mettre M. le maréchal sur les traces du coupable, j'aurais désiré conférer avec lui sur ce sujet.

— Si M. l'amiral veut l'attendre, répondit le valet de chambre, et, en l'attendant, passer chez mademoiselle de Saint-André, M. le maréchal ne tardera pas à rentrer.

— Mais mademoiselle n'est peut-être pas réveillée en ce moment? demanda le prince de Condé; et pour rien au monde nous ne voudrions être indiscrets.

— Oh! monseigneur, dit le valet de chambre qui avait reconnu le prince, Votre Altesse peut être rassurée. Je viens de voir une des femmes de mademoiselle, et elle a dit qu'elle ne se mettrait point au lit que son père ne fût rentré et qu'elle ne sût ce que signifiait cette lettre.

— Quelle lettre? demanda l'amiral.

Le prince le toucha du coude.

— C'est bien simple, dit-il : la lettre qui, probablement, était attachée à la pierre.

Puis, tout bas à l'amiral :

— C'est une sorte de façon de correspondre que j'ai plus d'une fois employée avec succès, mon cousin.

— Eh bien, dit l'amiral, nous acceptons votre offre, mon ami; demandez à mademoiselle de Saint-André si elle peut nous recevoir, monseigneur le prince de Condé et moi.

Le laquais sortit, et, au bout de quelques secondes, rentra, annonçant aux deux seigneurs que mademoiselle de Saint-André les attendait.

Alors, précédés du valet, ils s'engagèrent dans le corridor qui conduisait à l'appartement de mademoiselle de Saint-André.

— Convenez, mon cher prince, dit à demi-voix l'amiral, que vous me faites faire un singulier métier.

— Mon cher cousin, dit Condé, vous connaissez le proverbe : « Il n'y a pas de sot métier, » surtout parmi ceux que l'on fait par dévouement.

Le valet annonça Son Altesse monseigneur le prince de Condé et Son Excellence l'amiral Coligny.

Puis on entendit mademoiselle de Saint-André, qui, de sa voix la plus gracieuse, disait :

— Qu'ils entrent!

Le valet s'effaça, et les deux jeunes seigneurs entrèrent dans l'appartement où se tenait mademoiselle de Saint-André, et au milieu duquel étincelait ce flambeau à cinq branches, dont le prince, depuis trois mois, apercevait la lumière à travers les vitres et les rideaux de la jeune fille.

C'était un petit boudoir tendu de satin bleu clair, dans lequel mademoiselle de Saint-André, rose, blanche et blonde, semblait une naïade dans une grotte d'azur.

— Eh! mon Dieu! mademoiselle, demanda le prince de Condé, comme s'il était trop ému de crainte pour s'arrêter aux compliments ordinaires, que vient-il donc d'arriver à vous ou à M. le maréchal?

— Ah! dit mademoiselle de Saint-André, vous savez déjà l'événement, monsieur?

— Oui, mademoiselle, reprit le prince; nous sortions du Louvre, M. l'amiral et moi; nous étions justement sous vos fenêtres, lorsqu'une pierre est passée en sifflant au-dessus de nos têtes; en même temps, nous avons entendu un grand bruit de vitres brisées qui nous a effrayés tous deux; si bien que nous sommes rentrés immédiatement au Louvre et que nous avons pris la liberté de venir nous informer près de vos laquais s'il n'était rien arrivé à M. le maréchal. Le brave homme à qui nous nous sommes adressés nous a dit fort imprudemment que nous pouvions nous informer près de vous-même; que, malgré l'heure avancée de la nuit, peut-être voudriez-vous bien, en faveur du motif qui nous amenait, nous ouvrir votre porte. M. l'amiral hésitait. L'intérêt que je porte à M. le maréchal et aux autres personnes de sa famille m'a fait insister, et, ma foi, mademoiselle, indiscrets ou non, nous voilà.

— Vous êtes, en vérité, trop bon, mon prince, croyant qu'il n'y avait que nous de menacés, de vous inquiéter ainsi à cause de nous. Mais ce danger, s'il existe, s'adresse à des têtes plus hautes que les nôtres.

— Que voulez-vous dire, mademoiselle? demanda vivement l'amiral.

— Cette pierre qui a brisé les vitres était enveloppée d'une lettre presque menaçante adressée au roi. Mon père a ramassé la missive et l'a portée à son adresse.

— Mais, demanda le prince de Condé, par une inspiration subite, a-t-on prévenu le capitaine des gardes?

— Je l'ignore, monseigneur, répondit mademoiselle de Saint-André ; mais, en tout cas, si ce n'est pas fait, on devrait bien le faire.

— Sans doute, il n'y a pas une minute à perdre, continua le prince.

Et, se tournant vers Coligny :

— N'est-ce point votre frère Dandelot qui commande cette semaine au Louvre? demanda Condé.

— Lui-même, mon cher prince, répondit l'amiral saisissant au vol la pensée de Condé ; et, à tout hasard, je vais lui dire moi-même de redoubler de surveillance, de changer le mot de passe, enfin de se tenir sur ses gardes.

— Allez, monsieur l'amiral, s'écria le prince, tout joyeux d'être si bien compris ; et Dieu veuille que vous arriviez à temps!

L'amiral sourit et se retira, laissant le prince de Condé seul avec mademoiselle de Saint-André.

La jeune fille regarda d'un œil railleur s'éloigner le grave amiral.

Puis, se retournant vers le prince :

— Et qu'on prétende maintenant, dit-il, que Votre Altesse n'est point attachée au roi comme à son propre frère !

— Mais qui a jamais douté de cet attachement, mademoiselle? demanda le prince.

— La cour entière, monseigneur, et moi particulièrement.

— Que la cour en doute, rien de plus simple, la cour appartient à M. de Guise, tandis que vous, mademoiselle...

— Moi, je ne lui appartiens pas encore ; mais je vais lui appartenir : c'est la différence du présent au futur, monseigneur, rien de plus.

— Ainsi, ce mariage incroyable tient toujours?

— Plus que jamais, monseigneur.

— Je ne sais pourquoi, dit le prince, mais j'ai, moi, dans la tête, je devrais dire dans le cœur, la secrète pensée qu'il ne se fera jamais.

— En vérité, j'aurais peur, mon prince, si vous n'étiez si mauvais prophète.

— Bon Dieu ! qui donc a ainsi perdu de réputation près de vous ma science astrologique ?

— Vous-même, prince.

— Et comment cela ?

— En me prédisant que je vous aimerais.

— Ai-je prédit cela, vraiment ?

— Oh ! je vois que vous avez oublié le jour de la pêche miraculeuse.

— Pour l'oublier, mademoiselle, il faudrait que j'eusse rompu les mailles du filet où vous m'avez pris ce jour-là.

— Oh ! prince, vous pouvez bien dire le filet où vous vous êtes pris vous-même. Je n'ai jamais, Dieu merci ! tendu aucun filet à votre intention.

— Non ; mais vous m'avez attiré à vous comme ces sirènes dont parle Horace.

— Oh ! dit mademoiselle de Saint-André, familière avec le latin comme toutes les femmes de cette époque, presque aussi pédantes que galantes, *desinit in piscem*, dit Horace. Regardez-moi, est-ce que je finis en poisson ?

— Non, et vous n'en êtes que plus dangereuse, puisque vous avez la voix et les yeux des enchanteresses antiques. Vous m'avez, sans le savoir, innocemment peut-être, attiré à vous ; mais j'y suis maintenant, et, je vous le jure, indissolublement enchaîné.

— Si j'ajoutais la moindre foi à vos paroles, je vous plaindrais sincèrement, prince ; car aimer sans retour me paraît la plus cruelle douleur que puisse éprouver un cœur sensible.

— Plaignez-moi donc de toute votre âme, mademoiselle ; car jamais homme aimant davantage n'a été moins aimé que je ne le suis.

— Vous me rendrez au moins cette justice, prince, répondit en souriant mademoiselle de Saint-André, que je vous ai prévenu à temps.

— Je vous demande pardon, mademoiselle : il était déjà trop tard.

— Et de quelle ère datez-vous la naissance de votre amour? de l'ère chrétienne ou de l'ère mahométane?

— De la fête du lundi, mademoiselle, de ce jour malheureux ou bienheureux, où, tout encapuchonnée dans votre mante, vous m'êtes apparue les cheveux dénoués par l'orage et serpentant en torsades blondes autour de votre cou de cygne.

— Mais vous m'avez à peine parlé, ce jour-là, prince.

— Probablement vous regardais-je trop, et la vue a-t-elle tué la parole. On ne parle pas non plus aux étoiles : on les regarde, on rêve et l'on espère.

— Mais savez-vous, prince, que voilà une comparaison dont serait jaloux M. Ronsard?

— Elle vous étonne?

— Oui; je ne vous savais pas l'esprit si fort tourné à la poésie.

— Les poëtes, mademoiselle, sont les échos de la nature; la nature chante, et les poëtes répètent ses chansons.

— De mieux en mieux, prince, et je vois qu'on vous a calomnié en disant que vous n'avez que de l'esprit; vous avez, de plus, il me semble, une splendide imagination.

— J'ai dans le cœur votre image, et cette image radieuse illumine jusqu'à mes moindres paroles : n'attribuez donc qu'à vous seule le mérite dont vous me gratifiez.

— Eh bien, prince, croyez-moi, fermez les yeux, ne regardez point mon image; c'est ce que je puis vous souhaiter de plus heureux.

Mademoiselle de Saint-André, aussi radieuse de la victoire que M. de Condé était humilié de la défaite, fit alors de son côté un pas vers lui, et, lui tendant la main :

— Tenez, prince, dit-elle, voici comment je traite mes vaincus.

Le prince saisit la main blanche, mais froide, de la jeune fille, et y appuya ardemment ses lèvres.

Dans ce mouvement mal calculé, une larme qui tremblait au coin de la paupière du prince et que la fièvre de l'orgueil avait inutilement tenté de dessécher, tomba sur cette main de marbre, où elle trembla et brilla comme un diamant.

Mademoiselle de Saint-André la sentit et la vit à la fois.

— Ah! sur ma foi! je crois que vous pleurez véritablement, prince! s'écria-t-elle en éclatant de rire.

— C'est une goutte de pluie après un orage, répondit le prince en soupirant; qu'y a-t-il d'étonnant à cela?

Mademoiselle de Saint-André fixa un regard de flamme sur le prince, sembla hésiter un instant entre la coquetterie et la pitié; enfin, sans qu'on pût dire lequel des deux sentiments l'emportait, sous l'influence du mélange de ces deux sentiments peut-être, elle tira de sa poche un fin mouchoir de batiste sans armes, sans initiales, mais tout parfumé de l'odeur qu'elle avait l'habitude de porter, et, le jetant au prince:

— Tenez, monseigneur, dit-elle, si vous étiez sujet par hasard à cette maladie de pleurer, voici un mouchoir pour sécher vos larmes.

Puis, avec un regard qui donnait bien certainement raison à la coquetterie:

— Gardez-le en mémoire d'une ingrate, dit-elle.

Et, légère comme une fée, elle disparut.

Le prince, à moitié fou d'amour, reçut le mouchoir dans sa main; et, comme s'il craignait qu'on ne lui reprît ce précieux cadeau, il s'élança par les escaliers, ne se souvenant plus que la vie du roi était menacée, oubliant que son cousin l'amiral devait venir le prendre chez mademoiselle de Saint-André, et ne songeant qu'à une chose, c'est-à-dire à baiser amoureusement ce précieux mouchoir.

VII

LA VERTU DE MADEMOISELLE DE SAINT-ANDRÉ

Ce ne fut que sur la berge de la rivière que s'arrêta Condé, comme s'il eût pensé qu'il ne fallait pas moins que les cinq cents pas qu'il venait de mettre entre lui et mademoiselle de Saint-André pour lui assurer la possession tranquille du précieux mouchoir.

Puis aussi ce fut là seulement qu'il se souvint de l'amiral et de la promesse qu'il lui avait faite de l'attendre : il attendit donc un quart d'heure environ, pressant le mouchoir sur ses lèvres, le serrant contre sa poitrine, comme aurait pu faire un écolier de seize ans à son premier amour.

Maintenant, attendait-il l'amiral en réalité, ou restait-il là purement et simplement pour voir plus longtemps cette lumière qui avait la fatale influence de l'attirer, brillante phalène, jusqu'à ce qu'il s'y brûlât?

Au reste, il était bel et bien enflammé, le pauvre prince, et ce mouchoir parfumé contribuait à l'incendier effroyablement.

Il était loin de se croire vaincu, l'orgueilleux champion d'amour, et si, cachée derrière les rideaux de sa fenêtre, la jeune fille eût vu, au clair de lune, une seconde larme, larme de bonheur, celle-là, briller au bord de la paupière du prince, elle eût compris sans doute que ce mouchoir, au lieu de sécher les pleurs, avait le privilége de les faire naître, et que les larmes de regret avaient été effacées par les larmes de bonheur.

Au bout de quelques minutes de ces transports d'amour et de ces baisers frénétiques, un des sens du prince, qui n'était point occupé, pour se venger sans doute de ce délaissement où le laissait son maître, fut réveillé en sursaut par un bruit inattendu. Ce sens, c'était celui de l'ouïe.

Le bruit partait évidemment des plis du mouchoir. On eût dit la danse des feuilles mortes au premier souffle du vent d'automne; ou bien une petite peuplade d'insectes rentrant en foule dans le creux de son arbre après la fête du jour; ou bien encore les notes mélancoliques que font entendre les gouttes en tombant des fontaines au fond des bassins.

C'était enfin un petit froissement pareil à celui que rend sous la main une robe de soie.

D'où venait-il?

Évidemment, ce charmant petit mouchoir de batiste ne pouvait rendre, de son propre mouvement et par sa seule volonté, un bruit aussi solide pour lui.

Le prince de Condé, étonné de ce bruit, déroula minutieusement le mouchoir, qui lui livra naïvement son secret.

Il venait d'un petit papier roulé qui, sans doute, se trouvait par mégarde dans les plis de ce mouchoir.

Ce billet, non-seulement semblait être imprégné du même parfum que le mouchoir, mais peut-être même ce parfum charmant venait-il, non pas du mouchoir, mais du billet.

M. de Condé s'apprêtait à saisir entre le pouce et l'index le petit papier, avec autant de précaution qu'en met un enfant à prendre par les ailes un papillon posé sur une fleur; mais, comme échappe le papillon à l'enfant, le billet, emporté par un coup de vent, échappa à M. de Condé.

M. de Condé le vit flotter dans la nuit comme un flocon de neige, et courut après lui avec une bien autre ardeur qu'un enfant court après son papillon.

Malheureusement, le papier était tombé au milieu des pierres taillées pour les constructions du palais, et, à peu près de la même couleur que ces pierres, il était difficile à distinguer au milieu des moellons.

Le prince se mit à chercher avec acharnement. Ne s'était-il pas mis peu à peu dans l'esprit (les amoureux sont, en vérité, d'étranges gens!) que mademoiselle de Saint-André l'avait vu sous ses fenêtres, qu'elle avait écrit d'avance ce petit billet pour le lui donner, l'occasion se présentant, et que, l'occasion s'étant présentée, elle le lui avait donné!

Ce petit billet lui donnait probablement l'explication de sa conduite : ce don du mouchoir n'avait été qu'une manière de mettre le billet à la poste.

C'était avoir du guignon, on en conviendra, que de perdre un pareil billet.

Mais le billet ne serait pas perdu, M. de Condé en jurait Dieu, dût-il attendre jusqu'au lendemain matin.

En attendant, il cherchait, mais inutilement.

Il eut bien l'idée un instant de courir jusqu'au corps de garde du Louvre, d'y emprunter une lumière et de revenir chercher son billet.

Oui; mais si, pendant ce temps-là, arrivait par mauvaise chance un coup de vent, qui disait au prince qu'il retrouverait le billet où il le laissait?

Le prince en était là de ses cruelles perplexités, lorsqu'il vit venir à lui une ronde de nuit, précédée d'un sergent tenant une lanterne à la main.

C'était tout ce qu'il pouvait désirer de mieux pour le moment.

Il appela le sergent, se fit reconnaître, et, pour un instant, lui emprunta sa lanterne.

Après dix minutes de recherches, il poussa un cri de joie : il venait d'apercevoir le bienheureux papier!

Cette fois, le papier ne tenta pas même de fuir, et, avec une indicible joie, le prince mit la main dessus.

Mais, en même temps qu'il mettait la main sur le papier, il sentit une main qui se posait sur son épaule, et une voix bien connue lui demanda avec le timbre de l'étonnement :

— Mais que diable faites-vous donc là, mon cher prince? Chercheriez-vous un homme, par hasard?

Le prince reconnut la voix de l'amiral.

Il rendit vivement la lanterne au sergent, et donna aux soldats les deux ou trois pièces d'or qu'il avait sur lui et qui faisaient probablement, pour l'heure, toute la fortune du pauvre cadet de famille.

— Ah! dit-il, je cherche quelque chose de bien autrement important pour un amoureux qu'un homme ne l'est pour un philosophe : je cherche une lettre de femme.

— Et l'avez-vous trouvée?

— Par bonheur! car, si je ne m'étais pas obstiné, il y avait probablement demain une honnête dame de la cour affreusement compromise.

— Ah! diable! voilà qui est d'un cavalier discret. Et ce billet?...

— N'a d'importance que pour moi, mon cher amiral, dit le jeune prince en l'assujettissant avec la main dans la poche de côté de son pourpoint. Dites-moi donc, pendant que je vais vous reconduire rue Béthisy, ce qui s'est passé entre le maréchal de Saint-André et le roi.

— Par ma foi! quelque chose de fort étrange : une lettre de remontrances relatives au supplice du conseiller Anne Dubourg annoncé pour le 22.

— Ah çà! mon cher amiral, dit en riant le prince de Condé, cela m'a tout l'air de venir de quelque enragé qui aura mangé de la vache à Colas.

— J'en ai, par ma foi, peur, dit Coligny; je doute que cela arrange les affaires du pauvre conseiller. Comment demander sa grâce, à présent? Le roi aura toujours à répondre : « Non; car, si le conseiller ne mourait pas, on croirait que j'ai peur. »

— Eh bien, dit Condé, réfléchissez à cette grave question, mon cher amiral, et je ne doute pas que, grâce à votre sagesse, vous ne trouviez quelque moyen d'arranger cette affaire.

Et, comme on était arrivé à l'église Saint-Germain-l'Auxerrois, et que, pour regagner son hôtel, le prince était obligé de traverser la Seine par le pont aux Meuniers, qu'une heure du matin était criée à dix pas de lui par les veilleurs de nuit, tout lui fut un prétexte, localité, distance à parcourir, heure avancée de la nuit, pour quitter l'amiral et regagner son hôtel.

De son côté, l'amiral était trop préoccupé pour le retenir.

Il en résulta que rien ne s'opposa au départ de M. de Condé, qui, une fois hors de vue du seigneur de Châtillon, prit ses jambes à son cou, serrant toujours, de peur qu'il ne se perdît de nouveau, le précieux billet, dans la poche de son pourpoint. Mais, cette fois, il n'y avait pas de danger!

Rentrer chez lui, monter les quinze ou dix-huit marches qui conduisaient à son appartement, faire allumer des cires par son valet de chambre, le renvoyer en lui disant qu'il n'avait plus besoin de ses services, fermer la porte, se rapprocher des bougies et tirer le papier de sa poche, tout cela fut l'affaire de dix minutes à peine.

Seulement, au moment de dérouler et de lire ce charmant message d'amour, un billet si parfumé ne pouvait être autre chose, un nuage lui passa sur les yeux et le cœur lui battit tellement, qu'il fut obligé de s'appuyer à la cheminée.

Enfin, le prince se calma. Ses yeux s'éclaircirent et purent s'arrêter sur le billet et lire les lignes suivantes auxquelles, dans la douce illusion qu'il s'était faite, il était bien loin de s'attendre.

Et vous, chers lecteurs, vous attendez-vous au contenu de cette lettre enveloppée par mégarde dans le mouchoir que mademoiselle de Saint-André a jeté à son adorateur désespéré?

Vous qui connaissez le cœur humain, avez-vous bonne opinion de cette jeune fille qui n'a d'amour ni pour ce joli page, ni pour ce beau prince, et qui donne des rendez-vous à l'un pour lui demander une ligne à pêcher, et qui jette son mouchoir à l'autre pour lui aider à essuyer les larmes qu'elle fait couler, tout cela au moment où elle va en épouser un troisième?

La nature produit-elle réellement de ces cœurs de pierre que la lame la mieux trempée ne saurait entamer? Vous doutez?

Voyez le contenu de la lettre, et vous ne douterez plus :

« Ne manquez pas, mon cher amour, de vous rendre demain, à une heure après minuit, dans la chambre des Métamorphoses : la chambre qui nous a réunis la nuit d'hier est trop près de l'appartement des deux reines; notre confidente aura soin de tenir la porte ouverte! »

Pas de signature; écriture inconnue.

— Oh! la perverse créature! s'écria le prince en frappant la table du poing et en laissant tomber la lettre à terre.

Et, après cette première explosion, sortie du plus profond de son cœur, le prince resta un instant atterré.

Mais bientôt la parole et le mouvement lui revinrent, et, se promenant à grands pas dans sa chambre, il s'écria en se promenant :

— Ainsi, l'amiral avait raison!

Il aperçut alors la lettre, qu'il avait laissée tomber sur un fauteuil.

— Ainsi, continua-t-il en s'exaltant de plus en plus, ainsi, j'ai été le jouet d'une coquette insigne, et celle qui m'a joué est une enfant de quinze ans! Moi, le prince de Condé, c'est-à-dire l'homme qui passe à la cour pour connaître le mieux le cœur des femmes, moi, j'ai été la dupe des fourberies d'une petite fille! Sang du Christ! j'ai honte de moi-même! J'ai été bafoué comme un écolier, et j'ai passé trois mois de ma vie, trois mois de la vie d'un homme intelligent, sacrifices perdus, jetés au vent sans but, sans raison, sans utilité, sans gloire, j'ai passé trois mois à aimer fiévreusement une drôlesse! Moi! moi!

Il se leva furieux.

— Ah! oui; mais, maintenant que je la connais, continua-t-il, à nous deux! Nous allons jouer au plus fin. Vous savez mon jeu, belle demoiselle; maintenant, à mon tour, je connais le vôtre. Ah! je saurai le nom, je vous en réponds, moi, de cet homme qui n'a pu goûter un plaisir tranquille.

Le prince froissa la lettre, la fourra dans l'intervalle existant entre le creux de sa main et son gant, reprit son épée, remit son chapeau et s'apprêtait à sortir, quand une pensée l'arrêta tout à coup.

Il s'accouda le long de la muraille, plongea son front dans sa main et réfléchit profondément; puis, après un moment de réflexion, il reprit son chapeau sur sa tête, le jeta à la volée par la chambre, revint s'asseoir à la table, et, pour la seconde fois, relut cette lettre qui venait d'opérer dans son esprit un si effroyable changement.

— Engeance endiablée! dit-il quand la lecture fut finie; femelle hypocrite et menteuse! tu me repoussais d'une main et tu m'attirais de l'autre; tu employais contre moi, honnête homme jusqu'à la niaiserie, toutes les ressources de ton infernale duplicité, et je ne voyais rien, je ne comprenais rien; j'avais la sottise de croire à la loyauté, moi loyal, et de m'incliner, moi vertueux, devant la fausse vertu! Ah! oui, je pleurais; oui, je pleurais de dépit; oui, je pleurais de bonheur! Coulez, coulez maintenant, mes larmes! larmes de honte et de rage! Coulez et effacez les taches dont cet amour immonde m'a couvert! Coulez et entraînez, comme fait un torrent des feuilles mortes, les dernières illusions de ma jeunesse, les dernières croyances de mon âme!...

Et, en effet, cet esprit vigoureux, ce cœur de lion, éclata en sanglots comme un enfant.

Puis, ses sanglots épuisés, une troisième fois il relut la lettre, mais sans amertume cette fois.

Les larmes n'avaient point entraîné les illusions de jeunesse, les croyances de l'âme qui perdent seulement ceux qui ne les ont jamais eues, mais, tout au contraire, la colère et le fiel. Il est vrai qu'elles y laissent le dédain et le mépris.

— Toutefois, dit-il après un instant, je me suis juré à moi-même que je saurais le nom de cet homme : je le saurai; il ne sera pas dit qu'un homme avec lequel elle aura ri de ma ridicule passion m'aura raillé et vivra!...Mais cet homme, reprit le prince, qui peut-il être?

Et il relut la lettre.

— Je connais l'écriture de presque tous les gentilshommes de la cour, depuis celle du roi jusqu'à celle de M. de Mouchy, et je ne connais pas cette écriture; en l'étudiant, on croirait reconnaître une écriture de femme : écriture contrefaite. « A une heure après minuit, demain, salle des Métamorphoses. » Attendons à demain; c'est Dandelot qui est de semaine au Louvre : Dandelot me prêtera la main, et, au besoin, M. l'amiral.

Et, cette résolution prise, le prince fit encore trois ou quatre fois le tour de la chambre et finit par venir se jeter tout habillé sur son lit.

Mais les émotions de toute nature qu'il venait d'éprouver lui avaient donné une fièvre qui ne lui permit pas de fermer l'œil un instant.

Jamais il n'avait passé pareille nuit la veille d'une bataille, si meurtrière qu'elle dût être.

Heureusement qu'elle était déjà fort avancée; les veilleurs de nuit criaient trois heures lorsque le prince se jeta sur son lit.

Au point du jour, le prince se leva et sortit : il allait chez l'amiral.

M. de Coligny était matinal, et le prince le trouva déjà debout.

En apercevant M. de Condé, l'amiral fut effrayé de sa pâleur et de son agitation.

— Oh! mon Dieu! s'écria-t-il, qu'avez-vous, mon cher prince? et que vous est-il arrivé ?

— Il y a, lui dit le prince, que vous m'avez trouvé hier cherchant une lettre, n'est-ce pas, parmi les pierres du Louvre?

— Oui, et même vous avez eu le bonheur de la trouver.

— Le bonheur! je crois, en effet, que c'est le mot que j'ai dit.

— Cette lettre n'était-elle pas d'une femme?

— Oui.

— Et cette femme?

— Comme vous l'avez dit, mon cousin, c'est un monstre d'hypocrisie.

— Ah! ah! mademoiselle de Saint-André; il paraît que c'est d'elle qu'il est question.

— Tenez, lisez; voici la lettre que j'avais perdue, et que le vent venait de prendre à un mouchoir qu'elle m'avait donné.

L'amiral lut.

Au moment où il achevait la lettre, Dandelot entra, venant du Louvre, où il avait passé la nuit. Dandelot était de l'âge du prince et fort lié avec lui.

— Ah! mon bon Dandelot, s'écria Condé, je venais chez M. l'amiral, surtout dans l'espérance de vous y rencontrer.

— Eh bien, me voici, mon prince.

— J'ai un service à vous demander.

— A vos ordres.

— Voici de quoi il s'agit : pour une raison qu'il ne m'est pas permis de vous révéler, j'ai besoin d'entrer ce soir, vers minuit, dans la chambre des Métamorphoses; avez-vous un motif quelconque de m'en fermer le passage?

— Oui, monseigneur, et à mon grand regret.

— Et pourquoi cela?

— Parce que Sa Majesté a reçu cette nuit une lettre de menaces, par laquelle un homme déclare avoir des moyens de pénétrer jusqu'au roi, et le roi a donné les ordres les plus sévères pour interdire, à partir de dix heures du soir, l'entrée du Louvre à tous les gentilshommes qui ne sont pas de service.

— Mais, mon cher Dandelot, dit le prince, cette mesure ne peut me concerner; j'ai eu, jusqu'à présent, mes entrées au Louvre à toute heure, et, à moins que ce ne soit personnellement contre moi que la mesure ait été prise...

— Il va sans dire, monseigneur, que cette mesure ne saurait être prise contre vous personnellement; mais, comme elle est prise contre tout le monde, vous vous trouvez compris dans la généralité.

— Eh bien, Dandelot, il faut faire une exception en ma faveur, pour des motifs que connaît M. l'amiral, motifs entièrement étrangers à ce qui se passe : pour une raison toute personnelle, j'ai besoin d'entrer ce soir, à minuit, dans la salle des Métamorphoses, et il est urgent, en outre, que ma visite soit secrète pour tout le monde, même pour Sa Majesté.

Dandelot hésitait, plein de honte de refuser quelque chose au prince.

Il se retourna vers l'amiral pour l'interroger des yeux sur ce qu'il devait faire.

L'amiral fit un signe de tête équivalent à ces quatre mots : « Je réponds de lui. »

Dandelot en prit son parti assez galamment.

— Alors, monseigneur, dit-il, avouez-moi que l'amour entre pour quelque chose dans votre expédition, afin que, si je suis réprimandé, je le sois, du moins, pour une cause que puisse avouer un gentilhomme.

— Oh! sous ce rapport, je ne veux rien vous cacher, Dandelot : sur l'honneur, l'amour est l'unique raison qui me fait vous demander ce service.

— Eh bien, monseigneur, dit Dandelot, c'est chose convenue, et, à minuit, je vous introduirai dans la salle des Métamorphoses.

— Merci, Dandelot! dit le prince en lui tendant la main; et si jamais vous avez besoin, pour une affaire de cette sorte ou pour toute autre, ne cherchez pas, je vous prie, d'autre second que moi.

Et, ayant, l'une après l'autre, pressé les mains des deux frères, Henri de Condé descendit rapidement l'escalier de l'hôtel de Coligny.

VIII

LA SALLE DES MÉTAMORPHOSES

Rappelez-vous, chers lecteurs, les heures fiévreuses que vous avez lentement comptées, les unes après les autres, en attendant le moment de votre premier rendez-vous, ou, mieux encore, remettez-vous en mémoire les poignantes angoisses qui vous ont serré le cœur en attendant cette minute fatale qui devait vous apporter la preuve de l'infidélité de la femme que vous adoriez, et vous aurez une idée de la façon lente et douloureuse dont se traîna cette journée, qui parut éternelle au pauvre prince de Condé.

Il essaya alors de mettre en pratique cette recette des médecins et des philosophes de tous les temps : combattre les préoccupations de l'esprit par les fatigues du corps. Il se fit amener son cheval le plus vite, monta dessus, lui lâcha la bride ou crut la lui lâcher, et, au bout d'un quart d'heure, cheval et cavalier se trouvèrent à Saint-Cloud, où M. de Condé, cependant, n'avait nul dessein d'aller en sortant de son hôtel.

Il lança son cheval dans une direction opposée. Au bout d'une heure, il se retrouvait à la même place : le château de Saint-Cloud était, pour lui, la montagne d'aimant des navigateurs des *Mille et une Nuits*, où reviennent incessamment des bâtiments qui font d'inutiles efforts pour s'en éloigner.

Le moyen des philosophes et des médecins, infaillible pour les autres, n'avait point prise, à ce qu'il paraît, sur le prince de Condé. Il se trouva, le soir, brisé de corps, c'est vrai, mais tout aussi préoccupé d'esprit qu'il l'était le matin.

Au moment où le jour tombait, il rentrait chez lui, épuisé, abattu, mourant.

Son valet de chambre lui remit trois lettres, qu'il reconnut pour des lettres des premières dames de la cour : il ne les ouvrit même pas. Ce même valet lui annonça qu'un jeune homme s'était présenté six fois à l'hôtel dans la même journée, disant qu'il avait les communications les plus importantes à faire au prince, refusant, malgré toutes les instances, de dire son nom, et le prince ne fit pas plus attention à cette nouvelle que si on lui eût dit : « Monseigneur, il fait beau, » ou « Monseigneur, il pleut. »

Il monta dans sa chambre à coucher et ouvrit machinalement un livre. Mais quel livre pouvait engourdir les morsures de cette vipère qui lui rongeait le cœur ?

Il se jeta sur son lit; mais, si mal qu'il eût dormi la nuit précédente, si écrasé de fatigue qu'il fût par les courses de la journée, il appela vainement cet ami qu'on nomme le sommeil et qui, pareil aux autres amis, présent à vos côtés aux jours de bonheur, s'en éloigne quand on aurait le plus grand besoin de lui, c'est-à-dire aux moments de l'infortune.

Enfin, l'heure tant attendue arriva; le timbre d'une horloge résonna douze fois; le veilleur passa, criant :

— Il est minuit !

Le prince prit son manteau, ceignit son épée, accrocha son poignard et sortit.

Inutile de demander de quel côté il se dirigea.

A minuit dix minutes, il était à la porte du Louvre.

La sentinelle avait le mot d'ordre, le prince n'eut qu'à se nommer : il entra.

Un homme se promenait dans le corridor sur lequel s'ouvrait la porte de la chambre des Métamorphoses.

Condé hésita un instant. Cet homme avait le dos tourné; mais, au bruit que fit le prince, il fit volte-face, et notre amoureux reconnut Dandelot, qui l'attendait.

— Me voilà, dit celui-ci, prêt, selon ma promesse, à vous aider contre tout amant ou mari qui vous barrera le passage.

8

Condé serra, d'une main fiévreuse, la main de son ami.

— Merci ! dit-il ; mais je n'ai rien à redouter, que je sache : ce n'est pas moi qui suis l'homme aimé.

— Mais alors, lui dit Dandelot, pourquoi diable, venez-vous ici ?

— Pour voir qui on aime... Mais, chut ! voici quelqu'un.

— Où ? Je ne vois personne.

— Mais, moi, j'entends des pas.

— Morbleu ! dit Dandelot, quelle fine oreille ont les jaloux !

Condé tira son ami dans un enfoncement, et, de là, ils virent venir comme une ombre qui, arrivée devant la porte de la salle des Métamorphoses, s'arrêta un instant, écouta, regarda, et, n'entendant rien, ne voyant rien, poussa la porte et entra.

— Ce n'est point mademoiselle de Saint-André ! murmura le prince : celle-ci a la tête de plus qu'elle.

— C'est donc mademoiselle de Saint-André que vous attendez ? demanda Dandelot.

— Que j'attends, non ; que je guette, oui.

— Mais comment mademoiselle de Saint-André ?...

— Chut !

— Cependant...

— Tenez, mon cher Dandelot, pour mettre votre conscience à l'aise, prenez ce billet ; gardez-le comme la prunelle de vos yeux ; lisez-le à loisir, et si, par hasard, je ne découvrais ce soir rien de ce que je cherche, tâchez, dans toutes les écritures que vous connaissez, de trouver un maître à cette écriture.

— Puis-je communiquer ce billet à mon frère ?

— Il l'a déjà lu : est-ce que j'ai des secrets pour lui ?... Ah ! je donnerais gros pour savoir qui a écrit ce billet.

— Demain, je vous le renverrai.

— Non, j'irai le chercher chez vous. Laissez-le à votre frère ; peut être aurai-je moi-même quelque chose à vous raconter... Et, tenez, voici la même personne qui sort.

L'ombre qui était entrée dans la chambre en sortait en effet, et, cette fois, se dirigeait du côté des deux amis ; par bonheur, ce corridor, à dessein probablement, était mal éclairé, et l'enfoncement dans lequel ils étaient les mettait hors du chemin et dans l'obscurité.

Mais, au pas rapide et assuré dont cette ombre marchait malgré les ténèbres, il était facile de voir que le chemin qu'elle suivait lui était familier.

En effet, au moment où elle passa devant les deux amis, M. de Condé serra la main de Dandelot.

— La Lanoue ! murmura-t-il.

La Lanoue était une des femmes de Catherine de Médicis ; de toutes ses femmes, celle que, disait-on, la reine mère aimait le mieux, et dans laquelle elle avait le plus de confiance.

Que venait-elle faire là, sinon appelée par le rendez-vous indiqué dans le billet ?

Au reste, elle n'avait pas fermé la porte, mais l'avait laissée entre-bâillée ; donc, elle allait revenir.

Il n'y avait pas un instant à perdre ; car, derrière elle, cette fois, la porte se refermerait probablement.

Toutes ces réflexions passèrent dans la tête du prince, rapides comme l'éclair ; il serra encore une fois la main de Dandelot et s'élança vers la salle des Métamorphoses.

Dandelot fit un mouvement pour le retenir : Condé était déjà loin.

Comme il l'avait pensé, la porte céda sous une simple pression, et il se trouva dans la chambre.

Cette chambre, une des plus belles du Louvre avant que la petite galerie fût commencée par Charles IX, empruntait son nom mythologique aux tapisseries qui la couvraient.

C'étaient, en effet, les fables de Persée et d'Andromède, de Méduse, du dieu Pan, d'Apollon, de Daphné, qui formaient les principaux sujets de ces tableaux, où l'aiguille avait plus d'une fois victorieusement lutté contre le pinceau.

Mais celle qui attirait le plus particulièrement l'attention, dit un historien, c'était la fable de Jupiter et de Danaé.

La Danaé était faite par une main si délicate et d'une façon si savante, que l'on voyait sur son visage le ravissement où elle était en sentant, en voyant, en écoutant tomber la pluie d'or.

Elle était, comme reine des autres tapisseries, éclairée par une lampe d'argent, sculptée, et non pas fondue, à ce que l'on assurait, par Benvenuto Cellini lui-même. Et, en effet, quel autre que le ciseleur florentin eût pu se flatter de faire d'un bloc d'argent un vase de fleurs d'où s'échappait, fleur lumineuse elle-même, la flamme?

Cette tapisserie de Danaé formait les parois d'une alcôve, et la lampe, en même temps qu'elle éclairait la Danaé immortelle et peinte, était destinée à éclairer toutes les Danaés vivantes et mortelles qui viendraient attendre dans ce lit, au-dessus duquel elle était suspendue, la pluie d'or des Jupiters de cet Olympe terrestre qu'on appelait le Louvre.

Le prince regarda tout autour de lui, souleva les rideaux et les portières pour bien s'assurer qu'il était seul, et, après cette minutieuse perquisition, il enjamba le balustre, et, se couchant sur le tapis, se glissa sous le lit.

Pour ceux de nos lecteurs qui ne sont point familiarisés avec les ameublements du xvie siècle, disons ce que c'était que le balustre.

On appelait balustre la clôture faite de petits piliers formant galerie, et qui se mettait autour des lits pour fermer les alcôves, comme on en voit encore aujourd'hui dans le chœur des églises ou des chapelles, et dans la chambre à coucher de Louis XIV, à Versailles.

Nous avons cru qu'en passant de M. de Condé au balustre, et cela aussi rapidement que nous venons de le faire, le lecteur nous tiendrait quitte de ses observations; mais, en y réfléchissant, nous préférons, au lieu d'esquiver l'explication, aller bravement au-devant.

Et, se couchant sur le tapis, avons-nous dit, le prince se glissa sous le lit.

Eh! oui, sans doute, c'était là une position ridicule, une position indigne d'un prince, surtout quand ce prince s'appelle le prince de Condé. Mais, que voulez-vous! ce n'est point ma faute si le prince de Condé, jeune, beau, amoureux, était si jaloux, qu'il en était ridicule, et, comme je trouve le fait consigné dans l'histoire du prince, on me permettra de n'être point plus scrupuleux que l'historien.

Et votre observation, cher lecteur, est si vraie et si sensée, qu'à peine sous le lit, le prince se fit les mêmes réflexions que vous venez de faire, et que, s'admonestant de la façon la plus sévère, il se demanda quelle figure malséante il ferait sous ce lit, s'il y était découvert, ne fût-ce que par un valet; quelle série de brocards et de pasquinades il allait fournir à ses ennemis! de quelle déconsidération il risquait de se couvrir aux yeux de ses amis! Il alla enfin jusqu'à croire qu'il voyait se détacher du fond de la tapisserie le visage courroucé de l'amiral; car, lorsque, enfant ou homme, nous nous trouvons dans une situation équivoque, la personne à laquelle nous pensons et que nous craignons le plus de voir apparaître pour nous reprocher notre folie est toujours celle que nous aimons et respectons le plus, parce que c'est alors et en même temps celle que nous craignons le plus.

Le prince se fit donc (nous prions le scrupuleux lecteur d'en être persuadé) toutes les réprimandes qu'un homme de son caractère et de sa condition devait se faire en pareille occurrence; mais le résultat de tous ses raisonnements fut qu'il s'avança sous le lit d'une vingtaine de centimètres de plus, comme on dirait aujourd'hui, et qu'il s'y établit le plus commodément qu'il put.

D'ailleurs, il avait bien autre chose à quoi penser!

Il avait à arrêter la conduite qu'il aurait à tenir, une fois les deux amants en présence.

Ce qui lui semblait le plus simple, c'était de sortir brusquement, et, sans explication préalable, de croiser l'épée avec son rival.

Mais cette conduite, toute simple en apparence, lui parut, en y réfléchissant, n'être pas sans danger, non pas pour sa personne, mais pour son honneur. Ce compagnon, quel qu'il fût, était, il est vrai, complice de la coquetterie de mademoiselle de Saint-André, mais complice bien innocent.

Il revint donc sur sa première détermination et résolut de voir et d'écouter froidement ce qui allait se passer sous les yeux et pour les oreilles d'un rival.

Il venait d'accomplir ce grand acte de résignation, quand le timbre de sa montre, qui était fort sonore, vint lui révéler tout à coup un péril auquel il n'avait pas songé. Dès cette époque, l'occupation de Charles-Quint à Saint-Just le prouve de reste, dès cette époque, les montres et les pendules étaient non-seulement des objets de luxe, mais encore de fantaisie, qui allaient beaucoup moins selon l'espérance du mécanicien que selon leur caprice. Il en résulta que la montre de M. de Condé, qui retardait d'une demi-heure sur le Louvre, se mit à sonner minuit.

M. de Condé, comme on l'a déjà vu, était en proie à une impatience peu commune; de peur qu'ayant fini, il ne prît à sa montre la fantaisie de recommencer, et que le timbre accusateur ne le dénonçât, il mit l'indiscret bijou dans le creux de sa main gauche, appuya dessus le pommeau de son poignard, pressa vigoureusement le pommeau contre le cadran, et, sous cette pression, qui brisa sa double boîte, l'innocente montre rendit le dernier soupir.

L'injustice des hommes était satisfaite.

Cette exécution était à peine achevée, que la porte de la chambre s'ouvrit de nouveau; par le bruit qu'elle fit, elle attira les yeux du prince de son côté, et M. de Condé vit entrer mademoiselle de Saint-André, l'œil au guet, l'oreille au vent, et suivant, sur la pointe du pied, cette odieuse créature qui avait nom Lanoue.

IX

LA TOILETTE DE VÉNUS

Quand nous disons : suivant sur la pointe du pied cette odieuse créature qui avait nom Lanoue, nous nous trompons, non pas à l'endroit de Lanoue, mais à celui de mademoiselle de Saint-André.

Une fois dans la salle des Métamorphoses, mademoiselle de Saint-André ne suivit plus la Lanoue, elle la précéda.

La Lanoue resta derrière pour fermer la porte.

La jeune fille s'arrêta devant une toilette sur laquelle reposaient deux candélabres, qui n'attendaient, pour briller de tout leur éclat, que la flamme communicative qui devait leur donner la vie.

— Vous êtes sûre que nous n'avons pas été vues, ma chère Lanoue? dit-elle avec cette douce voix qui, après avoir fait vibrer l'amour, faisait vibrer la colère dans le cœur du prince.

— Oh! ne craignez rien, mademoiselle, répondit l'entremetteuse; en raison de la lettre de menace adressée hier au roi, les ordres les plus sévères ont été donnés, et, à partir de dix heures du soir, les portes du Louvre ont été fermées.

— A tout le monde? demanda la jeune fille.

— A tout le monde.

— Sans exception?

— Sans exception.

— Même au prince de Condé?

La Lanoue sourit.

— Au prince de Condé surtout, mademoiselle.

— Vous en êtes bien sûre, Lanoue?

— Certaine, mademoiselle.

— Ah! c'est que...

La jeune fille s'arrêta.

— Qu'avez vous donc à craindre de monseigneur?

— Bien des choses, Lanoue.

— Comment cela, bien des choses?

— Oui, et une entre autres.

— Laquelle?

— C'est qu'il ne me poursuive jusqu'ici.

— Jusqu'ici?

— Oui.

— Jusque dans la salle des Métamorphoses?

— Oui.

— Mais comment saurait-il que mademoiselle y est?

— Il le sait, Lanoue.

Le prince, comme on le comprend bien, écoutait de toutes ses oreilles.

— Qui a pu le lui apprendre?

— Moi-même.

— Vous?

— Moi, sotte que je suis!

— Oh! mon Dieu!

— Imagine-toi qu'hier, au moment où il allait me quitter, j'ai eu l'imprudence, à la suite d'une plaisanterie, de lui jeter mon mouchoir; dans ce mouchoir était le petit billet que tu venais de me remettre.

— Mais le billet n'était pas signé?

— Non, par bonheur.

— C'est bien heureux, en effet, Jésus-Maria!

L'entremetteuse se signa dévotement.

— Et, continua-t-elle, vous ne lui avez pas redemandé votre mouchoir?

— Si fait; Mézières a passé six fois chez lui de ma part dans la journée; le prince était sorti depuis le matin, et, à neuf heures du soir, il n'était pas rentré.

— Ah! ah! murmura le prince, c'est le page à la ligne qui

est venu pour me parler, et qui a tant insisté pour me voir.

— Vous vous fiez à ce jeune homme, mademoiselle?

— Il est fou de moi.

— Les pages sont bien indiscrets; il y a un proverbe sur eux à cet endroit-là.

— Mézières n'est pas mon page; c'est mon esclave, dit la jeune fille avec un ton de reine. Ah! Lanoue, maudit M. de Condé! il ne lui arrivera jamais pire mal que celui que je lui souhaite.

— Merci! belle des belles, murmura le prince. Je me rappellerai vos excellents sentiments à mon égard.

— Eh bien, mademoiselle, dit Lanoue, quant à cette nuit, vous pouvez être tranquille. Je connais le capitaine de la garde écossaise et je vais lui recommander monseigneur.

— De quel part?

— De la mienne! Soyez tranquille, cela suffira.

— Ah! Lanoue!

— Que voulez-vous, mademoiselle! tout en faisant les affaires des autres, il n'y a pas de mal à faire un peu les siennes.

— Merci, Lanoue; car cette idée seule troublait le plaisir que je me promettais de goûter cette nuit.

Lanoue s'apprêta à sortir.

— Hé! Lanoue! fit mademoiselle de Saint-André, avant de sortir, allume donc, je te prie, ces candélabres; je ne veux pas rester dans cette obscurité; toutes ces grandes figures à moitié nues me font peur; il me semble qu'elles vont se détacher de la tapisserie et venir à moi,

— Ah! si elles y viennent, dit Lanoue en allant allumer un papier au feu qui brûlait dans la cheminée, soyez tranquille, ce sera pour vous adorer comme la déesse Vénus.

Elle alluma les cinq branches des candélabres, laissant la belle jeune fille se détacher aux regards du prince, dans une auréole de flammes.

Elle était ravissante, ainsi réfléchie par la glace de la toilette, vêtue d'une gaze transparente à travers laquelle perçait l'incarnat des chairs.

Elle tenait à la main une branche de myrte en fleur; elle la passa dans ses cheveux comme une couronne.

Prêtresse de Vénus, elle venait de se parer de la fleur sacrée.

Alors, seule, ou du moins se croyant seule dans la chambre, la jeune fille se regarda coquettement et amoureusement dans la glace, arquant du bout de ses doigts roses ses sourcils noirs, doux comme du velours, et pressant avec la paume de la main la gerbe d'or de ses cheveux.

Parée ainsi, et dans une posture qui faisait valoir sa taille fine et souple, la jeune fille, cambrée devant cette glace, fraîche comme l'eau de source, vermeille comme un nuage du matin, sereine comme la virginité, vivace et jeune comme ces premières plantes du printemps qui, dans leur hâte de vivre, percent les dernières neiges, ressemblait, comme l'avait dit Lanoue, à Vénus Cythérée, mais à Vénus dans sa quatorzième année, le matin où, debout sur le rivage, près de faire son entrée dans la cour céleste, elle se regarda une dernière fois dans le miroir de la mer, encore attiédie de son dernier contact.

Après avoir arqué ses sourcils, lissé ses cheveux, fait reprendre, par un moment de repos, aux chairs de son visage les tons rosés qu'une marche inquiète et précipitée avait empourprés trop chaudement, le regard de la jeune fille abandonna pour elle-même cette reproduction de son visage que lui offrait la glace; ses yeux s'abaissèrent de son cou à ses épaules, et semblèrent chercher sa poitrine, perdue dans des flots de dentelles vaporeux, comme ces nuages que le premier souffle de la brise chasse du ciel.

Elle était si belle ainsi, le regard humide, les joues rougissantes, la bouche entr'ouverte, les dents étincelantes, comme un double fil de perles dans un écrin de corail; elle était si véritablement l'image de la volupté, qu'à ce moment le prince, oubliant sa coquetterie, sa haine, ses menaces, fut sur le point de sortir de l'endroit où il était caché et de venir se jeter à ses pieds en s'écriant :

— Pour l'amour du ciel ! jeune fille, aime-moi une heure, et prends ma vie en échange de cette heure d'amour !...

Heureusement ou malheureusement pour lui, car nous n'avons pas pesé les avantages ou les inconvénients qu'il aurait eus à suivre cette pensée soudaine, la jeune fille se retourna du côté de la porte en disant ou plutôt en bégayant :

— Oh ! cher bien-aimé de mon cœur, est-ce que tu ne vas pas venir ?

Cette exclamation et cette vue rendirent au prince toute sa colère, et mademoiselle de Saint-André lui parut de nouveau la créature la plus haïssable de la terre.

Elle s'en alla vers la plus proche fenêtre, tira les épais rideaux, essaya d'ouvrir la lourde croisée, et, comme ses mains délicates et allongées manquaient de force pour une pareille besogne, elle se contenta d'appuyer sa tête sur la riche glace.

La sensation de fraîcheur communiquée à son front lui fit rouvrir ses yeux chargés de langueur; ils demeurèrent un instant vagues et aveuglés; puis, peu à peu, ils commencèrent à distinguer les objets, et finirent par s'arrêter sur un homme immobile, enveloppé d'un manteau et se tenant debout, à la distance d'un jet de pierre du Louvre.

La vue de cet homme fit sourire mademoiselle de Saint-André, et nul doute que, si le prince eût vu ce sourire, il eût deviné la méchante pensée qui l'avait fait naître.

D'ailleurs, s'il eût été assez près pour voir ce sourire, il eût été aussi assez près pour entendre ces mots, qui glissèrent, avec l'accent du triomphe, entre les lèvres de la jeune fille :

— C'est lui !

Puis, avec un indéfinissable accent d'ironie :

— Promenez-vous, cher monsieur de Condé, ajouta-t-elle; je vous souhaite bien du plaisir dans votre promenade.

Il était évident que mademoiselle de Saint-André prenait l'homme au manteau pour le prince de Condé.

Et cette erreur était toute naturelle.

Mademoiselle de Saint-André savait parfaitement les visites que le prince faisait tous les soirs incognito sous ses fenêtres, depuis trois mois; mais mademoiselle de Saint-André s'était bien gardée d'en parler au prince; car, dire qu'on s'en était aperçu, c'était avouer que, depuis trois mois, on était occupée tout bas d'une pensée qu'au contraire on reniait hautement.

C'était donc le prince que mademoiselle de Saint-André croyait voir au bord de la rivière.

Or, la vue du prince se promenant au bord de la rivière, quand elle tremblait de le rencontrer dans le Louvre, était la vue la plus rassurante que la lune, cette pâle et mélancolique amie des amoureux, pût lui découvrir.

Maintenant, à nos lecteurs qui savent parfaitement que le prince, n'étant pas pourvu du don d'ubiquité, ne pouvait être à la fois dedans et dehors, sous le lit et au bord de la rivière, hâtons-nous de dire quel était cet homme enveloppé d'un manteau, que mademoiselle de Saint-André prenait pour le prince et qu'elle supposait grelottant sur la berge.

Cet homme, c'était notre huguenot de la veille, notre Écossais Robert Stuart, lequel, au lieu de la réponse qu'il attendait à sa lettre, avait appris que messieurs du parlement avaient, pendant la journée, mis tout en œuvre pour que le supplice d'Anne Dubourg eût lieu le lendemain ou le surlendemain; c'était Robert Stuart, résolu à risquer une seconde tentative.

Ce fut en vertu de cette résolution que, au moment même où ce méchant sourire s'épanouissait sur les lèvres de la jeune fille, elle vit l'homme de la berge tirer son bras de son manteau, faire un geste qu'elle prit pour un geste de menace, et s'éloigner à grands pas.

En même temps, elle entendit un bruit pareil à celui de la veille, c'est-à-dire celui d'une vitre volant en éclats.

— Ah! s'écria-t-elle, ce n'était pas lui.

Et les roses de son sourire disparurent immédiatement sous les violettes de la peau.

Oh! cette fois, elle frissonna bien réellement, non plus de plaisir, mais d'effroi ; et, laissant retomber le rideau de la fenêtre, elle revint, chancelante et pâle, s'appuyer au dossier du canapé, sur lequel, quelques minutes auparavant, elle gisait si languissamment étendue.

Comme la veille, on avait brisé la vitre d'une des fenêtres de l'appartement du maréchal de Saint-André.

Seulement, cette fois, c'était une des fenêtres en retour du côté de la Seine ; mais cette fenêtre appartenait toujours à l'appartement de son père.

Si, comme la veille, le maréchal, encore debout ou déjà couché, mais réveillé en sursaut, allait frapper à la porte de la chambre de sa fille et ne recevait pas de réponse, qu'allait-il arriver?

Elle était là, craintive, tremblante, à moitié évanouie, au grand étonnement du prince, qui avait vu, sans pouvoir en deviner la cause, le changement subit qui s'était opéré sur le visage de la jeune fille, dans cet état de prostration où tout ce qui peut arriver est préférable à ce qui est, quand la porte s'ouvrit et que Lanoue entra précipitamment.

Elle avait le visage presque aussi décomposé que l'était celui de la jeune fille.

— Oh! Lanoue, dit-elle, sais-tu ce qui vient d'arriver?

— Non, mademoiselle, répondit l'entremetteuse ; mais il faut que ce soit quelque chose de bien terrible, car vous êtes pâle comme une morte.

— Bien terrible, en effet, et il faut que tu me reconduises à l'instant même chez mon père.

— Et pourquoi cela, mademoiselle ?

— Tu sais ce qui est arrivé hier, à minuit?

— Mademoiselle veut parler de la pierre à laquelle était attaché un papier qui menaçait le roi?

— Oui... Eh bien, même chose vient d'arriver, Lanoue;

un homme, le même, sans doute, que je prenais pour le prince de Condé, vient, comme hier, de jeter une pierre et de briser la vitre d'une des fenêtres du maréchal.

— Et vous avez peur?

— J'ai peur, comprends-tu, Lanoue, j'ai peur que mon père ne vienne frapper à ma porte, et que, soit défiance, soit inquiétude, ne m'entendant point répondre, il n'ouvre ma porte et ne trouve la chambre vide.

— Oh! si c'est cela que vous craignez, mademoiselle, dit Lanoue, rassurez-vous.

— Pourquoi?

— Votre père est chez la reine Catherine.

— Chez la reine, à une heure du matin?

— Ah! mademoiselle, il est arrivé un grave accident.

— Lequel?

— Leurs Majestés sont allées à la chasse aujourd'hui.

— Eh bien?

— Eh bien, mademoiselle, le cheval de la petite reine (c'était ainsi que l'on appelait Marie Stuart), le cheval de la petite reine a butté, Sa Majesté est tombée, et, comme elle est enceinte de trois mois, on a peur qu'elle ne se soit blessée.

— Ah! bon Dieu!

— De sorte que toute la cour est sur pied.

— Je crois bien.

— Que toutes les filles d'honneur sont dans les antichambres ou chez la reine mère.

— Et tu ne venais pas m'avertir, Lanoue?

— J'ai appris la nouvelle à l'instant même, mademoiselle, et je n'ai pris que le temps de courir m'assurer de la vérité.

— Alors, tu l'as vu?

— Qui?

— Lui.

— Sans doute.

— Eh bien?

— Eh bien, mademoiselle, c'est partie remise; vous comprenez bien qu'en un pareil moment il ne peut s'absenter.

— Et remise à quand?

— A demain.

— Où?

— Ici.

— A la même heure?

— A la même heure.

— Alors, viens-t'en vite, Lanoue.

— Me voici, mademoiselle; laissez-moi seulement éteindre les bougies.

— En vérité, s'écria la jeune fille, c'est à croire qu'il y a un mauvais génie déchaîné contre nous.

— Bon! dit Lanoue en soufflant sa dernière bougie, au contraire.

— Comment, au contraire? demanda du corridor mademoiselle de Saint-André.

— Certainement; voilà un accident qui va vous donner de la liberté.

Et elle sortit sur les pas de mademoiselle de Saint-André, pas dont le bruit se perdit bientôt, ainsi que celui des pas de sa compagne, dans les profondeurs du corridor.

— A demain donc! dit à son tour le prince, sortant de sa retraite et franchissant le balustre, aussi ignorant du nom de son rival qu'il l'était la veille. A demain, à après-demain, à tous les jours, s'il le faut; mais, par l'âme de mon père! j'irai jusqu'au bout.

Et il sortit, lui aussi, de la chambre des Métamorphoses, suivit le côté du corridor opposé à celui qu'avaient suivi mademoiselle de Saint-André et Lanoue, traversa la cour et gagna la porte de la rue, sans que personne, au milieu de la confusion que les deux incidents mentionnés par nous ci-dessus venaient de jeter dans le Louvre, songeât à lui demander ni où il allait, ni d'où il venait.

X

LES DEUX ÉCOSSAIS

Robert Stuart, que mademoiselle de Saint-André avait aperçu à travers les barreaux de la chambre des Métamorphoses, si rapidement et si étrangement rentrée dans l'obscurité; Robert Stuart, que la jeune fille avait d'abord si méchamment pris pour le prince de Condé, après avoir jeté sa seconde pierre, et, par ce moyen, fait parvenir une seconde lettre au roi, avait, comme nous l'avons dit, pris la fuite et disparu.

Jusqu'au Châtelet, il avait hâté le pas; mais, une fois arrivé là, il s'était senti hors de poursuite, et, à part la rencontre qu'il avait faite sur les ponts de deux ou trois tire-laine, que la vue de son épée battant ses talons et de son pistolet suspendu à sa ceinture avait tenus à distance, il était rentré assez tranquillement chez son ami et compatriote Patrick.

Une fois rentré, il s'était couché avec cette tranquillité apparente qu'il devait à sa puissance sur lui-même; mais cette puissance, si grande qu'elle fût, n'allait point jusqu'à commander au sommeil; de sorte que, pendant trois ou quatre heures, il se tourna et retourna dans son lit, ou plutôt dans le lit de son compatriote, sans y trouver le repos qui le fuyait depuis trois nuits.

Ce ne fut qu'au point du jour que l'esprit, vaincu par la fatigue, sembla abandonner le corps et permettre au Sommeil de venir y prendre momentanément sa place. Mais alors ce corps appartint si complétement au Sommeil, ce frère de la Mort, qu'il eût, tant sa léthargie était profonde, semblé aux yeux de tous un cadavre complétement abandonné de la vie.

Jusqu'au soir, au reste, la veille, fidèle à sa parole, il avait attendu son ami Patrick; mais l'archer, consigné au Louvre par son capitaine, qui avait reçu l'ordre de ne pas laisser sortir un seul homme du palais (on sait la cause de cette consignation), l'archer, disons-nous, n'avait pas pu profiter des habits de Robert Stuart.

A sept heures du soir, n'ayant aucune nouvelle de son ami, Robert Stuart s'était dirigé vers le Louvre, et, là, il avait appris les ordres sévères qui avaient été donnés et la cause qui les motivait.

Ensuite, il avait erré dans les rues de Paris, où il avait entendu raconter de cent façons différentes, excepté de la véritable, l'assassinat du président Minard, que cette mort illustrait comme nul acte de sa vie n'avait pu le faire.

Robert Stuart, ayant pitié de l'ignorance des uns et de la curiosité des autres, avait à son tour et sur des *on dit*, recueillis en bon lieu, assurait-il, raconté cette mort dans tous ses détails véridiques et avec les circonstances réelles qui l'avaient accompagnée; mais il va sans dire que ses auditeurs n'avaient pas voulu croire un seul mot de sa narration.

Nous n'avons pas d'autre raison à donner de cette incrédulité, sinon que cette narration était la seule véritable.

Il avait, en outre, appris la promptitude et la sévérité dont le parlement se promettait d'user à propos du jugement rendu contre le conseiller Dubourg, dont, assurait-on, le supplice devait avoir lieu en Grève dans quarante-huit heures.

Alors, Robert Stuart n'avait vu d'autre remède à cet entêtement des juges que de renouveler d'une manière plus précise son épître au roi.

Après sa garde, son ami Patrick, mis enfin hors du Louvre, était venu de toute la vitesse de ses jambes, avait monté son échelle, comme il disait, et avait fait invasion dans sa chambre en criant :

— Au feu !

Il avait cru que c'était le seul moyen de réveiller Robert Stuart, voyant que le bruit de la porte qu'il avait refermée, que celui des chaises qu'il avait remuées et celui de la table qu'il avait changée de place, étaient insuffisants à le tirer de son sommeil.

Le cri poussé par Patrick, bien plus que le sens de ce cri, réveilla enfin Robert; le bruit arrivait jusqu'à lui, mais pas les idées. Sa première idée fut qu'on venait l'arrêter, et il allongea le bras vers son épée, placée dans la ruelle du lit et qu'il tira à moitié du fourreau.

— Eh ! la, la ! s'écria Patrick en riant, il paraît que tu as le réveil batailleur, mon cher Stuart ; calmons-nous, voyons ! Et, surtout, réveillons-nous, il est temps.

— Ah ! c'est toi, dit Stuart.

— Sans doute, c'est moi. Je te prêterai ma chambre, une autre fois, compte là-dessus, pour que tu veuilles me tuer quand j'y rentre !

— Que veux-tu ! je dormais.

— C'est bien ce que je vois et ce qui m'étonne ; tu dormais ?

Patrick alla à la fenêtre et tira les rideaux.

— Tiens, dit-il, regarde.

Le grand jour envahit la chambre.

— Quelle heure est-il donc ? demanda Stuart.

— Dix heures sonnées et bien sonnées à toutes les églises de Paris, dit l'archer.

— Je t'ai attendu hier toute la journée et je puis même dire toute la nuit.

L'archer fit un mouvement d'épaules.

— Que veux-tu ! dit-il ; un soldat n'est qu'un soldat, fût-il archer écossais ; nous avons été, toute la journée et toute la nuit, consignés au Louvre; mais, aujourd'hui, comme tu vois, je suis libre.

— Ce qui veut dire que tu viens me redemander ta chambre ?

— Non ; mais te demander tes habits.

— Ah ! c'est vrai ; j'avais oublié madame la conseillère.

— Heureusement qu'elle ne m'oublie pas, elle, comme peut te le prouver ce pâté de gibier déposé sur la table et qui attend le bon plaisir de notre appétit. Le tien est-il venu ? Quant au mien, il y a deux heures qu'il est au poste : présent !

— Et pour en revenir à mes habits...

— C'est juste : eh bien, tu comprends que ma conseillère ne va pas comme cela de but en blanc escalader mes quatre étages. Non, ce pâté n'est qu'un messager ; il était porteur d'une lettre, laquelle me dit qu'on m'attendra, de midi, heure à laquelle notre conseiller fait voile pour le parlement, jusqu'à quatre heures, moment auquel il rentre dans le port de la conjugalité. A midi cinq minutes, je serai donc chez elle et je récompenserai son dévouement en m'y présentant sous un costume qui ne peut la compromettre, si toutefois tu es encore dans les mêmes dispositions à l'égard de ton ami.

— Mes habits sont à ta disposition, mon cher Patrick, dit Robert, étendus sur cette chaise, comme tu vois, et n'attendant qu'un propriétaire. Donne-moi les tiens en échange et dispose à ta fantaisie de ceux-là.

— Tout à l'heure ; mais, préalablement, nous allons causer avec ce pâté ; tu n'as pas besoin de te lever pour te mêler à la conversation ; je vais apporter la table près de ton lit. Là ! est-ce bien ainsi ?

— A merveille, mon cher Patrick.

— Maintenant (Patrick tira son poignard et le présenta, par le manche, à son ami), maintenant, pendant que je vais aller chercher de quoi l'arroser, éventre-moi ce gaillard-là, et tu me diras si ma conseillère est une femme de goût.

Robert obéit au commandement avec la même ponctualité qu'eût pu faire un archer écossais lui-même aux ordres de son capitaine ; et, lorsque Patrick revint vers la table, caressant de ses deux mains le ventre rebondi d'une cruche pleine de vin, il trouva le dôme de l'édifice gastronomique entièrement enlevé.

— Ah! par saint Dunstan! dit-il, un lièvre au gîte au milieu de six perdreaux! Quel joli pays que celui où le poil et la plume vivent en si douce intelligence! Messire Rabelais ne l'appelle-t-il pas *pays de Cocagne?* Robert, mon ami, suis mon exemple : fais-toi amoureux d'une femme de robe, mon cher, au lieu de te faire amoureux d'une femme d'épée, et je n'aurai pas besoin de voir, comme le pharaon, sept vaches grasses en songe pour te prédire la double abondance des biens du ciel et de la terre. Profitons-en, mon cher Stuart, ou nous ne serions pas dignes de les avoir obtenus.

Et, joignant l'exemple au précepte, l'archer se mit à table et transporta, du pâté sur son assiette, une première ration qui faisait honneur à ce qu'il appelait l'avant-garde de son appétit.

Robert mangea aussi. A vingt-deux ans, quelles que soient les préoccupations de l'esprit, on mange toujours.

Il mangea donc plus silencieusement, plus soucieusement même que son ami, mais il mangea.

D'ailleurs, l'idée d'aller voir sa conseillère rendait Patrick bavard et gai pour deux.

Onze heures et demie sonnèrent.

Patrick se leva de table en toute hâte, broya sous ses dents, blanches comme celles du loup de ses montagnes, un dernier morceau de la croûte d'or du pâté, but un dernier verre de vin et commença à endosser les vêtements de son compatriote.

Ainsi habillé, il avait cet air roide et singulier qu'ont encore les militaires de nos jours lorsqu'ils quittent leurs uniformes pour des habits de ville.

Le visage et la tournure d'un soldat, en effet, empruntent toujours quelque chose à son uniforme et le dénoncent, quelque part qu'il aille, sous quelque costume qu'il se présente.

L'archer n'en faisait pas moins, ainsi habillé, un beau cavalier aux yeux bleus, aux cheveux roux, à la peau vivante et animée.

Quand il se regarda dans un fragment de miroir, il sembla se dire à lui-même :

— Si ma conseillère n'est pas contente, elle sera, par ma foi, bien difficile !

Cependant, soit défiance de lui-même, soit désir de voir entrer Robert dans son opinion, se retournant du côté de son camarade :

— Comment me trouves-tu, compagnon ? lui demanda-t-il.

— Mais parfait de visage et de tournure, et je ne doute pas que tu ne fasses une profonde impression sur ta conseillère.

C'était juste ce que voulait Patrick, et il était servi à souhait.

Il sourit, rajusta son col, et, tendant la main à Robert :

— Eh bien, dit-il, au revoir ! Je cours la rassurer, car elle doit être à l'article de la mort ; pauvre femme ! Depuis deux jours qu'elle ne m'a point vu et n'a point eu de mes nouvelles !

Il fit un mouvement vers la porte ; mais, s'arrêtant :

— A propos, ajouta-t-il, je n'ai pas besoin de te dire que mon uniforme ne te condamne pas à rester ici. Tu n'es pas consigné à mon quatrième, comme je l'étais moi-même hier au Louvre ; tu peux circuler librement dans la ville en plein soleil, s'il y en a, ou à l'ombre, s'il n'y a pas de soleil, et, pourvu que tu ne ramasses, sous ma défroque, aucune mauvaise querelle (et je te fais cette recommandation pour deux raisons : la première, parce que tu serais arrêté, conduit au Châtelet et reconnu ; la seconde, parce que je serais puni, moi, ton innocent ami, pour avoir déserté mon uniforme) ; pourvu, je te le répète donc, que tu ne ramasses, sous ma défroque, aucune mauvaise querelle, tu es libre comme un moineau franc.

— Tu n'as rien à craindre de ce côté-là, Patrick, répondit l'Écossais ; je ne suis point, par nature, d'humeur fort querelleuse.

— Heu ! heu ! fit l'archer en secouant la tête, je ne voudrais pas m'y fier : tu es Écossais ou à peu près, et tu dois avoir, comme tout homme élevé au delà de la Tweed, des heures où il ne fait pas bon te regarder de travers. Au reste, tu comprends, je te donne un conseil, voilà tout. Je te dis : Ne cherche pas de querelle ; mais, si l'on t'en cherchait une, par mon saint patron, ne l'évite pas ! Peste ! il s'agit de soutenir l'honneur de l'uniforme, et, si tu ne les tuais pas à temps, tu as, fais-y bien attention, au côté une claymore et un dirk qui sortiraient d'eux-mêmes du fourreau.

— Sois tranquille, Patrick, tu me trouveras ici comme tu m'as quitté.

— Mais non, mais non. Je ne veux pas que tu t'ennuies, insista l'entêté montagnard, et tu mourras de consomption dans cette chambre, d'où la vue n'est pas désagréable le soir, parce que l'on n'y regarde pas, mais d'où, le jour, on ne voit que toits et clochers, et encore quand la fumée et le brouillard n'empêchent pas de les voir.

— Cela vaudra toujours celle de notre bien-aimée patrie, où il pleut toujours, fit Robert.

— Bah ! dit Patrick, et quand il neige donc ?

Et, satisfait d'avoir réhabilité l'Écosse sous le rapport atmosphérique, Patrick se décida enfin à sortir, mais sur le carré il s'arrêta, et, rouvrant la porte :

— Tout cela, c'est par manière de plaisanter, dit-il ; va, viens, cours, dispute-toi, querelle-toi, bats-toi, pourvu que tu rentres sans trous à la peau, et, par conséquent, à mon pourpoint, tout ira bien ; mais, cher ami, j'ai une recommandation sérieuse à te faire, une seule, mais médite-la profondément.

— Laquelle ?

— Mon ami, vu la gravité des circonstances dans lesquelles nous vivons et les menaces que d'infâmes parpaillots se permettent de faire au roi, je suis obligé d'être rentré au Louvre à huit heures précises ; on a avancé ce soir d'une heure celle de l'appel.

— Tu me retrouveras ici à ton retour.

— Alors, que Dieu te garde !

— Et que le plaisir t'accompagne !

— Inutile, dit l'archer en faisant un geste d'amoureux vainqueur, il m'attend.

Et, cette fois, il sortit, léger et conquérant, comme le plus beau seigneur de la cour, fredonnant un air de son pays, qui devait remonter à Robert Bruce.

Le pauvre soldat écossais était bien autrement heureux à cette heure que le cousin du roi franc, que le frère du roi de Navarre, que le jeune et beau Louis de Condé.

Nous saurons, d'ailleurs, dans un instant, ce que faisait et disait le prince juste dans ce moment-là ; mais nous sommes forcé de rester quelques instants encore en compagnie de maître Robert Stuart.

Celui-ci avait, comme il l'avait dit à son ami, deux graves sujets de réflexion pour ne pas s'ennuyer jusqu'à quatre heures de l'après-midi ; il lui tint donc parole en l'attendant.

De quatre à cinq heures, il l'attendit encore, mais avec plus d'impatience.

C'était l'heure où il comptait attendre à la porte du parlement pour y avoir des nouvelles fraîches, non pas de la condamnation du conseiller Dubourg, mais de la décision prise à l'endroit de son supplice.

A cinq heures et demie, il n'y put tenir, et sortit à son tour, en laissant toutefois à son compatriote un mot par lequel il lui disait d'être tranquille, et que, à sept heures précises du soir, il lui rapporterait son uniforme.

La nuit commençait à tomber ; Robert alla tout courant jusqu'à la porte du palais.

Il y avait un immense rassemblement sur la place ; la séance parlementaire durait toujours.

Cela lui expliquait l'absence de son ami Patrick ; mais cela ne lui disait aucunement ce qui se débattait dans l'intérieur.

A six heures seulement, les conseillers se séparèrent.

Ce qui arriva jusqu'à Robert du résultat de la séance était sinistre.

Le mode du supplice était arrêté : le conseiller devait périr par le feu.

Seulement, on ne savait pas si ce serait le lendemain, le surlendemain ou le jour suivant, c'est-à-dire le 22, le 23 ou le 24, qu'aurait lieu l'exécution.

Peut-être y surseoirait-on de quelques jours même, pour que la pauvre reine Marie Stuart, qui s'était blessée la veille, pût y assister.

Mais ce ne serait que dans le cas où la blessure serait assez légère pour ne pas retarder ce supplice de plus d'une semaine.

Robert Stuart quitta la place du Palais dans l'intention de revenir rue du Battoir-Saint-André.

Mais, de loin, il vit un archer écossais qui, devançant l'heure du rappel, se rendait au Louvre.

Alors, il lui vint une idée : c'était de pénétrer dans le Louvre sous le costume de son ami, et de prendre là, c'est-à-dire à une source positive, des nouvelles de la jeune reine, dont la santé devait avoir une si terrible influence sur la vie du condamné.

Il avait près de deux heures devant lui, il se dirigea vers le Louvre.

Aucune difficulté ne lui fut faite, ni à la première ni à la seconde porte. Il se trouva donc dans la cour.

Il y était à peine, qu'on annonça un envoyé du parlement.

Cet envoyé du parlement désirait parler au roi, au nom de l'illustre corps dont il était l'ambassadeur.

On fit venir Dandelot.

Dandelot alla prendre les ordres du roi.

Dix minutes après, il revenait, chargé d'introduire lui-même le conseiller.

Robert Stuart comprit qu'avec un peu de patience et d'adresse il saurait, le conseiller parti, ce qu'il désirait savoir. Il attendit donc.

Le conseiller resta près d'une heure avec le roi.

Robert avait tant attendu déjà, qu'il était résolu à attendre jusqu'à la fin.

Enfin, le conseiller sortit.

Dandelot, qui l'accompagnait, avait l'air fort triste, plus que triste, sombre.

Il prononça tout bas quelques paroles à l'oreille du capitaine de la gendarmerie écossaise et se retira.

Ces paroles avaient évidemment rapport à l'ambassade du conseiller.

— Messieurs, dit le capitaine de la garde écossaise à ses hommes, vous êtes prévenus qu'il y a après-demain service extraordinaire pour l'exécution en Grève du conseiller Anne Dubourg.

Robert Stuart savait ce qu'il voulait savoir; aussi fit-il rapidement quelques pas vers la porte; mais sans doute réfléchit-il, car il s'arrêta tout à coup, et, après quelques minutes de méditation profonde, il revint se perdre au milieu de ses compagnons, chose facile, vu le nombre des hommes et l'obscurité de la nuit.

XI

CE QUI PEUT SE PASSER SOUS UN LIT

En entrant dans la salle des Métamorphoses, le prince de Condé avait donné à Dandelot rendez-vous chez son frère l'amiral, pour le lendemain, à midi.

Le prince était si impatient de raconter les événements de la veille à Coligny et surtout à Dandelot, plus jeune et moins grave que son frère, qu'il était rue Béthisy avant l'heure indiquée.

Dandelot avait, de son côté, devancé le prince. Depuis une heure, il était avec Coligny, et la fantaisie amoureuse de mademoiselle de Saint-André avait été traitée d'une façon plus sérieuse entre ces deux graves esprits qu'elle ne l'avait été entre le prince et Dandelot.

L'alliance du maréchal de Saint-André avec les Guises était non-seulement une alliance de famille à famille, mais encore une ligue religieuse et politique faite contre le parti calviniste ; et la façon dont on procédait à l'endroit du conseiller Anne Dubourg indiquait que l'on n'était point disposé à user de ménagements à l'endroit des religionnaires.

Les deux frères avaient pâli sur le billet de mademoiselle de Saint-André ; ils avaient eu beau chercher dans leurs souvenirs, ni l'un ni l'autre n'avaient reconnu les caractères dont il était écrit, et on l'avait envoyé à madame l'amirale, enfermée dans sa chambre, où elle faisait ses dévotions, pour savoir si ses souvenirs la serviraient mieux que ceux de son mari et ceux de son beau-frère.

Dans toute autre circonstance, Dandelot, et surtout Coligny, se fussent opposés à ce que leur cousin, le prince de Condé, donnât suite à cette aventureuse folie ; mais les cœurs les plus honnêtes ont certaines capitulations de conscience auxquelles ils se croient obligés de céder dans les circonstances extrêmes.

Or, il était très-important pour le parti calviniste que M. de Joinville n'épousât point mademoiselle de Saint-André, et, à moins que le rendez-vous de mademoiselle de Saint-André ne fût avec M. le prince de Joinville, ce qui n'était pas probable, il était plus que certain que M. de Condé, en supposant qu'il vît quelque chose, ferait si grand bruit de ce qu'il aurait vu, que ce bruit arriverait aux oreilles des Guises et que quelque rupture s'ensuivrait.

Il y avait plus : de cette indiscrétion du prince surgirait, selon toute probabilité, quelque déboire pour lui ; or, le prince, flottant entre la religion catholique et la religion calviniste, attiré par Coligny et Dandelot, se ferait peut-être protestant.

Souvent un homme, pour un parti, vaut mieux qu'une victoire.

Or, c'était non-seulement un homme, mais encore un victorieux, que ce beau, jeune et brave prince.

On l'attendait donc à l'hôtel Coligny avec une impatience dont il ne se doutait pas lui-même.

Il arriva, comme nous l'avons dit, avant l'heure indiquée, et, sur l'invitation des deux frères de faire une confession générale, il commença un récit dans lequel, disons-le à l'honneur de sa véracité, il ne cacha à ses auditeurs rien de ce qui lui était arrivé.

Il raconta tout ce qu'il avait vu et entendu, sans omettre un seul détail, disant même dans quelle position il avait vu et entendu ce qu'il racontait.

Le prince, en homme d'esprit, avait commencé par se moquer de lui-même, afin de prendre les devants sur les autres, et que ceux-ci, voyant que la chose était faite, n'eussent pas l'idée de se moquer.

— Et, maintenant, demanda l'amiral lorsque le prince eut fini sa narration, que comptez-vous faire?

— Pardieu! dit Condé, une chose bien simple et pour laquelle je compte plus que jamais sur vous, mon cher Dandelot : renouveler mon expédition.

Les deux frères se regardèrent.

Le prince abondait dans leurs pensées; cependant Coligny crut de son honneur de faire quelques objections.

Mais, au premier mot qu'il hasarda pour dissuader le prince, celui-ci lui mit la main sur le bras en disant :

— Mon cher amiral, si vous n'êtes pas de mon avis sur ce point, parlons d'autre chose, attendu que mon parti est pris et qu'il m'en coûterait trop de lutter de raisonnement et de volonté avec l'homme que j'aime le mieux et que je respecte le plus au monde, c'est-à-dire avec vous.

L'amiral s'inclina en homme qui prend son parti d'une résolution qu'il se sent impuissant à combattre; mais, au fond du cœur, enchanté de la persistance de son cousin.

Il fut donc convenu que ce soir-là, comme la veille, Dandelot faciliterait au prince les moyens de pénétrer dans la chambre des Métamorphoses.

Rendez-vous fut pris à minuit moins un quart dans le même corridor que la veille.

Le mot d'ordre fut confié au prince, afin qu'il pût entrer sans difficulté. Puis il réclama son billet.

Alors, l'amiral avoua au prince que, n'ayant pu, ni lui ni son frère, reconnaître l'écriture, il avait envoyé le billet à madame l'amirale, chez laquelle on n'osait pénétrer à cette heure, attendu qu'elle faisait ses dévotions.

Dandelot se chargea de le demander à sa belle-sœur le soir même, au cercle de la reine Catherine, et l'amiral, lui, prit l'engagement de faire souvenir à sa femme qu'elle devait emporter le billet au Louvre.

Ces divers points arrêtés, Dandelot et le prince prirent congé de l'amiral, Dandelot pour retourner à son poste, le prince pour rentrer chez lui.

Le reste de la journée s'écoula aussi lentement et aussi fiévreusement pour celui-ci que s'était écoulée la journée précédente.

Enfin, les heures passèrent les unes après les autres, et la demie avant minuit arriva à son tour.

On sait, par ce qui était arrivé à Robert Stuart trois heures avant l'entrée du prince au palais, quelles étaient les préoccupations de la soirée.

On ne parlait au Louvre que de l'exécution du conseiller Dubourg, fixée par le roi lui-même au surlendemain.

Le prince trouva Dandelot profondément affligé; mais, comme cette exécution établissait en somme, et d'une façon incontestable, le crédit dont M. de Guise, le persécuteur avoué du conseiller Dubourg, jouissait près du roi, Dandelot n'en eut qu'un plus ardent désir de voir s'accomplir la mystification dont était menacé M. de Joinville et de jeter au moins le rire du ridicule au milieu du sanglant triomphe de ses ennemis.

Comme la veille, le corridor était plongé dans l'obscurité; comme la veille, la chambre des Métamorphoses n'était éclairée que par la lampe d'argent; comme la veille, la toilette était préparée; comme la veille, les candélabres n'attendaient qu'un ordre pour illuminer de nouveau les charmantes beautés qu'ils avaient éclairées la veille.

Seulement, cette fois, le balustre de l'alcôve était ouvert.

C'était une indication de plus, confirmant que le rendez-vous n'avait point été contremandé.

Et, comme il crut entendre des pas dans le corridor, le prince se glissa rapidement sous le lit, sans prendre la peine de faire, ce soir-là, les mêmes réflexions que la veille; ce qui prouve que l'on s'habitue à tout, même à se cacher sous les lits.

Le prince ne s'était pas trompé : c'étaient bien des pas qu'il avait entendus dans le corridor, et ces pas cherchaient bien la chambre des Métamorphoses; car ils s'arrêtèrent devant l'entrée, et le prince entendit le léger cri d'une porte qui tourne sur ses gonds.

— Bon ! dit-il, nos amoureux sont plus pressés aujourd'hui qu'hier : c'est tout simple, il y a vingt-quatre heures qu'ils ne se sont vus.

Les pas s'approchaient, légers comme ceux d'une personne qui entre furtivement.

Le prince allongea la tête et vit les jambes nues d'un archer de la garde écossaise.

— Oh ! oh ! fit le prince, que veut dire cela ?

Et il allongea un peu plus la tête, de sorte qu'après les jambes il vit le corps.

Il ne s'était pas trompé, car c'était bien un archer de la garde écossaise qui venait d'entrer.

Seulement, le nouveau venu semblait tout aussi dépaysé qu'il l'avait été lui-même la veille; comme avait fait le prince, il souleva les rideaux et les tapis des tables; mais rien de tout cela ne lui présentant, selon toute probabilité, un assez sûr asile, il s'approcha du lit, et jugeant, comme le prince, que la cachette était bonne, il s'y glissa du côté opposé à celui où M. de Condé venait de s'y glisser lui-même.

Seulement, avant que l'Écossais eût eu le temps de s'accommoder sous le lit, il sentait la pointe d'un poignard s'appuyer sur son cœur, tandis qu'une voix lui disait à l'oreille :

— Je ne sais qui vous êtes ni quel dessein vous amène ici, mais pas un mot, pas un mouvement, ou vous êtes mort !

— Je ne sais ni qui vous êtes ni quel dessein vous amène ici, répondit de la même voix le nouveau venu, mais je n'accepte de conditions de personne : enfoncez donc votre poignard, si cela vous convient; il est à la bonne place, je ne crains pas de mourir.

— Ah ! ah ! dit le prince, vous m'avez l'air d'un brave, et les braves sont toujours bienvenus avec moi. Je suis le prince de Condé, monsieur, et je remets mon poignard au fourreau. J'espère que vous allez avoir même confiance pour moi et me dire qui vous êtes?

— Je suis Écossais, monseigneur, et m'appelle Robert Stuart.

— Ce nom m'est inconnu, monsieur.

L'Écossais se tut.

— Vous plairait-il, continua le prince, de me dire dans quel dessein vous venez dans cette chambre, et à quelle intention vous vous êtes caché sous ce lit?

— Vous m'avez donné l'exemple de la confiance, monseigneur, il serait digne de vous de continuer et de me dire dans quelle intention vous y êtes vous-même?

— Ma foi, monsieur, c'est chose facile, dit le prince en se plaçant plus commodément qu'il n'était d'abord, je suis amoureux de mademoiselle de Saint-André.

— La fille du maréchal? dit l'Écossais.

— Justement, monsieur, elle-même. Or, ayant, par voie indirecte, reçu l'avis qu'elle avait rendez-vous ici ce soir avec son amant, j'ai eu la coupable curiosité de vouloir connaître l'heureux mortel qui jouissait des bonnes grâces de l'honnête demoiselle, et je me suis fourré sous ce lit, où je me trouve assez mal à mon aise, je vous l'avoue. A votre tour, monsieur.

— Monseigneur, il ne sera pas dit qu'un inconnu aura moins de confiance dans un prince que ce prince n'en a eu dans un inconnu : c'est moi qui, avant-hier et hier, ai écrit au roi.

— Ah! morbleu! et qui avez mis vos lettres à la poste à travers les carreaux du maréchal de Saint-André?

— C'est moi-même.

— Pardon! dit le prince, mais alors...

— Quoi, monseigneur?

— Si je me rappelle bien, dans cette lettre, dans la première du moins, vous menaciez le roi?

— Oui, monseigneur, s'il ne rendait point la liberté au conseiller Anne Dubourg.

— Et, pour rendre votre menace plus sérieuse, vous disiez que c'était vous qui aviez tué le président Minard? fit le prince, assez ébouriffé de se trouver côte à côte avec un homme qui avait écrit une pareille lettre.

— C'est moi, en effet, monseigneur, qui ai tué le président Minard, répondit l'Écossais, sans qu'on pût remarquer la moindre altération dans sa voix.

— Peut-être oseriez-vous faire violence au roi?

— J'étais ici à cette intention.

— A cette intention? s'écria le prince oubliant où il était et le danger qu'il y avait pour lui à être entendu.

— Oui, monseigneur; mais je ferai remarquer à Votre Altesse qu'elle parle un peu haut, et que notre position réciproque nous impose l'obligation de parler bas.

— Vous avez raison, dit le prince. Oui, morbleu! monsieur, parlons bas; car nous parlons de choses qui sonnent mal dans un palais comme le Louvre.

Et baissant, en effet, la voix:

— Peste! il est bien heureux pour Sa Majesté que je me sois trouvé là à point nommé, tout en venant pour autre chose.

— Alors, vous comptez vous opposer à mon projet?

— Je le crois bien! Comme vous y allez! vous en prendre à un roi pour empêcher un conseiller d'être brûlé!

— Ce conseiller, monseigneur, c'est le plus honnête homme de la terre.

— N'importe!

— Ce conseiller, monseigneur, c'est mon père!

— Ah! c'est autre chose. Eh bien, alors, c'est bien heureux, non plus pour le roi, mais pour vous, que je vous aie rencontré.

— Pourquoi cela?

— Vous allez le voir... Pardon, mais n'ai-je pas entendu?... Non, je me trompais... Vous me demandiez pourquoi il était bien heureux que je vous eusse rencontré?

— Oui.

— Je vais vous le dire : avant tout, vous allez me jurer sur votre honneur de ne faire aucune tentative sur le roi.

— Jamais!

— Mais, si je vous engage ma foi de prince d'obtenir la grâce du conseiller, moi?

— Si vous engagez votre foi, monseigneur?

— Oui.

— Alors, je dirai comme vous, c'est autre chose.

— Eh bien, foi de gentilhomme! je ferai mon possible pour sauver M. Dubourg.

— Eh bien, foi de Robert Stuart! monseigneur, si le roi vous accorde cette grâce, le roi me sera sacré.

— Deux hommes d'honneur n'ont besoin que d'échanger une parole; notre parole est échangée, monsieur; parlons d'autre chose.

— Je crois, monseigneur, qu'il vaudrait mieux que nous ne parlassions pas du tout.

— Avez-vous entendu du bruit?

— Non; mais, d'un moment à l'autre...

— Bah! ils vous laisseront bien le temps de me dire comment vous êtes ici.

— C'est bien simple, monseigneur : j'ai pénétré dans le Louvre à l'aide de ce déguisement.

— Vous n'êtes donc pas archer?

— Non, j'ai pris le costume d'un de mes amis.

— Vous lui avez fait là un joli tour, à votre ami.

— J'eusse déclaré que ce costume lui était soustrait.

— Et, si vous aviez été tué sans avoir eu le temps de faire cette déclaration?

— On eût trouvé dans ma poche un papier qui l'innocentait.

— Allons, je vois que vous êtes un homme d'ordre; mais tout cela ne me dit pas comment vous avez pénétré jusqu'ici, ni comment vous êtes venu vous fourrer sous le lit de cette chambre, dans laquelle Sa Majesté ne met peut-être pas les pieds quatre fois par an.

— Parce que Sa Majesté y vient cette nuit, monseigneur.
— Vous en êtes sûr?
— Oui, monseigneur.
— Et comment en êtes-vous sûr? Voyons! dites.
— Il n'y a qu'un instant, j'étais dans un corridor.
— Lequel?
— Je ne le connais pas, je viens pour la première fois au Louvre.
— Eh bien, mais vous ne vous en tirez pas mal pour la première! Donc, vous étiez dans un corridor?
— Caché derrière la portière d'une chambre sans lumière, quand j'entendis chuchoter à deux pas de moi. Je prêtai l'oreille et j'entendis ces mots prononcés par deux femmes :
« — C'est toujours pour ce soir, n'est-ce pas?
« — Oui.
« — Dans la salle des Métamorphoses?
« — Oui.
« — A une heure précise le roi y sera. Je vais mettre la clef.
— Vous avez entendu cela? s'écria le prince oubliant encore dans quel lieu il se trouvait, et donnant à sa voix un formidable éclat.
— Oui, monseigneur, répondit l'Écossais; autrement, que viendrais-je faire dans cette chambre?
— C'est juste, dit le prince.
Et, à part lui :
— Oh! murmura-t-il sourdement, c'était le roi!
— Vous dites, monseigneur? reprit l'archer croyant que ces paroles s'adressaient à lui.
— Je vous demande, monsieur, comment vous avez fait pour trouver cette chambre, puisque vous avouez vous-même ne pas connaître le Louvre.
— Oh! bien simplement, monseigneur. J'ai entr'ouvert la portière et suivi des yeux la personne qui venait mettre la clef. La clef mise, elle a continué son chemin et a disparu à l'extrémité du corridor. Alors, j'allais me hasarder à mon

tour, quand j'ai entendu des pas qui s'approchaient : je me suis recaché derrière ma tapisserie, un homme a passé devant moi dans l'obscurité ; l'homme passé, je l'ai suivi des yeux à son tour et l'ai vu s'arrêter à la porte de cette chambre, la pousser, entrer. Alors, je me suis dit : « Cet homme, c'est le roi ! » Je n'ai pris que le temps de recommander mon âme à Dieu. J'ai fait le chemin que venaient de m'indiquer, chacun son tour, la femme et l'homme. J'ai trouvé non-seulement la clef à la porte, mais encore la porte entr'ouverte : je l'ai poussée, je suis entré ; ne voyant personne, j'ai cru que je m'étais trompé, que l'homme que j'avais vu familier du Louvre était entré dans quelque pièce voisine. J'ai cherché un endroit pour me cacher. J'ai vu un lit... Vous savez le reste, monseigneur.

— Oui, morbleu ! je le sais ; mais...

— Silence, monseigneur !

— Quoi ?

— Pour cette fois, on vient.

— J'ai votre parole, monsieur.

— Et moi la vôtre, monseigneur.

Les mains des deux hommes se touchèrent.

Un pas léger, un pas de femme, se posa timidement sur le tapis.

— Mademoiselle de Saint-André, dit tout bas le prince, là, à ma gauche.

En ce moment, une porte s'ouvrit à l'autre bout de l'appartement, un jeune homme, un enfant presque, entra.

— Le roi ! dit tout bas l'Écossais, là, à ma droite.

— Morbleu ! murmura le prince, en voilà un, je l'avoue, dont j'étais loin de me douter !

XII

LES POETES DE LA REINE MÈRE

L'appartement que Catherine de Médicis occupait au Louvre, tendu d'étoffes brunes, entouré de boiseries de chêne de couleur sombre; la longue robe de deuil que, comme veuve de quelques mois, elle portait en ce moment et qu'elle porta, d'ailleurs, tout le reste de sa vie, faisaient, à première vue, une funèbre impression; mais il suffisait de lever la tête au-dessus du dais sous lequel elle était assise, pour s'assurer qu'on n'était point dans une nécropole.

En effet, au-dessus de ce dais rayonnait un arc-en-ciel entouré d'une devise grecque, que le roi avait donnée à sa bru, et qui pouvait, comme nous croyons déjà l'avoir dit ailleurs, se traduire par ces mots : « J'apporte la lumière et la sérénité. »

En outre, si cet arc-en-ciel, comme un pont jeté entre le passé et l'avenir, entre un deuil et une fête, n'eût pas suffi à rasséréner l'étranger introduit tout à coup dans cet appartement, il n'eût eu qu'à baisser les yeux du dessus au dessous du dais, et qu'à regarder, entourée de sept jeunes femmes que l'on appelait la pléiade royale, la vraiment belle créature qui était assise dans ce fauteuil et qui avait nom Catherine de Médicis.

Née en 1510, la fille de Laurent entrait déjà dans sa quarantième année, et, si la couleur de ses vêtements rappelait la mort dans sa toute froide rigidité, ses yeux vifs, perçants, rayonnant d'un éclat surnaturel, révélaient la vie dans toute sa force et dans toute sa beauté. En outre, la blancheur d'ivoire de son front, l'éclat de son teint, la pureté, la noblesse, la sévérité des lignes de son visage, la fierté de son regard, l'immobilité de sa physionomie, sans cesse en opposition avec la mobilité de ses yeux, tout faisait de cette tête un masque d'impératrice romaine, et, vue de profil, l'œil fixe, les lèvres immobiles, on l'eût prise pour un camée antique.

Cependant son front, sombre d'habitude, venait de s'éclaircir; ses lèvres, immobiles d'ordinaire, venaient de s'entr'ouvrir et de s'agiter, et, quand madame l'amirale entra, elle eut peine à retenir un cri de surprise en voyant le sourire de cette femme qui souriait si peu.

Mais elle devina bientôt sous quel souffle il venait d'éclore.

Près de la reine était monseigneur le cardinal de Lorraine, archevêque de Reims et de Narbonne, évêque de Metz, de Toul et de Verdun, de Thérouanne, de Luçon, de Valence, abbé de Saint-Denis, de Fécamp, de Cluny, de Marmoutiers, etc.

Le cardinal de Lorraine, dont nous avons eu déjà à nous occuper presque autant de fois que nous nous sommes occupé de la reine Catherine, vu la place importante qu'il tient dans l'histoire de la fin du xvie siècle; ce cardinal de Lorraine, second fils du premier duc de Guise, frère du Balafré; ce cardinal de Lorraine, l'homme sur lequel toutes les grâces ecclésiastiques, connues et inconnues en France, se répandirent à la fois; l'homme, enfin, qui, envoyé à Rome en 1848, avait produit une telle sensation dans la ville pontificale par sa jeunesse, sa beauté, sa grâce, sa taille majestueuse, son train magnifique, ses manières affables, son esprit, son amour de la science, que tous ces dons reçus de la nature, perfectionnés et encadrés par l'éducation, avaient justifié le don de la pourpre romaine dont le pape Paul III l'avait honoré depuis un an.

Né en 1825, il avait, à l'époque où nous sommes arrivés, trente-quatre ans. C'était un cavalier prodigue et magnifique, superbe et libéral, répétant avec sa commère Catherine, quand on leur reprochait l'épuisement des finances :

— Il faut louer Dieu de tout ; mais il faut vivre.

Sa commère Catherine, puisque nous lui avons donné ce nom familier, était bien, en effet, sa commère dans toute l'acception du mot ; à cette époque, elle n'eût pas fait un pas sans consulter M. le cardinal de Lorraine. Cette intimité s'explique par la domination que le cardinal exerçait sur l'esprit de la reine mère, et fait comprendre la puissance illimitée, le pouvoir absolu de la maison de Lorraine sur la cour de France.

En voyant donc le cardinal de Lorraine appuyé au fauteuil de Catherine, madame l'amirale s'expliqua le sourire de la reine mère : sans doute, le cardinal venait de faire quelque récit avec cet esprit railleur qu'il possédait au plus haut degré.

Les autres personnages qui entouraient la reine mère étaient : François de Guise et le prince de Joinville, son fils, fiancé de mademoiselle de Saint-André ; le maréchal de Saint-André lui-même ; le prince de Montpensier ; sa femme, Jacqueline de Hongrie, si célèbre par le crédit qu'elle avait près de Catherine de Médicis ; le prince de La Roche-sur-Yon.

Derrière eux : le seigneur de Bourdeilles (Brantôme) ; Ronsard ; Baïf, « aussi bonhomme que mauvais poëte, » dit le cardinal Duperron-Daurat, « bel esprit, laid poëte et Pindare de la France, » disent ses contemporains.

Puis Remi Belleau, peu connu par sa mauvaise traduction d'*Anacréon* et son poëme sur la diversité des pierres précieuses, mais célèbre par sa fraîche chanson sur le mois d'avril ; Pontus de Thiard, mathématicien, philosophe, théologien et poëte, « celui-là qui introduisit, dit Ronsard, les sonnets en France ; » Jodelle, auteur de *Cléopâtre*, la première tragédie française, Dieu lui pardonne au ciel comme nous lui pardonnons sur la terre! auteur de *Didon*, la seconde tragédie ; d'*Eugène*, comédie, et d'une foule de sonnets, chansons, odes et élégies en vogue à cette époque, inconnus à la nôtre ; enfin, la pléiade tout entière, moins Clément Marot, mort en 1544, et Joachim de Bellay, surnommé, par Marguerite de Navarre, l'Ovide français.

Ce qui réunissait, ce soir-là, chez la reine mère tous ces poëtes qui, d'ordinaire, faisaient peu d'efforts pour se trouver en présence les uns des autres, c'était l'accident arrivé la veille à la jeune reine Marie Stuart.

C'était au moins le prétexte que chacun avait pris ; car, à vrai dire, la beauté, la jeunesse, la grâce, l'esprit de la jeune femme, pâlissaient pour eux devant la majesté et la toute-puissance de la reine mère. Aussi, après quelques banales condoléances sur un événement qui devait, cependant, avoir de si terribles conséquences dans l'avenir, la perte d'un héritier de la couronne, avait-on oublié la cause de la visite pour ne plus se souvenir que des grâces, faveurs ou bénéfices qu'on avait à demander pour les siens ou pour soi-même.

On avait même parlé des deux lettres menaçantes envoyées coup sur coup au roi de France par les fenêtres du maréchal de Saint-André ; mais la conversation, n'ayant point paru d'un intérêt suffisant, était tombée d'elle-même.

A l'arrivée de l'amirale, tous ces visages souriants se refrognèrent, et la causerie, d'enjouée qu'elle était, devint froide et sérieuse.

On eût dit l'arrivée d'un ennemi dans un camp d'alliés.

En effet, par sa rigidité religieuse, madame l'amirale de Coligny faisait ombrage aux sept étoiles qui entouraient Catherine. Comme les sept filles de l'Atlas, ces brillantes constellations se sentaient mal à l'aise devant cette inébranlable vertu qu'on avait tant de fois cherché à entamer et qu'on était réduit à calomnier par l'impossibilité d'en médire.

L'amirale, au milieu de ce silence si significatif et que cependant elle fit semblant de ne pas remarquer, alla baiser la main de la reine Catherine et revint s'asseoir, sur un tabouret, à la droite de M. le prince de Joinville, à la gauche de M. le prince de La Roche-sur-Yon.

— Eh bien, messieurs du Parnasse, dit Catherine après que l'amirale fut assise, aucun de vous ne saurait-il donc nous réciter quelque chanson nouvelle, quelque nouveau triolet ou quelque bonne épigramme ? Voyons, maestro Ronsard, *monsou* Jodelle, *monsou* Remi Belleau, c'est à vous de défrayer la conversation ; beau mérite d'avoir chez soi des oiseaux, si ces oiseaux ne chantent pas ! M. Pierre de Bourdeilles vient de nous réjouir par un beau conte ; égayez-nous, vous, par quelque belle poésie.

La reine disait ces paroles avec cette prononciation demi-française, demi-italienne, qui donnait un charme si piquant à sa conversation, quand elle était enjouée, et qui savait cependant, comme la langue du Dante, prendre un si terrible accent quand s'assombrissait cette même conversation.

Et, comme le regard de Catherine était resté fixé sur Ronsard, ce fut lui qui s'avança, et, répondant à l'appel :

— Gracieuse reine, dit-il, tout ce que j'ai fait est venu à la connaissance de Votre Majesté, et, quant à ce qu'elle ne connaît pas, je n'oserais trop le lui faire connaître.

— Et pourquoi cela, maestro ? demanda Catherine.

— Mais parce que ce sont des vers d'amour faits pour les ruelles, et que Votre Majesté est un peu bien imposante pour qu'on ose chanter devant elle les amoureuses chansons des bergers de Gnide et de Cythère.

— Bah ! dit Catherine, ne suis-je pas du pays de Pétrarque et de Boccace ? Dites, dites, maître Pierre, si toutefois madame l'amirale le permet.

— La reine est reine ici comme ailleurs ; elle donne ses ordres, et ses ordres sont obéis ! répondit l'amirale en s'inclinant.

— Vous voyez, maestro, dit Catherine, vous avez toute licence. Allez ! nous écoutons.

Ronsard fit un pas en avant, passa la main dans sa belle barbe blondoyante, leva un instant au ciel ses yeux pleins de douce gravité, comme pour demander la mémoire là où il cherchait l'inspiration, et, d'une voix charmante, il dit une chanson d'amour qu'envierait plus d'un de nos poëtes contemporains.

Après lui, Remi Belleau récita, à la demande de la reine Catherine, une villanelle sur les regrets d'un tourtereau pour sa tourterelle. C'était une méchanceté à l'adresse de l'amirale de Coligny, accusée, par les mauvaises langues de la cour, d'une tendre inclination pour le maréchal de Strozzi, tué d'un coup de mousquet, l'année précédente, au siége de Thionville.

L'assemblée battit des mains, à la grande confusion de madame l'amirale, qui, quelque puissance qu'elle eût sur elle-même, ne put empêcher le sang de lui monter au visage.

Le calme un peu rétabli, Pierre de Bourdeilles, seigneur de Brantôme, fut invité à réciter quelques-unes de ses anecdotes galantes, qui se terminèrent par un fou rire général : c'était à qui se pâmerait, à qui se tordrait ou s'accrocherait à ses voisins pour ne pas tomber. Des cris sortaient de toutes les bouches, des larmes jaillissaient de tous les yeux, et chacun tirait son mouchoir en disant :

— Oh! assez, monsieur de Brantôme, par grâce! assez! assez!

Madame l'amirale avait été prise comme les autres de ce spasme nerveux et irrésistible qu'appelle le rire, et, comme les autres, elle avait tiré, avec force mouvements convulsifs, son mouchoir de sa poche.

Or, il arriva qu'en tirant son mouchoir elle tira en même temps le billet qu'elle apportait à Dandelot.

Seulement, tandis qu'elle portait le mouchoir à ses yeux, le billet tombait à terre.

Le prince de Joinville, nous l'avons dit, était près de l'amirale. Tout en riant, tout en se renversant, tout en se tenant les côtes, le jeune prince vit tomber le billet, un billet parfumé, plié, soyeux, un véritable billet doux sortant de la poche de l'amirale. M. de Joinville avait tiré son mouchoir comme les autres. Il laissa tomber son mouchoir sur le billet et ramassa tout ensemble le billet et le mouchoir.

Puis, s'étant assuré que l'un enveloppait l'autre, il mit le tout dans sa poche, se réservant de lire le billet en temps opportun.

Ce temps opportun, c'était le départ de madame l'amirale.

Comme à tous les paroxysmes de joie, de douleur ou de rire, il succéda aux bruyants éclats de la royale société quelques secondes de silence, pendant lesquelles minuit sonna.

Ce timbre de l'horloge et cette heure de nuit rappelèrent à l'amirale qu'il était temps pour elle de remettre le billet à Dandelot et de rentrer à l'hôtel de Coligny.

Elle fouilla à sa poche, cherchant le billet.

Le billet n'y était plus.

Elle fouilla successivement dans toutes ses poches, dans son escarcelle, dans sa poitrine, tout fut inutile. Le billet avait disparu, pris ou perdu, perdu selon toute probabilité.

L'amirale tenait encore son mouchoir à la main. Cette idée l'illumina qu'en tirant son mouchoir de sa poche elle en avait fait sortir le billet.

Elle regarda à terre : le billet n'y était pas. Elle déplaça son tabouret : pas de billet !

L'amirale sentit qu'elle changeait de couleur.

M. de Joinville, qui suivait tout ce manége, n'y put tenir.

— Qu'avez-vous donc, madame l'amirale ? demanda-t-il. On dirait que vous cherchez quelque chose !

— Moi ? Non... Si... Rien... Non... je n'ai rien perdu, balbutia l'amirale en se levant.

— Oh ! mon Dieu, chère amie, demanda Catherine, que vous arrive-t-il donc ? Vous passez du blanc au pourpre...

— Je me sens mal à l'aise, dit l'amirale troublée, et, avec la permission de Votre Majesté, je me retire...

Catherine rencontra le regard de M. de Joinville et comprit, à ce regard, qu'il fallait laisser toute liberté à l'amirale.

— Oh! chère amie, lui dit-elle, Dieu me garde de vous retenir, souffrante comme vous l'êtes! Rentrez chez vous et soignez bien votre santé, qui nous est si chère à tous.

L'amirale, à moitié suffoquée, s'inclina sans répondre et sortit.

Avec elle sortirent Ronsard, Baïf, Daurat, Jodelle, Thiard, et Belleau, qui la reconduisirent, toujours fouillant dans ses poches, jusqu'à sa chaise; puis, ayant vu les porteurs se diriger vers l'hôtel Coligny, les six poëtes gagnèrent les quais et se rendirent, causant rhétorique et philosophie, rue des Fossés-Saint-Victor, où était située la maison de Baïf, espèce d'académie ancienne, où les poëtes se réunissaient à certains jours ou plutôt à certaines nuits pour traiter de poésie ou de toute autre matière littéraire et philosophique.

Laissons-les aller, car ils s'écartent du fil qui nous conduit dans le labyrinthe d'intrigues politiques et amoureuses où nous sommes engagés, et rentrons dans l'appartement de Catherine.

XIII

MARS ET VÉNUS

A peine l'amirale était-elle sortie, que chacun, se doutant qu'il venait de se passer quelque chose d'extraordinaire, s'écria :

— Mais, qu'avait donc madame l'amirale ?

— Demandez à M. de Joinville, répondit la reine mère.

— Comment! à vous? demanda le cardinal de Lorraine.

— Parlez! prince, parlez! s'écrièrent toutes les femmes.

— Ma foi! mesdames, répondit le prince, je ne sais encore que vous dire. Mais, ajouta-t-il en tirant le billet de sa poche, voici qui va parler pour moi.

— Un billet! s'écria-t-on de tous côtés.

— Un billet! tiède, parfumé, satiné, et tombé de quelle poche?

— Oh! prince...

— Devinez?

— Non; dites tout de suite.

— De la poche de notre sévère ennemie, madame l'amirale!

— Ah! dit Catherine, voilà donc pourquoi vous me faisiez signe de la laisser aller?

— Oui, j'avoue mon indiscrétion; j'avais hâte de savoir ce qu'il y avait dans ce billet.

— Et il y a? demanda Catherine.

— J'ai pensé que ce serait manquer de respect à Votre Majesté que de lire ce précieux billet avant elle.

— Alors, donnez, prince.

Et, avec un respectueux salut, M. de Joinville donna la lettre à la reine mère.

On se pressa autour de Catherine, la curiosité l'emportait sur le respect.

— Mesdames, dit Catherine, il se peut que cette lettre renferme quelque secret de cette famille. Laissez-moi d'abord la lire seule, et je vous promets que, si elle peut être lue tout haut, c'est une joie dont je ne vous priverai point.

On s'écarta de Catherine: par cet isolement, un candélabre fut démasqué et la reine mère put lire le billet.

M. de Joinville suivait avec anxiété les mouvements de la physionomie de Catherine, et, quand celle-ci eut achevé :

— Mesdames, dit-il, la reine va lire.

— En vérité, prince, je trouve que vous vous hâtez bien. Je ne sais si je peux vous livrer ainsi les secrets amoureux de ma bonne amie madame l'amirale.

— C'est donc véritablement un billet d'amour? demanda le duc de Guise.

— Par ma foi! dit la reine, vous allez en juger vous-mêmes; car, pour mon compte, je crois avoir mal lu.

— Et c'est pour cela que vous allez relire, n'est-ce pas, madame? dit le prince de Joinville impatient.

— Écoutez! dit Catherine.

Il se fit un merveilleux silence, dans lequel on n'entendait pas une seule respiration, quoiqu'il y eût là une quinzaine de personnes.

La reine lut:

« Ne manquez pas de vous rendre, à une heure après minuit, dans la chambre des Métamorphoses. La chambre où nous nous sommes vus la nuit dernière est trop près de l'appartement des deux reines. Notre confidente, dont vous connaissez la fidélité, aura soin de tenir la porte ouverte. »

Il n'y eut qu'un cri d'étonnement.

C'était un rendez-vous, un rendez-vous bien formel; un rendez-vous donné par l'amirale, puisque ce billet était tombé de la poche de l'amirale.

Ainsi la visite de l'amirale à la reine Catherine n'était qu'un prétexte pour entrer au Louvre, et, comme Dandelot était de garde, l'amirale, qui sans doute pouvait compter sur son beau-frère, en sortirait quand elle voudrait.

Seulement, quel pouvait être l'homme?

On passa en revue tous les amis de l'amirale les uns après les autres; mais madame de Coligny vivait d'une vie si sévère, que l'on ne sut auquel s'arrêter.

On en vint à soupçonner Dandelot lui-même, tant le soupçon était facile dans cette cour corrompue.

— Mais, dit le duc de Guise, il y a un moyen bien simple de connaître le galant.

— Lequel? demanda-t-on de tous côtés.

— Le rendez-vous est pour cette nuit ?

— Oui, dit Catherine.

— Dans la chambre des Métamorphoses ?

— Oui.

— Eh bien, c'est de faire pour les amants ce que firent les dieux de l'Olympe pour Mars et Vénus.

— Les visiter pendant leur sommeil ? s'écria M. de Joinville.

Les dames se regardèrent.

Elles mouraient d'envie d'accueillir la proposition par d'unanimes applaudissements ; mais elles n'osaient avouer cette envie. Il était minuit et demi.

C'était une demi-heure à attendre, et, en médisant de son prochain, une demi-heure passe vite.

On médit de l'amirale, on se peignit d'avance sa confusion, et la demi-heure passa.

Mais nulle n'était plus ravie que Catherine à cette excellente idée de prendre sa chère amie l'amirale sur le fait.

Une heure sonna.

Tout le monde battit des mains, tant cette heure était impatiemment attendue.

— Allons, dit le prince de Joinville, en marche !

Mais le maréchal de Saint-André l'arrêta.

— O jeunesse imprudente ! dit-il.

— Avez-vous quelque observation à faire ? demanda M. de La Roche-sur-Yon.

— Oui, dit le maréchal.

— En ce cas, écoutez-la, reprit Catherine, et religieusement, messieurs. Notre ami le maréchal a une grande expérience en toute chose et particulièrement sur ces sortes de matières.

— Eh bien, dit le maréchal, voici ce que je voulais dire pour maîtriser l'impatience de mon gendre, M. de Joinville : c'est qu'il arrive parfois qu'on ne se trouve pas à un rendez-vous à l'heure précise, et que, si nous allions arriver trop tôt, notre dessein courrait risque d'avorter.

On se rendit à ce prudent conseil du maréchal de Saint-André, et chacun convint, avec la reine Catherine, qu'il était passé maître en ces sortes de choses.

Il fut donc convenu qu'on attendrait une demi-heure encore.

La demi-heure s'écoula.

Mais alors l'impatience était devenue telle, que, quelles que fussent les observations qu'eût pu faire le maréchal de Saint-André, elles n'eussent pas été écoutées.

Aussi n'en risqua-t-il aucune, soit qu'il comprît leur parfaite inutilité, soit qu'il pensât que l'heure de tenter l'expédition fût effectivement venue.

Il promit néanmoins à la joyeuse troupe de l'accompagner jusqu'à la porte, et, une fois arrivé là, d'y attendre le résultat.

Il fut convenu que la reine mère se retirerait dans sa chambre à coucher, où le prince de Joinville viendrait lui rendre compte de tout ce qui se serait passé.

Toutes les formalités étant ainsi réglées, chacun prit une bougie à la main.

Le jeune duc de Montpensier et le prince de La Roche-sur-Yon en prirent deux, et le cortége, M. de Guise en tête, se dirigea solennellement vers la salle des Métamorphoses.

Arrivé à la porte, on s'arrêta, et chacun colla son oreille à la serrure.

Pas le moindre bruit ne se faisait entendre.

On se rappela que, de ce côté, on était encore séparé de la salle des Métamorphoses par une antichambre.

Le maréchal de Saint-André poussa doucement la porte de cette antichambre, mais la porte résista.

— Diable! fit-il, nous n'avions pas pensé à cela : la porte est fermée en dedans.

— Enfonçons-la! dirent les jeunes princes.

— Doucement, messieurs! dit M. de Guise, nous sommes au Louvre.

— Soit! répondit le prince de La Roche-sur-Yon; mais nous sommes du Louvre.

— Messieurs! messieurs! insista le duc, nous venons constater un scandale, ne le justifions point par un autre.

— C'est vrai! dit Brantôme, et le conseil est bon. J'ai connu une belle et honnête dame...

— M. de Brantôme, dit en riant le prince de Joinville, nous faisons dans ce moment-ci de l'histoire et n'en racontons pas. Trouvez-nous un moyen d'entrer, et ce sera un chapitre de plus à ajouter à vos *Dames galantes*.

— Eh bien, dit M. de Brantôme, faites comme on fait chez le roi : grattez doucement à la porte, et peut-être que l'on vous ouvrira.

— M. de Brantôme a raison, dit le prince de Joinville. Grattez, beau-père, grattez !

Le maréchal de Saint-André gratta.

Un valet qui veillait ou plutôt qui dormait dans l'antichambre, et qui n'avait rien entendu de tout le dialogue que nous venons de rapporter, ce dialogue ayant eu lieu à voix basse, se réveilla, et, croyant que c'était la Lanoue qui venait reprendre mademoiselle de Saint-André, comme c'était son habitude, entr'ouvrit la porte et demanda en se frottant les yeux :

— Qu'y a-t-il ?

Le maréchal de Saint-André s'effaça d'un côté de la porte, et le valet de chambre se trouva en face M. de Guise.

Le valet, en voyant toutes ces bougies, tous ces seigneurs, toutes ces dames, tous ces yeux qui riaient, toutes ces bouches qui raillaient, commença de croire à une surprise et essaya de refermer la porte.

Mais le duc de Guise avait déjà mis un pied dans l'antichambre en véritable preneur de villes qu'il était, et la porte, en se refermant, alla battre contre le cuir de sa botte.

Le valet continuait de pousser de toutes ses forces.

— Holà! drôle! dit le duc, ouvre-nous cette porte!

— Mais, monseigneur, dit le pauvre diable tout tremblant en reconnaissant le duc, j'ai des ordres formels...

— Je connais tes ordres; mais je connais aussi le secret de la chose qui se passe là-dedans, et c'est pour le service du roi, et avec son assentiment, que nous voulons entrer ici, ces messieurs et moi.

Il eût pu ajouter *ces dames*, car cinq ou six femmes curieuses et riant sous cape suivaient la bande.

Le valet de chambre, qui, ainsi que tout le monde, savait l'empire que M. de Guise exerçait à la cour, s'imagina, en effet, qu'il s'agissait de chose convenue entre le duc et le roi. Il ouvrit d'abord la porte de l'antichambre, puis celle de la salle des Métamorphoses, se levant sur la pointe des pieds pour attraper quelque chose de la scène qui allait se passer.

Ce ne fut point une entrée, ce fut une irruption. Le flot se précipita dans la chambre comme une marée qui monte, et . . . .
. . . .

XIV

OÙ M. DE JOINVILLE EST FORCÉ DE NARRER SA MÉSAVENTURE

— Je crois, monseigneur, dit Robert Stuart en sortant le premier de sa retraite, que vous n'avez pas grandes raisons de vous louer de Sa Majesté, et que, si Sa Majesté ne vous accordait pas maintenant la grâce d'Anne Dubourg, vous n'auriez plus contre mon projet d'arguments aussi serrés.

— Vous vous trompez, monsieur, dit le prince de Condé en sortant du côté opposé et en se remettant sur ses jambes:

m'eût-il insulté plus gravement encore, le roi est toujours le roi, et je ne saurais venger sur le chef de la nation une injure personnelle.

— Ce qui vient de se passer alors ne modifie aucunement l'engagement que vous avez pris vis-à-vis de moi, monseigneur ?

— Je vous ai promis, monsieur, de demander la grâce du conseiller Anne Dubourg au lever du roi. Aujourd'hui, à huit heures du matin, je serai au Louvre, où je demanderai cette grâce.

— Franchement, monseigneur, dit Robert Stuart, croyez-vous qu'elle vous soit accordée ?

— Monsieur, répondit avec une dignité suprême le prince de Condé, soyez certain que je ne me donnerais pas la peine de demander cette grâce, si je n'étais à peu près sûr de l'obtenir.

— Soit ! murmura Robert Stuart avec un geste qui indiquait qu'il n'avait pas la même confiance ; dans quelques heures, il fera jour, et nous verrons bien...

— Maintenant, monsieur, dit le prince en regardant tout autour de lui, il s'agit de nous esquiver promptement et intelligemment. Grâce à vos deux épîtres et à la manière tant soit peu insolite dont vous les avez fait parvenir, les portes du Louvre sont gardées comme si elles étaient assiégées, et je crois qu'il vous serait difficile, surtout avec l'uniforme que vous portez, de sortir d'ici avant demain au matin. Je vous prie donc de remarquer qu'en vous emmenant avec moi, je vais vous tirer, vous et votre ami le prêteur d'uniforme, d'un assez mauvais pas.

— Monseigneur, je n'oublie jamais ni le bien ni le mal.

— Croyez que ce n'est aucunement pour commander votre reconnaissance, mais pour vous prouver la loyauté de mes intentions, et, par cela, vous donner l'exemple ; car vous remarquerez qu'il me suffirait purement et simplement de vous abandonner ici pour être dégagé de mon serment, sans toutefois y avoir forfait.

— Je connais la loyauté de M. le prince de Condé, répondit le jeune homme avec une certaine émotion, et je crois qu'il n'aura point à se plaindre de la mienne. A dater de ce jour, je vous suis dévoué corps et âme. Obtenez la grâce de mon père, et vous n'aurez pas de serviteur plus disposé que moi à mourir pour vous.

— Je vous crois, monsieur, répondit le prince de Condé; et, bien que la cause de notre rencontre et la façon dont nous nous sommes rencontrés soient des plus singulières, je ne vous cacherai pas qu'en vertu du motif qui vous le faisait accomplir, j'ai pour votre acte lui-même, si répréhensible qu'il soit aux yeux de tout honnête homme, une certaine indulgence qui va presque jusqu'à la sympathie. Seulement, j'ai besoin que vous me disiez une chose, c'est comment il se fait que vous portiez un nom écossais et que le conseiller Anne Dubourg soit votre père.

— Cela est simple, monseigneur, comme toutes les histoires d'amour. Il y a vingt-deux ans de cela; le conseiller Anne Dubourg en avait alors vingt-huit; il fit un voyage en Écosse pour voir son ami John Knox. Il y connut une jeune fille du Lothian; ce fut ma mère. A son retour à Paris, seulement, il sut que cette jeune fille était enceinte. Il n'avait jamais douté de sa vertu, de sorte qu'il tint pour son fils et recommanda à John Knox l'enfant qu'elle mit au monde.

— C'est bien, monsieur, dit le prince de Condé, je sais ce que je voulais savoir. Maintenant, occupons-nous de notre sortie.

Le prince s'avança le premier et entr'ouvrit la porte de la salle des Métamorphoses. Le corridor était redevenu obscur et solitaire; ils s'y engagèrent donc avec une certaine sécurité. Arrivé à la porte du Louvre, le prince jeta son manteau sur les épaules de l'Écossais et fit demander Dandelot.

Dandelot arriva.

En deux mots, le prince le mit au courant de ce qui s'était passé, mais seulement entre le roi, mademoiselle de Saint-André et les malencontreux visiteurs qui étaient venus les tirer de leur sommeil. De Robert Stuart, il ne fut dit autre chose que ces quatre mots :

— *Monsieur est avec moi!*

Dandelot comprit la nécessité qu'il y avait pour Condé de s'éloigner au plus vite du Louvre. Il fit ouvrir une porte particulière, et le prince et son compagnon se trouvèrent dehors.

L'un et l'autre gagnèrent hâtivement la rivière sans échanger un seul mot; ce qui prouvait qu'ils appréciaient tous deux à sa mesure le danger auquel ils venaient d'échapper.

Arrivé sur la berge, le prince de Condé demanda à l'Écossais où il allait.

— A droite, monseigneur, répondit celui-ci.

— Et moi à gauche, dit le prince. Maintenant, trouvez-vous ce soir, à dix heures, devant Saint-Germain-l'Auxerrois. J'aurai, je l'espère, de bonnes nouvelles à vous raconter.

— Merci, monseigneur! dit le jeune homme en s'inclinant respectueusement, et, permettez-moi de vous le répéter, à partir de cette heure, je vous suis dévoué corps et âme.

Et chacun tira de son côté.

Trois heures sonnaient.

Juste au même instant, le prince de Joinville était introduit dans la chambre à coucher de Catherine de Médicis.

Comment le jeune prince entrait-il, bien malgré lui, à une pareille heure, dans la chambre de la reine mère, et de quel droit le neveu empiétait-il sur les priviléges de l'oncle?

Nous allons le dire.

Ce n'était pas de sa bonne volonté et d'un cœur joyeux que le pauvre prince venait là.

Voici, en effet, ce qui s'était passé.

On se rappelle que la reine mère était restée chez elle, annonçant qu'elle allait se mettre au lit, où elle attendrait M. le prince de Joinville, premier promoteur de tant de scandale, qui viendrait lui annoncer ce qui s'était passé.

Ce qui s'était passé, nous le savons.

Or, le prince de Joinville, tout penaud de ce qu'il venait de voir, était moins disposé que personne à se faire l'historien d'une catastrophe où son honneur conjugal jouait, avant même qu'il fût marié, un triste rôle.

Sans avoir oublié la promesse faite, le prince de Joinville n'était donc aucunement pressé de l'accomplir.

Mais Catherine ne jouissait pas de la même insouciance à l'endroit du secret inconnu. Elle s'était fait dévêtir par ses femmes, elle s'était mise au lit, avait congédié son monde, moins sa femme de chambre de confiance, et avait attendu.

Deux heures du matin avaient sonné. Il n'y avait pas encore de temps perdu.

Puis deux heures un quart, puis deux heures et demie, puis deux heures trois quarts.

Alors, ne voyant paraître ni l'oncle ni le neveu, elle avait perdu patience, avait sifflé sa femme de chambre (l'invention de la sonnette ne remonte qu'à madame de Maintenon), et avait donné l'ordre qu'on allât chercher le prince de Joinville et qu'on le lui amenât mort ou vif.

On avait trouvé le prince en grande conférence avec le duc François de Guise et le cardinal de Lorraine.

Il va sans dire que le conseil de famille décidait qu'un mariage entre le prince de Joinville et mademoiselle de Saint-André était devenu parfaitement impossible.

En face de l'ordre donné par la reine mère de passer chez elle, il n'y avait pas eu à reculer.

Le prince de Joinville était parti la tête basse, et c'était la tête plus basse encore qu'il arrivait.

Quant au duc de Montpensier et au prince de la Roche-sur-Yon, ils s'étaient esquivés pendant le trajet.

Nous verrons plus tard dans quelle intention.

Chaque minute ajoutait à l'impatience de Catherine. Si l'heure avancée lui commandait le sommeil, l'idée qu'elle allait apprendre quelque bonne aventure à la confusion de sa bonne amie madame l'amirale la tenait éveillée.

— Est-ce lui, enfin ? se dit-elle.

Puis, au moment où parut le jeune homme :

— Venez donc, monsieur de Joinville, lui cria-t-elle d'une voix assez rude : je vous attends depuis une heure !

Le prince s'approcha du lit en balbutiant une excuse, au milieu de laquelle tout ce que Catherine put comprendre furent ces mots :

— Que Votre Majesté me pardonne...

— Je ne vous pardonnerai, *monsou* de Joinville, dit la reine mère avec son accent florentin, que, si votre récit m'amuse autant que votre absence m'a ennuyée. Prenez un tabouret, et asseyez-vous dans ma ruelle. Je vois à votre air qu'il s'est passé là-bas des choses extraordinaires.

— Oui, murmura le prince, très-extraordinaires en effet, et auxquelles nous étions bien loin de nous attendre !

— Tant mieux ! tant mieux ! exclama la reine mère en se frottant les mains : contez-les-moi, ces choses, et sans en omettre une seule. Il y a longtemps que je n'ai pas eu un pareil sujet de gaieté. Ah ! *monsou* de Joinville, on ne rit plus à la cour.

— Cela est vrai, madame, répondit M. de Joinville d'un air funèbre.

— Eh bien, quand l'occasion se présente de se divertir un peu, continua Catherine, il faut courir au-devant d'elle, au lieu de la laisser échapper. Commencez donc votre histoire, *monsou* de Joinville ; j'écoute et vous promets de n'en pas perdre un mot.

Et, en effet, Catherine s'accommoda dans son lit en femme qui prend d'avance toutes ses aises pour n'être pas dérangée en rien dans la satisfaction qu'elle va goûter.

Puis elle attendit.

Mais le récit était difficile à entamer pour *monsou* de Joinville, comme disait Catherine : aussi *monsou* de Joinville restait-il muet.

La reine mère crut d'abord que le jeune homme recueillait ses idées ; mais, voyant que le silence continuait, elle allongea la tête sans déranger le reste du corps et jeta sur lui un indescriptible regard d'interrogation.

— Eh bien? demanda-t-elle.

— Eh bien, madame, répondit le prince, je vous avoue que mon embarras est grand.

— Votre embarras! Pourquoi?

— Mais pour raconter à Votre Majesté ce que j'ai vu.

— Qu'avez-vous donc vu, *monsou* de Joinville? Je vous avoue que vous me rendez folle de curiosité. J'ai attendu, c'est vrai, continua Catherine en frottant ses belles mains; mais il paraît que je n'aurai pas perdu pour attendre. Voyons... Ah! c'était donc bien pour ce soir, car vous vous rappelez, cher *monsou* de Joinville, que le billet que vous m'avez remis portait bien: *Ce soir*, mais ne portait pas de date?

— C'était bien pour ce soir, oui, madame.

— De sorte qu'ils étaient dans la salle des Métamorphoses?

— Ils y étaient.

— Tous deux?

— Tous deux.

— Toujours Mars et Vénus? Ah çà! dites-moi, je sais qui était Vénus; mais Mars?...

— Mars, madame?

— Oui, Mars... Je ne sais qui était Mars.

— En vérité, madame, je me demande si je dois vous dire...

— Comment, si vous devez me dire? Je crois bien que vous le devez, et, si vous avez des scrupules, je les lève. Voyons le Mars!... Jeune ou vieux?

— Jeune.

— Bien fait de sa personne?

— Bien fait, certainement.

— De qualité, sans doute?

— De première qualité.

— Oh! oh! que me dites-vous là, *monsou* de Joinville? fit la reine mère en se mettant sur son séant.

— La vérité, madame.

— Comment, ce n'est point quelque page aveugle et ignorant ?...

— Ce n'est point un page.

— Et ce hardi jeune homme, demanda Catherine ne pouvant résister au désir du sarcasme, ce hardi jeune homme occupe un rang à la cour ?

— Oui, Votre Majesté... un très-haut même.

— Un très-haut ? Mais, pour Dieu, parlez donc, *monsou* de Joinville ! vous vous faites arracher les paroles comme s'il s'agissait d'un secret d'État.

— C'est qu'il s'agit d'un secret d'État, en effet, madame, dit le prince.

— Oh ! alors, *monsou* de Joinville, ce n'est plus une prière que je vous adresse, c'est un ordre que je vous donne. Dites-moi le nom de ce personnage.

— Vous le voulez ?

— Je le veux !

— Eh bien, madame, dit le prince en relevant la tête, ce personnage, comme vous l'appelez, n'est autre que Sa Majesté le roi François II.

— Mon fils ? s'écria Catherine en bondissant sur son lit.

— Votre fils, oui, madame.

Un coup d'arquebuse, éclatant inopinément au milieu de la chambre, n'eût pas produit sur le visage de la reine mère une émotion plus violente, une décomposition plus rapide.

Elle passa la main sur ses yeux, comme si l'obscurité de cette chambre, éclairée par une seule lampe, l'empêchait de distinguer les objets ; puis, fixant sur M. de Joinville son regard pénétrant et s'approchant de lui jusqu'à le toucher, elle lui dit à demi-voix, mais avec un accent qui, de railleur, était devenu terrible :

— Je suis bien éveillée, n'est-ce pas, *monsou* de Joinville ? J'ai bien entendu ; vous venez bien de me dire que le héros de cette aventure était mon fils ?

— Oui, madame.

— Vous le répétez ?

— Je le répète.

— Vous l'affirmez?

— Je le jure.

Et le jeune prince étendit la main.

— Bien, *monsou* de Joinville! continua Catherine d'un air sombre; je comprends maintenant votre hésitation, j'aurais même compris votre silence. Oh! le sang me monte au visage! Est-ce bien possible! mon fils, ayant une jeune et charmante femme et prenant une maîtresse qui a plus du double de son âge; mon fils passant à mes ennemis; mon fils, par le Christ! c'est impossible! mon fils, l'amant de madame l'amirale!...

— Madame, dit le prince de Joinville, comment le billet était dans la poche de madame l'amirale, c'est ce que j'ignore. Mais ce que je sais malheureusement, c'est que ce n'était pas madame l'amirale qui se trouvait dans la chambre.

— Comment! s'écria Catherine, que dites-vous donc, que ce n'est pas madame l'amirale?

— Non, madame, ce n'est pas elle.

— Mais, si ce n'est pas elle, qui était-ce donc?

— Madame...

— *Monsou* de Joinville, le nom de cette personne, son nom à l'instant même!

— Que Votre Majesté daigne m'excuser...

— Vous excuser! et pourquoi cela?

— Parce que je suis le seul, en vérité, dont on n'ait pas le droit d'exiger une pareille révélation.

— Pas même moi, *monsou* de Joinville?

— Pas même vous, madame. D'ailleurs, votre curiosité est facile à satisfaire, et la première personne de la cour que vous interrogerez à ma place...

— Mais, pour interroger cette première personne, il me faudra attendre à demain, *monsou* de Joinville. Je veux savoir le nom de cette personne tout de suite, à l'instant même. Qui vous dit que je n'ai point à prendre telle mesure qui ne souffre pas de retard?

Et les yeux de Catherine flamboyèrent en se fixant sur le jeune homme.

— Madame, dit-il, cherchez dans toute la cour la seule personne que je ne puisse pas vous nommer. Nommez-la... Mais moi, oh! moi, c'est impossible!

Et le jeune prince porta ses deux mains à son visage pour cacher moitié sa rougeur de honte, moitié ses larmes de colère.

Une idée traversa l'esprit de Catherine, pareil au flamboiement d'un éclair.

Elle jeta un cri, et, saisissant et écartant du même coup les mains du jeune homme:

— Ah! mademoiselle de Saint-André? dit-elle.

Le prince ne répondit pas; mais, ne pas répondre, c'était avouer.

D'ailleurs, il se laissa tomber sur le tabouret placé près du lit.

Catherine le regarda un instant avec une commisération mêlée de dédain.

Puis, d'une voix qu'elle s'efforça de rendre la plus caressante possible:

— Pauvre enfant! dit-elle, je vous plains de tout mon cœur; car il paraît que vous aimiez cette perfide. Approchez-vous, donnez-moi votre main, et épanchez vos chagrins dans le cœur de votre bonne mère Catherine. Je comprends maintenant pourquoi vous vous taisiez, et j'ai des remords d'avoir tant insisté. Pardonnez-moi donc, mon fils; et, maintenant que je connais le mal, cherchons le remède... Il y a d'autres jeunes filles que mademoiselle de Saint-André en notre cour, et, s'il n'en est pas d'assez noble et d'assez belle pour vous en notre cour de Paris, nous en demanderons à la cour d'Espagne ou à celle d'Italie. Remettez-vous donc, mon cher prince, et causons sérieusement, s'il est possible.

Mais M. de Joinville, au lieu de répondre à ce discours, qui avait évidemment un but visible et un but caché, celui de le consoler et celui de sonder son courage, M. de Joinville tomba à genoux devant le lit de la reine mère, et cacha en sanglotant son visage entre les draps.

— Grâce, Votre Majesté! s'écria-t-il en sanglotant, grâce et merci de votre tendre sollicitude... mais je n'ai, à cette heure, de force que pour mesurer ma honte et sentir ma douleur. Je supplie donc Votre Majesté de permettre que je me retire.

La reine mère arrêta sur cet homme, courbé dans sa douleur un regard de profond dédain.

Puis, sans que sa voix trahît en rien le sentiment qui se peignit dans son regard :

— Allez, mon enfant! dit-elle en tendant au jeune prince sa belle main, que celui-ci baisa vivement, et venez causer avec moi demain au matin. Jusque-là, bonne nuit, et que Dieu vous garde!

M. de Joinville accepta vivement le congé qui lui était donné et s'élança hors de la chambre.

Catherine le suivit silencieusement des yeux jusqu'à ce qu'il eût disparu derrière la tapisserie; puis son regard se fixa sur cette tapisserie jusqu'à ce qu'eût cessé le mouvement qu'avait imprimé au tissu mobile le passage du prince.

Alors elle s'accouda sur son oreiller, et, d'une voix sourde, le regard illuminé d'un feu sombre :

— A partir d'aujourd'hui, dit-elle, j'ai une rivale, et, à partir de demain, j'ai perdu tout pouvoir sur l'esprit de mon fils, si je n'y mets bon ordre.

Puis, après un instant de silence méditatif, un sourire de triomphe passa sur ses lèvres.

— J'y mettrai bon ordre! dit-elle.

XV

GORGE CHAUDE

Maintenant, tandis que M. le cardinal de Lorraine se fait mettre au lit par son valet de chambre; tandis que Robert Stuart rentre chez son ami Patrick; tandis que M. de Condé rejoint son hôtel, rageant et riant tout à la fois; tandis que madame l'amirale ne se lasse pas de retourner ses poches et de chercher le malencontreux billet qui a causé tout ce scandale; tandis que le roi interroge la Lanoue pour tâcher de savoir d'elle comment a pu se répandre le bruit de son rendez-vous; tandis que M. le maréchal de Saint-André se demande à lui-même s'il doit remercier Dieu ou accuser le hasard de ce qui lui arrive; tandis que mademoiselle de Saint-André rêve qu'elle a autour du cou et des bras les bijoux de madame d'Étampes et de la duchesse de Valentinois, et sur la tête la couronne de Marie Stuart, voyons ce que font les jeunes princes de Montpensier et de la Roche-sur-Yon, auxquels nous nous sommes promis de revenir.

Les deux beaux et joyeux jeunes gens, témoins d'un spectacle qu'ils trouvaient charmant, avaient été forcés de se contenir devant ces trois graves figures, plus graves encore que d'habitude en ce moment : M. de Guise, M. de Saint-André et le cardinal de Lorraine. Il y a plus : prenant un visage de circonstance, ils avaient très-convenablement fait leurs compliments de condoléance à M. le cardinal de Lorraine, à M. le maréchal de Saint-André et à M. de Guise. Puis, profitant du premier angle de corridor qui leur avait permis de se dérober, ils étaient restés silencieux et dans l'ombre jusqu'à ce que chacun se fût éloigné et eût disparu dans la direction qu'il lui convenait de prendre.

Une fois seuls et bien seuls, le rire contenu à grand'peine dans leur poitrine en était sorti avec de tels éclats, que les vitres du Louvre en avaient tremblé comme au passage d'un lourd chariot.

Adossés chacun d'un côté de la muraille, en face l'un de l'autre, les mains sur les côtes, la tête renversée en arrière, ils se tordaient dans de telles convulsions, qu'on les eût pris pour deux épileptiques, ou, comme on disait alors, pour deux possédés.

— Ah! cher duc! dit le prince de la Roche-sur-Yon respirant le premier.

— Ah! cher prince! répondit celui-ci avec effort.

— Et quand on pense... quand on pense qu'il y a des gens... des gens qui prétendent qu'on ne rit plus... qu'on ne rit plus dans ce pauvre Paris!

— Ce sont des gens... des gens mal... intentionnés.

— Ah!... mon Dieu... que cela fait de bien et de mal à la fois, de rire!

— Avez-vous vu la figure de M. de Joinville?

— Et celle du maréchal de Saint... de Saint-André?

— Je ne regrette qu'une chose, duc, dit le prince de la Roche-sur-Yon en se calmant un peu.

— Et, moi, j'en regrette deux, prince, répondit celui-ci.

— C'est de n'avoir point été à la place du roi, eussé-je été vu de tout Paris!

— Et moi, c'est de n'avoir point été vu de tout Paris étant à la place du roi.

— Oh! ne regrettez rien, duc : demain, avant midi, tout Paris le saura.

— Si vous êtes de mon humeur, duc, tout Paris le saura cette nuit même.

— Et de quelle façon?

— Bien simplement.

— Mais encore...

— Parbleu! en le criant sur les toits.
— Mais Paris dort en ce moment-ci.
— Paris ne doit pas dormir quand son roi veille.
— Vous avez raison! Je réponds que Sa Majesté n'a pas encore fermé l'œil.
— Donc, réveillons Paris.
— Oh! la bonne folie!
— Vous refusez?
— Mais non! Puisque je vous dis que c'est une folie, j'y consens naturellement.
— En route, alors.
— Allons! j'ai peur que toute la ville ne sache déjà une partie de l'histoire.

Et les deux jeunes gens, se précipitant par les degrés, descendirent l'escalier du Louvre comme Hippomène et Atalante se disputant le prix de la course.

Arrivés dans la cour, ils se firent reconnaître de Dandelot, auquel ils se gardèrent bien de rien dire, à cause du rôle que sa belle-sœur avait joué dans tout cela et de peur qu'il ne s'opposât à leur sortie.

Dandelot constata leur identité comme il avait fait de celle du prince de Condé, et leur fit ouvrir la porte.

Les deux jeunes gens, bras dessus, bras dessous, riant dans leurs manteaux, s'élancèrent hors du Louvre, traversèrent le pont-levis et se trouvèrent près de la rivière, où une brise glacée commença de leur fouetter le visage. Alors, sous prétexte de s'échauffer, ils ramassèrent des pierres et les jetèrent dans les carreaux des maisons voisines.

Ils venaient d'éborgner deux ou trois fenêtres et se promettaient de continuer cet agréable divertissement, quand deux hommes enveloppés de leurs manteaux, voyant deux jeunes gens qui couraient, leur barrèrent le passage et leur crièrent de s'arrêter.

Tous deux s'arrêtèrent. Ils couraient, mais ne fuyaient pas.

— Et de quel droit nous ordonnez-vous d'arrêter? s'écria,

en marchant sur un des deux hommes, le duc de Montpensier. Passez votre chemin et laissez deux nobles gentilshommes se divertir à leur guise.

— Ah! pardon! monseigneur, je ne vous avais pas reconnu, dit celui des deux hommes à qui s'était adressé M. le duc de Montpensier. Je suis M. de Chavigny, commandant les cent archers de la garde, et je rentrais au Louvre en compagnie de M. de Carvoysin, premier écuyer de Sa Majesté.

— Bonsoir, monsieur de Chavigny! dit le prince de la Roche-sur-Yon allant au commandant des cent archers et lui tendant la main, tandis que le duc de Montpensier répondait avec courtoisie aux hommages du premier écuyer. Vous dites que vous rentriez au Louvre, monsieur de Chavigny?

— Oui, prince.

— Eh bien, nous en sortons, nous.

— A cette heure?

— Remarquez, monsieur de Chavigny, que, si l'heure est bonne pour rentrer, elle doit l'être également pour sortir.

— Croyez bien, prince, que, du moment où c'est vous, je n'ai pas l'indiscrétion de vous questionner.

— Et vous avez tort, mon cher monsieur; car nous aurions des choses fort intéressantes à vous dire.

— A propos du service du roi? demanda M. de Carvoysin.

— Justement, à propos du service du roi. Vous avez découvert la chose, monsieur le grand écuyer, dit, en éclatant de rire, le prince de la Roche-sur-Yon.

— Vraiment? demanda M. de Chavigny.

— Sur l'honneur?

— De quoi s'agit-il, messieurs?

— Il s'agit du grand honneur dont Sa Majesté vient de combler, il n'y a qu'un instant, un de ses plus illustres capitaines, dit le prince de la Roche-sur-Yon.

— Et mon frère de Joinville, dit le duc de Montpensier, en véritable écolier qu'il était.

— De quel honneur parlez-vous, prince?

— Quel est cet illustre capitaine, duc?

— Messieurs, c'est le maréchal de Saint-André!

— Et quels honneurs Sa Majesté peut-elle encore ajouter à ceux dont elle a déjà surchargé M. de Saint-André : maréchal de France, premier gentilhomme de la chambre, grand-cordon de Saint-Michel, chevalier de la Jarretière? Il y a, en vérité, des gens bien heureux!...

— C'est selon!

— Comment! c'est selon?

— Sans doute, c'est un bonheur qui ne vous irait peut-être pas, à vous, monsieur de Chavigny, qui avez une jeune et jolie femme; ni à vous, monsieur de Carvoysin, qui avez une jeune et jolie fille...

— En vérité? s'écria M. de Chavigny, qui commençait à comprendre.

— Vous y êtes, mon cher, dit le prince de la Roche-sur-Yon.

— Mais êtes-vous bien sûr de ce que vous dites? demanda M. de Chavigny.

— Parbleu!

— C'est grave, ce que vous dites là, mon prince! reprit M. de Carvoysin.

— Vous trouvez? Moi, je trouve cela, au contraire, terriblement comique.

— Mais qui vous a dit?...

— Qui nous a dit? Personne. Nous avons vu!

— Où?

— J'ai vu, et avec moi ont vu M. de la Roche-sur-Yon, M. de Saint-André, mon frère de Joinville, lequel même, par parenthèse, a dû voir mieux que les autres, puisqu'il tenait un candélabre... A combien de branches, prince?

— A cinq branches! dit le prince de la Roche-sur-Yon en se reprenant à rire de plus belle.

— L'alliance de Sa Majesté avec le maréchal n'est donc plus douteuse, reprit gravement le duc de Montpensier, et, à partir de ce moment, les hérétiques n'ont qu'à se bien tenir. C'est de quoi nous allons entretenir les vrais catholiques de Paris.

— Est-ce possible? s'écrièrent en même temps M. de Chavigny et M. de Carvoysin.

— C'est comme j'ai l'honneur de vous le dire, messieurs, répondit le prince. La nouvelle est toute fraîche et n'a pas encore une heure ; de sorte que nous croyons vous donner une véritable preuve d'affection en vous la communiquant. Bien entendu que c'est à la condition que vous la ferez circuler et que vous en ferez part à tous ceux qui vous tomberont sous la main.

— Et comme, à cette heure, il tombe peu d'amis sous la main, à moins d'un bonheur comme celui qui nous a permis de vous rencontrer, nous vous invitons à faire comme nous, à vous faire ouvrir les portes fermées, à faire lever vos amis couchés et à leur dire, en leur recommandant le secret comme a fait aux roseaux le barbier du roi Midas : « Le roi François II est l'amant de mademoiselle de Saint-André. »

— Ah! par ma foi! messieurs, dit le grand écuyer, il sera fait comme vous le dites. Je ne puis souffrir le maréchal de Saint-André, et je sais près d'ici un de mes amis à qui la nouvelle fera tant de plaisir, que je n'hésiterai pas, en vous quittant, à aller l'éveiller, fût-il dans son premier sommeil.

— Et vous, mon cher monsieur de Chavigny, dit le prince de la Roche-sur-Yon, comme je sais que vous ne portez pas dans votre cœur M. de Joinville, je suis sûr que vous allez suivre l'exemple de M. de Carvoysin.

—Ah! par ma foi, oui! s'écria M. de Chavigny : au lieu de rentrer au Louvre, je rentre chez moi, et je raconte la chose à ma femme. Demain, avant neuf heures du matin, quatre de ses amies la sauront, et je vous promets que c'est comme si vous envoyiez quatre trompettes vers les quatre points cardinaux.

Sur quoi, les quatre seigneurs s'étant salués, les deux jeunes gens se dirigèrent, par le bord de la rivière, vers la rue de la Monnaie, tandis qu'au lieu de rentrer au Louvre, MM. de Chavigny et de Carvoysin répandaient consciencieusement, chacun de son côté, la nouvelle du jour ou plutôt de la nuit.

Arrivé à la rue de la Monnaie, le prince de la Roche-sur-Yon aperçut, au-dessus d'une enseigne grinçant au vent, une fenêtre éclairée.

— Tiens, dit le duc, miracle ! voilà une vitre bourgeoise qui flamboie à trois heures et demie du matin. C'est un bourgeois qui se marie ou un poëte qui fait des vers.

— Il y a du vrai dans ce que vous dites, mon cher, et j'avais oublié que j'étais invité à la noce. Ma foi, je voudrais pouvoir vous montrer la mariée de maître Balthazar. Vous verriez que, quoique la fille ne soit pas fille d'un maréchal de France, ce n'est pas moins une belle fille ; mais, à défaut de la femme, je vais vous montrer le mari.

— Ah ! cher prince, il ne serait pas charitable de faire mettre le pauvre homme à la fenêtre dans un pareil moment.

— Bon ! dit le prince, c'est le seul homme qui n'ait rien à craindre de ce côté-là.

— Et pourquoi ?

— Parce qu'il est toujours enrhumé. Il y a dix ans que je le connais, et je n'ai pas encore pu tirer de lui un *bonjour, mon prince,* clair et net.

— Voyons l'homme, alors.

— D'autant plus qu'il est baigneur en même temps qu'hôtelier, qu'il a des étuves sur la Seine et que, demain, en frottant ses gens, il leur dira l'histoire que nous allons lui conter.

— Bravo !

Nos deux jeunes gens, de même que deux écoliers qui, se rendant au bord de la rivière, emplissent leurs poches de cailloux pour faire des ricochets sur l'eau, les deux jeunes gens, forcés de quitter la berge, avaient rempli leurs poches de petites pierres dont ils comptaient se servir comme de catapultes à l'endroit des maisons qu'ils espéraient assiéger.

Le prince tira un des cailloux de sa poche, et, faisant deux pas en arrière pour prendre son élan, comme nous avons vu faire à Robert Stuart, mais dans un plus sinistre dessein, il lança la pierre dans les vitres de la fenêtre éclairée.

La fenêtre s'ouvrit avec tant de promptitude, que l'on eût cru que c'était le caillou qui l'ouvrait.

Un homme en bonnet de nuit apparut, une chandelle à la main, et essaya de s'écrier :

— Brigands!

— Que dit-il? demanda le duc.

— Vous voyez bien, il faut être habitué à lui pour comprendre ce qu'il dit. Il nous appelle brigands.

Puis, se retournant vers la fenêtre :

— Ne vous échauffez pas, Balthazar; c'est moi! dit le prince.

— Vous... Votre Altesse?... Que Votre Altesse m'excuse!... Elle a bien le droit, s'il lui plaît, de casser mes carreaux.

— Ah! bon Dieu, s'écria le duc en riant à gorge déployée, quelle langue parle donc votre bonhomme, prince ?

— Les gens qui s'y connaissent disent que c'est un jargon qui tient le milieu entre l'iroquois et le hottentot. Il ne vient pas moins, dans cette espèce de grognement, de nous dire une chose fort honnête.

— Laquelle?

— Que nous avions le droit de casser ses carreaux.

— Ah! pardieu! cela mérite un remercîment.

Alors, s'adressant à Balthazar :

— Mon ami, lui dit-il, le bruit s'est répandu à la cour que vous aviez pris femme ce soir et que votre femme était jolie. Or, nous sommes sortis du Louvre tout exprès pour vous faire notre compliment.

— Et pour vous dire, mon cher Balthazar, que le ciel est au froid et que c'est un bon temps pour les biens de la terre.

— Tandis qu'au contraire le cœur de Sa Majesté est au

chaud, ce qui fera du bien au maréchal de Saint-André.

— Je ne comprends pas.

— N'importe! répétez la chose comme nous vous la disons, mon cher Balthazar. D'autres la comprendront, et sauront ce que cela veut dire. Nos compliments à madame.

Et les jeunes gens remontèrent la rue de la Monnaie en éclatant de rire et en écoutant grommeler et tousser l'hôte de la *Vache noire*, qui pouvait bien refermer sa fenêtre, mais qui ne pouvait pas reboucher son carreau.

XVI

TIRE-LAINE ET TIRE-SOIE

Les deux jeunes gens, en riant toujours, remontèrent la rue de la Monnaie et arrivèrent à la rue de Béthisy.

En tournant l'angle, il leur sembla entendre, du côté de l'hôtel Coligny, un grand cliquetis d'épées et un bruit de voix formidable.

La scène qui provoquait ce cliquetis d'épées et ce bruit de voix se passait dans l'obscurité, à vingt ou trente pas d'eux.

Ils se blottirent sous le porche d'une maison qui faisait l'angle de la rue de la Monnaie et de la rue de Béthisy.

— Ah! ah! disait une voix ferme et pleine de menace, vous êtes des voleurs, à ce qu'il paraît?

— Parbleu! répondit une voix impudente, à cette heure de nuit, il ferait bon de rencontrer d'honnêtes gens dans la rue!

— Des brigands! disait une voix moins assurée que la première.

— Quel est le voleur qui n'est pas un peu brigand et le brigand qui n'est pas un peu voleur? répondit la seconde voix, qui paraissait être celle d'un philosophe.

— Alors, vous voulez nous assassiner?

— Pas le moins du monde, Votre Seigneurie!

— Que voulez-vous, alors?

— Vous débarrasser de votre bourse, voilà tout.

— Je vous déclare, dit la voix, qu'il n'y a pas grand'chose dans ma bourse; mais, telle qu'elle est, vous ne regarderez pas dedans.

— Vous avez tort de vous entêter, monsieur!

— Monsieur, nous vous faisons observer que vous êtes deux contre onze, encore votre compagnon ne semble-t-il que votre laquais. Toute résistance serait donc une folie.

— Place! cria la voix devenant de plus en plus menaçante.

— Vous paraissez étranger à cette bonne ville de Paris, monsieur, dit la voix qui paraissait celle du chef de la bande, et peut-être n'êtes-vous si tenace que parce que vous craignez de demeurer sans gîte étant sans argent; mais nous sommes des voleurs civilisés, monsieur, des *tire-soie* et non des *tire-laine*, et nous savons ce qu'il est dû d'égards à un homme comme vous. Donnez-nous gentiment votre bourse, monsieur, et nous vous rendrons un écu pour ne pas vous laisser sans gîte, à moins que vous n'aimiez mieux l'adresse d'un honnête hôtel où, sur recommandation, vous serez parfaitement reçu. Un homme comme vous ne saurait manquer d'amis dans Paris, et, demain, ou plutôt aujourd'hui (car, je ne voudrais pas vous induire en erreur, il est près de quatre heures du matin), aujourd'hui, vous ferez un appel à vos amis, qui certes ne vous laisseront point dans l'embarras.

— Place! répéta la même voix : vous pourrez avoir ma vie, attendu que nous sommes deux contre onze; mais, quant à ma bourse, vous ne l'aurez pas.

— Ce que vous dites là n'est pas logique, monsieur, reprit celui qui paraissait chargé de porter la parole au nom de la bande ; car, une fois que nous aurons votre vie, nous serons les maîtres de prendre votre bourse.

— Arrière, canailles ! et prenez garde, nous avons pour nous deux bonnes épées et deux bonnes dagues.

— Et, de plus, le bon droit, messieurs. Mais qu'est-ce que le bon droit quand le mauvais est le plus fort ?

— En attendant, dit le gentilhomme qui paraissait le moins endurant des deux, parez celle-ci.

Et il allongea une effroyable botte au chef de la bande, qui, par bonheur, habitué sans doute à ces sortes de boutades, se tenait sur ses gardes et fit si adroitement et si à point un saut en arrière, que son pourpoint seul fut percé.

Alors commencèrent ce cliquetis d'épées et ces cris qu'avaient entendu le prince de la Roche-sur-Yon et le duc de Montpensier.

Tout en frappant, l'un des deux hommes attaqués criait à l'aide. Mais, comme si l'autre eût compris qu'il était inutile de demander du secours ou qu'il eût dédaigné d'en appeler, il frappait en silence, et, à un ou deux blasphèmes poussés par ses adversaires, on pouvait comprendre qu'il ne frappait pas dans le vide.

Quand nous avons dit que le gentilhomme silencieux avait compris qu'il était inutile de demander du secours, nous avons espéré que le lecteur comprendrait notre pensée.

Il était inutile de demander du secours aux hommes chargés d'en porter en pareil cas, c'est-à-dire aux agents de M. de Mouchy, grand inquisiteur de la loi en France. Ces agents, qu'on appelait les *mouchis* ou même les mouchards, couraient la ville le jour et la nuit, avec mission d'arrêter, il est vrai, tous ceux qui leur paraissaient suspects.

Mais ne paraissaient point suspectes à MM. les mouchis ou les mouchards, comme on voudra les appeler, les bandes de malfaiteurs qui infestaient Paris, et plus d'une fois même, quand la circonstance avait paru opportune et que la dépouille promettait d'être opime, les agents de M. de Mouchy avaient prêté aide aux suspects, soit que les suspects appartinssent à la société des *tire-soie*, ou voleurs gentilshommes, qui n'attaquaient jamais que les gens de qualité, soit qu'ils appartinssent à la classe des *tire-laine*, pauvres hères, voleurs de la dernière classe, et qui se contentaient de détrousser les bourgeois.

Outre les deux grandes catégories que nous venons d'indiquer, il y avait encore la compagnie des *mauvais garçons*, société de bravi enrégimentés et divisés en sections, se louant pour assassiner, disons-nous, à tous ceux qui les honoraient de leur confiance. Et, constatons-le en passant, comme le nombre de ceux qui, dans ces temps d'amour et de haine, avaient à se débarrasser de quelqu'un était grand, la besogne ne chômait point.

Ceux-là non plus ne paraissaient point suspects aux agents de M. de Mouchy. On savait qu'en général ils travaillaient pour de nobles et riches seigneurs, voire même pour des princes, et on n'eût eu garde de les déranger dans l'exercice de leurs fonctions.

Restaient encore les *guillerts*, les *plumets* et les *grisons*, qui correspondaient à nos *coupeurs de bourses*, à *nos voleurs à la tire* et à nos *barboteurs*. Mais ceux-là, c'étaient de tels faquins, que, parussent-ils suspects aux agents de M. de Mouchy, les agents de M. de Mouchy n'eussent point daigné se commettre avec eux.

Aussi était-il fort rare qu'un gentilhomme se hasardât la nuit dans les rues de Paris autrement que bien armé, et surtout accompagné d'un certain nombre de serviteurs.

C'était donc une grande imprudence à nos jeunes gens d'être sortis à une pareille heure, sans suite aucune, et il ne faut pas moins qu'une affaire de l'importance de celle qui les poussait dehors pour que nous leur pardonnions une pareille insouciance d'eux-mêmes.

Voilà pourquoi le chef des *tire-soie* avait reconnu, en attaquant l'homme à la voix menaçante, que celui-ci devait être un gentilhomme de province.

D'après ce que nous avons dit des mœurs des agents de

M. de Mouchy, on ne sera point étonné de n'en voir arriver aucun aux cris du valet. Mais ces cris avaient été entendus, à ce qu'il paraît, d'un jeune homme qui sortait de l'hôtel Coligny. Comprenant de quoi il était question, il avait roulé son manteau autour de son bras gauche, avait tiré son épée de la main droite et s'était élancé en criant :

— Tenez ferme, monsieur ! Vous criez à l'aide, en voici !

— Ce n'est pas moi qui crie à l'aide, répondit le gentilhomme tout en espadonnant avec rage ; c'est ce braillard de La Briche, qui se croit en droit, pour cinq ou six misérables assassins, de déranger un gentilhomme et de réveiller un quartier.

— Nous ne sommes point des assassins, monsieur, répondit le chef de la bande, et vous pouvez le voir à la courtoisie avec laquelle nous vous attaquons. Nous sommes des *tire-soie*, nous vous l'avons déjà dit, des voleurs de bonne famille, ayant tous pignon sur rue, et nous ne détroussons que des gentilshommes. Au lieu d'appeler à votre aide un tiers qui va envenimer l'affaire, vous feriez bien mieux de vous rendre de bonne grâce et de ne point nous forcer à en venir à des moyens violents qui nous répugnent au delà de toute expression.

— Vous n'aurez pas une pistole ! répondit le gentilhomme attaqué.

— Ah ! bandits ! ah ! canailles ! ah ! misérables ! cria en se jetant dans la mêlée le gentilhomme qui sortait de chez l'amiral.

Et l'un des *tire-soie* poussa un cri qui prouvait que le nouveau venu avait joint le geste à la menace.

— Allons ! dit le chef de la bande, puisque vous vous entêtez, je vois bien qu'il faut en finir.

Et, dans l'ombre, le groupe informe devint plus animé, les cris sortirent plus aigus des bouches et des blessures, les étincelles jaillirent plus nombreuses des dagues et des poignards.

La Briche, tout en frappant de son mieux, continuait de crier à l'aide. C'était un système chez lui, et il pouvait soutenir qu'il était bon, puisqu'il avait déjà réussi une fois.

Ses cris eurent le résultat qu'ils devaient avoir, la mise en scène une fois donnée.

— Nous ne pouvons pas cependant laisser de sang-froid assassiner ces trois hommes, dit le prince de la Roche-sur-Yon en mettant l'épée à la main.

— C'est vrai, prince, dit le duc de Montpensier, et, en vérité, j'ai honte d'avoir tant tardé.

Et les deux jeunes gens, répondant aux appels de La Briche, comme, un instant auparavant, venait de le faire le gentilhomme sorti de l'hôtel Coligny, s'élancèrent vers le lieu du combat en s'écriant à leur tour :

— Tenez ferme, messieurs ! nous voilà ! A mort ! à mort !

Les *tire-soie*, forcés de faire face à trois hommes, ayant déjà perdu deux des leurs et voyant arriver ce nouveau renfort qui s'apprêtait à charger leurs derrières, résolurent de tenter un dernier effort, quoiqu'ils ne fussent plus que neuf contre cinq.

Le chef resta pour faire face avec cinq hommes aux trois premiers attaqués, tandis que quatre bandits firent volte-face pour recevoir MM. de Montpensier et de la Roche-sur-Yon.

— A mort donc, mes gentilshommes, puisque vous le voulez absolument ! cria le chef.

— A mort ! répéta toute la troupe.

— Oui-da ! comme vous y allez, mes compagnons ! A mort ? dit le gentilhomme sorti de l'hôtel Coligny. Eh bien, oui, à mort ! Tenez...

Et, se fendant autant que le lui permettait sa petite taille, il passa son épée au travers du corps d'un des assaillants.

Le blessé poussa un cri, fit trois pas en arrière et tomba roide mort sur le pavé.

— Un joli coup, monsieur ! dit le gentilhomme arrêté le premier. Mais je crois que je vais vous offrir son pareil. Tenez..

12

Et, se fendant à son tour, il enfonça jusqu'à la coquille son épée dans le ventre d'un bandit.

Presque en même temps, le poignard du duc de Montpensier disparaissait jusqu'à la garde dans la gorge d'un de ses adversaires.

Les bandits n'étaient plus que six contre cinq, c'est-à-dire qu'ils commençaient à être les plus faibles, quand, tout à coup, la porte de l'hôtel Coligny s'ouvrit toute grande, et l'amiral, suivi de deux porteurs de torche et de quatre laquais armés, parut sous la voûte éclairée, vêtu d'une robe de chambre et tenant son épée nue à la main.

— Holà, maroufles! dit-il, qu'est-ce que cela? Que l'on me débarrasse la rue et vitement, ou sinon je vous cloue tous tant que vous êtes, comme des corbeaux, à la grande porte de mon hôtel.

Puis, se tournant vers les laquais :

— Allons, enfants, sus à ces drôles! dit-il.

Et, donnant l'exemple, il s'élança vers le champ de bataille.

Pour le coup, il n'y avait plus moyen de tenir.

— Sauve qui peut! cria le chef en parant, mais un peu tard, un coup d'épée qui eut encore la force de lui traverser le bras. Sauve qui peut! c'est le prince de Condé!

Et, faisant un rapide mouvement à gauche, il s'esquiva à toutes jambes.

Par malheur, cinq de ses compagnons ne purent profiter de ce charitable avertissement. Quatre étaient couchés à terre, et le cinquième était forcé de se tenir adossé au mur pour ne pas tomber.

Celui qui était adossé au mur était là du fait du prince de la Roche-sur-Yon, de sorte que chacun avait fait son devoir.

Du côté des gentilshommes, il n'y avait que des égratignures ou des blessures sans gravité.

Le gentilhomme attaqué le premier, apprenant à son grand étonnement que celui qui était venu d'abord à son secours n'était autre que le prince de Condé, se tourna de son côté, et, s'inclinant respectueusement :

— Monseigneur, lui dit-il, j'ai à remercier deux fois la Providence : la première fois pour avoir été sauvé par elle, la seconde pour avoir choisi comme instrument de mon salut, n'en déplaise à ces nobles seigneurs, le plus brave gentilhomme de France.

— Par ma foi ! monsieur, dit le prince, je suis heureux que le hasard m'ait conduit à cette heure de nuit chez mon cousin l'amiral ; ce qui m'a mis à même de vous être utile. Maintenant, vous me remerciez en si bons termes du peu que j'ai fait pour vous, que je vous serai obligé de me dire votre nom.

— Monseigneur, je me nomme Godefroi de Barri.

— Ah ! interrompit Condé, baron de Périgord, seigneur de la Renaudie ?

— Un de mes bons amis, dit l'amiral tendant une main à la Renaudie et l'autre au prince de Condé. Mais je ne me trompe pas, continua l'amiral, et il y a longtemps que le pavé du roi n'a vu réunie si belle et si bonne compagnie, M. le duc de Montpensier et M. le prince de la Roche-sur-Yon.

— En personne, monsieur l'amiral ! dit le prince de la Roche-sur-Yon, tandis que la Renaudie se tournait vers lui et son compagnon, les saluant tous les deux ; et, s'il peut être agréable à ces pauvres diables de savoir que ceux qui leur ont donné leurs passes pour l'enfer ne sont point précisément des manants, qu'ils meurent tranquilles et avec satisfaction !

— Messieurs, dit l'amiral, la porte de l'hôtel de Coligny est ouverte. C'est vous dire que, si vous voulez me faire l'honneur de monter chez moi et d'y prendre quelques rafraîchissements, vous y serez les bienvenus.

— Merci, mon cousin, dit M. de Condé. Vous savez que je vous quittais, il y a dix minutes, avec l'intention de rentrer chez moi. Je ne me doutais pas que j'aurais le plaisir de rencontrer à votre porte un gentilhomme dont vous m'aviez promis la connaissance.

Et il salua courtoisement la Renaudie.

— Un brave gentilhomme que j'ai vu à l'œuvre, mon cousin, et qui, ma foi! s'en tire à merveille, continua le prince. Y a-t-il longtemps que vous êtes à Paris, monsieur de Barri?

— J'arrive, monseigneur, répondit la Renaudie avec un accent profondément mélancolique et en jetant un dernier coup d'œil sur le malheureux qu'il avait, de son dernier coup d'épée, étendu mourant sur le carreau, et je ne m'attendais pas, ajouta-t-il, à causer la mort d'un homme et à devoir la vie à un grand prince avant qu'une demi-heure se fût écoulée depuis que j'ai franchi les barrières.

— Monsieur le baron, dit le prince de Condé en tendant, avec son élégance et sa courtoisie accoutumées, la main au jeune homme, croyez que j'aurai le plus grand plaisir à vous revoir. Les amis de M. l'amiral sont les amis du prince de Condé.

— Bien, mon cher prince! dit Coligny avec un accent qui signifiait : « Ce n'est point une vaine promesse que vous nous faites, et nous reviendrons là-dessus. »

Puis, se retournant vers les jeunes gens :

— Et vous, messeigneurs, demanda-t-il, me ferez-vous l'honneur d'entrer dans ma maison? Avant que je fusse devenu l'ennemi de votre père, monsieur de Montpensier, ou plutôt qu'il fût devenu le mien, nous étions de bons et joyeux compagnons. J'espère, ajouta-t-il avec un soupir, que ce sont les temps qui sont changés, et non les cœurs!

— Merci, monsieur l'amiral, dit le duc de Montpensier, répondant pour lui et pour le prince de la Roche-sur-Yon; car c'était à lui particulièrement que les paroles de Coligny avaient été adressées; ce serait avec un grand bonheur que nous accepterions votre hospitalité, ne fût-elle que d'un instant; mais il y a loin d'ici à l'hôtel de Condé : il faut franchir les ponts, traverser de mauvais quartiers, et nous allons demander au prince la faveur de lui faire escorte.

— Allez, messieurs, et que Dieu vous garde! Au reste, je ne conseillerais pas à tous les *tire-soie* et les *tire-laine* de Paris de s'attaquer à trois vaillants comme vous.

Toute cette conversation avait eu lieu sur la place même du combat, et les vainqueurs la tenaient les pieds dans le sang, et sans qu'aucun d'eux, excepté la Renaudie, homme qui semblait d'une autre époque, donnât un regard aux cinq malheureux, dont trois n'étaient déjà plus que des cadavres, mais dont deux râlaient encore.

Le prince de Condé, le prince de la Roche-sur-Yon et le duc de Montpensier saluèrent l'amiral et la Renaudie, et remontèrent du côté du pont aux Moulins, un édit défendant aux passeurs de mettre leurs bacs en mouvement passé neuf heures du soir.

Resté seul avec la Renaudie, l'amiral lui tendit la main.

— Vous veniez chez moi, n'est-ce pas, mon ami? lui dit-il.

— Oui, j'arrive de Genève, et j'ai les nouvelles les plus importantes à vous donner.

— Entrez! A toute heure du jour et de la nuit, ma maison est la vôtre.

Et il lui montra la porte de l'hôtel ouverte, et attendant l'hôte qui devait lui venir sous la garde du Seigneur, puisque le Seigneur venait de le sauver si miraculeusement.

Pendant ce temps, les deux jeunes gens qui avaient, comme on le pense bien, accompagné le prince, non pas pour lui faire escorte, mais pour lui raconter l'aventure du roi et de mademoiselle de Saint-André, lui narraient, sans omettre aucun détail, cet événement que lui-même, avec des détails bien autrement précis, venait de raconter à l'amiral.

La nouvelle avait été toute fraîche pour M. de Coligny. Madame l'amirale était rentrée et s'était renfermée dans sa chambre sans dire un mot, non-seulement de cet événement, qu'elle ne pouvait prévoir, mais aussi de la perte du billet, cause première de tout ce grabuge; de sorte que, si bien instruit que M. de Condé fût de tout le reste, il ignorait encore, tant il est vrai qu'il nous reste toujours quelque chose à apprendre, de quelle façon et sur quel indice toute la cour, M. de Saint-André et M. de Joinville en tête, avait fait irruption dans la salle des Métamorphoses.

C'était un secret que pouvaient lui apprendre les deux jeunes princes.

Ils lui racontèrent donc, en alternant comme les bergers de Virgile, comment l'amirale avait tant ri, qu'elle en avait pleuré; comment, pleurant encore plus qu'elle ne riait, elle avait tiré son mouchoir de sa poche pour s'essuyer les yeux; comment, en tirant son mouchoir de sa poche, elle en avait en même temps tiré un billet qui était tombé à terre; comment M. de Joinville avait ramassé ce billet; comment, après le départ de madame l'amirale, le jeune prince avait communiqué ce billet à la reine mère; comment la reine mère, croyant que ledit billet était personnel à sa bonne amie l'amirale, avait poussé à la surprise; comment la surprise, arrêtée à l'unanimité des voix, avait été exécutée, et comment, en fin de compte, la surprise était retombée sur ceux qui avaient cru surprendre.

A la fin du récit, on était arrivé à la porte de l'hôtel de Condé. Le prince, à son tour, fit aux deux jeunes gens l'offre que l'amiral leur avait faite à tous; mais ils refusèrent; seulement, ils avouèrent au prince la véritable cause de leur refus. Ils avaient perdu un temps précieux avec cette estocade de M. de la Renaudie, et ils avaient encore bien des amis à qui faire le récit qu'ils venaient de faire à M. de Condé.

— Ce qui me réjouit le plus dans cette aventure, dit le prince de la Roche-sur-Yon en serrant une dernière fois la main de M. de Condé, c'est la figure que va faire l'amoureux de mademoiselle de Saint-André en apprenant cette nouvelle.

— Comment! l'amoureux? dit le prince de Condé, en retenant la main de M. de la Roche-sur-Yon, qu'il était sur le point de lâcher.

— Comment! vous ne savez pas cela? dit le jeune homme.

— Je ne sais rien, moi, messieurs, reprit le prince en riant. Dites! dites!

— Ah! bravo! s'écria le duc de Montpensier; car c'est le plus joli de l'histoire.

— Vous ne saviez pas, reprit le prince de la Roche-sur-Yon, qu'outre un fiancé et un amant, mademoiselle de Saint-André avait encore un amoureux?

— Et cet amoureux, demanda le prince, quel est-il?

— Ah! par ma foi, vous m'en demandez trop, cette fois: je ne sais pas son nom.

— Est-il jeune? est-il vieux? demanda le prince.

— On ne voit pas son visage.

— Vraiment?

— Non. Il est toujours enveloppé d'un grand manteau qui lui cache tout le bas de la figure.

— C'est quelque Espagnol de la cour du roi Philippe II, dit le duc de Montpensier.

— Et où apparaît-il, cet amoureux, ou plutôt cette ombre?

— Si vous étiez moins rare au Louvre, mon cher prince, vous ne feriez pas une pareille question, dit le duc de Montpensier.

— Pourquoi cela?

— Parce que voilà tantôt six mois que, la nuit venue, il se promène sous les fenêtres de la belle.

— Bah!

— C'est comme je vous le dis.

— Et vous ne savez pas le nom de cet homme?

— Non.

— Vous n'avez pas vu son visage?

— Jamais.

— Vous ne l'avez pas reconnu à sa tournure?

— Il est toujours enveloppé d'un immense manteau.

— Et vous ne vous doutez pas qui il est, prince?

— Nullement.

— Pas le moindre soupçon, duc?

— Pas le moindre.
— On a cependant bien fait quelque conjecture?
— Une entre autres, dit le prince de la Roche-sur-Yon.
— Laquelle?
— On a dit que c'était vous, continua le duc de Montpensier.
— J'ai tant d'ennemis au Louvre!
— Mais il n'en était rien, n'est-ce pas?
— Je vous demande pardon, messieurs, c'était moi!

Et le prince, saluant cavalièrement de la main les deux jeunes gens, rentra dans son hôtel, dont il referma la porte derrière lui, et laissa M. de Montpensier et M. de la Roche-sur-Yon stupéfaits au milieu de la rue.

XVII

TELLE MÈRE, TEL FILS

La reine mère n'avait pas fermé l'œil de la nuit.

Jusque-là, son fils, enfant faible, maladif, à peine pubère, marié à une jeune reine coquette, ne s'occupant que d'amour, de chasse et de poésie, lui avait laissé, à elle et aux Guises, le complet maniement des affaires, ce que les rois appellent le fardeau de l'État, et que cependant ils sont si jaloux de conserver.

Pour Catherine, élevée au milieu des intrigues de la politique italienne, politique mesquine et tracassière, propre à un petit duché comme la Toscane, mais indigne d'un grand royaume comme la France commençait à l'être, la puissance, c'était la vie.

Or, que voyait-elle poindre à l'horizon opposé au sien?

Une rivale... non pas à l'amour de son fils : à l'amour de son fils, elle s'en fût consolée : qui n'aime point, n'a pas le droit d'exiger qu'on l'aime; et elle n'aimait ni François II, ni Charles IX.

Elle s'était donc effrayée, la prévoyante Florentine, en voyant à son fils un sentiment qui lui était inconnu, qui ne lui était pas inspiré par elle, qui s'était développé sans elle, et qui éclatait tout à coup au milieu de la cour, la surprenant, elle, en même temps et, par conséquent, encore plus qu'il ne surprenait les autres.

Et elle s'effrayait surtout, connaissant celle à qui son fils s'était adressé; car, à travers les seize ans de la jeune fille, elle avait vu resplendir, en fulgurants éclairs, l'ambition de la femme.

Dès que le jour fut venu, elle fit donc dire à son fils qu'elle était souffrante et qu'elle le priait de passer chez elle.

Chez elle, Catherine était, comme un habile acteur sur son théâtre, libre de choisir sa place et de commander la scène. Elle se plaçait dans l'ombre, où elle restait à demi invisible; elle plaçait son interlocuteur dans la lumière, où elle pouvait tout voir.

Voilà pourquoi, au lieu d'aller trouver son fils, elle se feignait souffrante et lui faisait dire de la venir trouver.

Le messager revint en disant que le roi dormait encore.

Catherine attendit impatiemment une heure, et envoya de nouveau.

Même réponse.

Elle attendit avec une impatience croissante pendant une autre heure. Le roi dormait toujours.

— Oh! oh! murmura Catherine, les fils de France n'ont pas l'habitude de dormir si tard. Voilà un sommeil trop obstiné pour être naturel.

Et elle descendit de son lit, où elle avait attendu, espérant pouvoir jouer la scène qu'elle avait méditée, à demi cachée par les courtines, et donna l'ordre qu'on l'habillât.

Le théâtre changeait. Tout ce qui aurait servi Catherine chez elle lui faisait défaut chez son fils. Mais elle s'estimait comédienne assez habile pour que ce changement de scène n'influât en rien sur le dénoûment.

Sa toilette fut rapide, et, dès qu'elle l'eut achevée, elle se dirigea en toute hâte vers l'appartement de François II.

Elle entrait à toute heure chez le roi comme une mère entre chez son fils. Aucun des valets ou des officiers, stationnant dans les antichambres, n'eût songé à l'arrêter.

Elle franchit donc la première salle qui conduisait à l'appartement du roi, et, soulevant la portière de la chambre à coucher, elle l'aperçut, non pas couché, non pas endormi dans son lit, mais assis devant une table, en face de l'embrasure d'une fenêtre.

Le coude appuyé sur cette table, et le dos tourné à la porte, il regardait un objet avec tant d'attention, qu'il n'entendit pas la portière se lever devant sa mère et retomber derrière elle. Catherine s'arrêta debout à la porte. Son œil, qui s'était d'abord égaré sur le lit, se fixa sur François II.

Son regard lança un éclair où il y avait, certes, plus de haine que d'amour.

Puis elle s'avança lentement, et, sans plus de bruit que si elle eût été une ombre au lieu d'être un corps, elle s'appuya au dossier du fauteuil, et regarda par-dessus l'épaule de son fils.

Le roi ne l'avait pas entendue venir; il était en extase devant un portrait de mademoiselle de Saint-André.

L'expression du visage de Catherine se raffermit et passa, par une rapide contraction musculaire, à la haine la plus accusée.

Puis, par une puissante réaction sur elle-même, tous les muscles de son visage se détendirent, le sourire revint sur ses lèvres, et elle pencha la tête au point de toucher celle du roi.

François frissonna de terreur, en sentant le vent tiède d'une haleine courir dans ses cheveux.

Il se retourna vivement et reconnut sa mère.

Par un mouvement rapide comme la pensée, il fit volter le portrait, qu'il plaça sur la table du côté de la peinture, posant sa main sur ce portrait.

Puis, au lieu de se lever et d'embrasser sa mère, comme il en avait l'habitude, il fit rouler le fauteuil et s'écarta de Catherine.

Puis il la salua avec froideur.

— Eh bien, mon fils, demanda la Florentine, sans paraître remarquer le peu d'affection du salut, que se passe-t-il donc ?

— Vous me demandez ce qui se passe ?

— Oui.

— Mais rien, que je sache, ma mère !

— Je vous demande pardon, mon fils. Il doit se passer quelque chose d'extraordinaire.

— Et pourquoi cela ?

— Parce que ce n'est pas votre habitude de rester couché jusqu'à cette heure. Il est vrai que l'on m'a peut-être trompée, ou que mon messager a mal entendu.

François resta silencieux, regardant sa mère presque aussi fixement qu'elle le regardait.

— J'ai, continua Catherine, envoyé quatre fois chez vous depuis ce matin. On m'a répondu que vous dormiez.

Elle fit une pause ; mais le roi continua de se taire, la regardant toujours comme pour lui dire : « Eh bien, après ? »

— De sorte, continua Catherine, que, inquiète de ce sommeil persistant, j'ai craint que vous ne fussiez malade, et je suis venue.

— Je vous remercie, madame, dit le jeune prince en s'inclinant.

— Il ne faut jamais m'inquiéter ainsi, François, insista la Florentine. Vous savez combien je vous aime, combien votre santé m'est précieuse ! Ne jouez donc plus avec les inquiétudes de votre mère. Assez de chagrins m'assiègent au dehors, sans que mes enfants ajoutent encore à ces chagrins par leur indifférence envers moi.

Le jeune homme parut prendre un parti. Un sourire pâle erra sur sa bouche, et, tendant la main droite à sa mère, tandis que la gauche demeurait toujours appuyée sur le portrait :

— Merci, ma mère, dit-il ; il y a un peu de vrai mêlé à beaucoup d'exagération, dans ce que l'on vous a dit. J'ai été souffrant, j'ai passé une nuit... agitée, et je me suis levé deux heures plus tard que de coutume.

— Oh! fit Catherine toute dolente.

— Mais, continua François II, je suis tout à fait remis à cette heure, et prêt à travailler avec vous, si c'est votre bon plaisir.

— Et pourquoi, mon cher enfant, dit Catherine en retenant la main de François dans une des siennes, qu'elle appuyait contre son cœur, et en passant l'autre dans ses cheveux, pourquoi avez-vous passé une nuit agitée? Ne me suis-je pas réservé le poids de toutes les affaires, en vous laissant, à vous, les seules joies de la royauté? D'où vient que quelqu'un s'est permis de vous imposer une fatigue qui doit être la mienne? Car je présume, n'est-ce pas, que ce sont les intérêts de l'État qui vous ont agité.

— Oui, madame, répondit François II avec tant de précipitation, que Catherine eût deviné le mensonge, n'eût-elle pas su d'avance la véritable cause d'agitation de cette nuit, en effet si agitée.

Mais elle se garda bien d'exprimer le moindre doute, et, au contraire, fit semblant d'ajouter une foi entière aux paroles de son fils.

— Quelque grand parti à prendre, n'est-ce pas? continua Catherine, visiblement résolue à enferrer son fils jusqu'au bout ; quelque ennemi à combattre, quelque injustice à réparer, quelque impôt à rendre moins lourd, quelque condamnation à mort à ratifier?...

A ces mots, François II songea, en effet, qu'on lui avait

demandé, la veille, de fixer pour le soir même l'exécution du conseiller Anne Dubourg.

Il saisit avec vivacité la réplique qui lui était donnée.

— Justement, c'est cela, ma mère, répondit-il. Il s'agit d'une condamnation à mort à porter par un homme, cet homme fût-il roi, sur un autre homme. Une condamnation à mort est toujours si grave, que voilà la vraie cause du trouble où je suis depuis hier.

— Vous avez peur de signer la mort d'un innocent, n'est-ce pas?

— De M. Dubourg, oui, ma mère.

— C'est d'un bon cœur français, et vous êtes le digne fils de votre mère. Mais sur ce point, par bonheur, il n'y a pas d'erreur à commettre. Le conseiller Dubourg a été reconnu coupable d'hérésie par trois juridictions différentes, et la signature que l'on vous demande, pour que l'exécution puisse avoir lieu ce soir, est une simple formalité.

— Et voilà ce qui est terrible, ma mère, dit François : c'est qu'une simple formalité suffise à trancher la vie d'un homme.

— Quel cœur d'or vous avez, mon fils, dit Catherine, et que je suis fière de vous ! Toutefois, il faut vous rassurer. Le salut de l'État avant la vie d'un homme, et, dans cette circonstance, vous avez d'autant moins de doute à avoir, qu'il faut que le conseiller meure, d'abord parce que sa mort est juste, ensuite parce qu'elle est nécessaire.

— Vous n'ignorez pas, ma chère, dit le jeune homme après un moment d'hésitation, et en pâlissant, que j'ai reçu deux lettres menaçantes.

— Menteur et lâche ! murmura Catherine entre ses dents.

Puis, tout haut, avec un sourire :

— Mon fils, dit-elle, c'est justement parce que vous avez reçu ces deux lettres menaçantes à propos de M. Dubourg qu'il faut condamner M. Dubourg ; autrement, on croirait que vous avez cédé à des menaces et que votre clémence est de la terreur.

— Ah ! dit François, vous croyez cela ?

— Oui, je le crois, mon fils, répondit Catherine ; tandis qu'au contraire, si vous faites, à son de trompe, publier ces deux lettres et, à la suite des deux lettres, l'arrêt, il en reviendra une grande gloire à vous et une grande honte à M. Dubourg. Tous ceux qui ne sont, en ce moment, ni pour ni contre lui seront contre lui.

François parut réfléchir.

— A la nature de ces deux lettres, continua Catherine, je ne serais même pas étonnée que ce fût un ami qui les eût écrites et non un ennemi.

— Un ami, madame ?

— Oui, insista Catherine, un ami soucieux à la fois du bonheur du roi et de la gloire du royaume.

Le jeune homme baissa son regard terne sous le regard aigu de sa mère.

Puis, après un instant de silence, relevant la tête :

— C'est vous qui m'avez fait écrire ces deux lettres, n'est-ce pas, madame ? dit-il.

— Oh ! dit Catherine d'un ton qui démentait ses paroles, je ne dis pas cela, mon fils.

Catherine avait une double raison de laisser croire à son fils que les deux lettres venaient d'elle : d'abord, elle le faisait rougir de sa lâcheté ; ensuite, elle lui enlevait la crainte que ces lettres pouvaient lui inspirer.

Le jeune homme, que ces lettres avaient cruellement inquiété et qui conservait un doute au fond de son esprit, lança sur sa mère un rapide regard de colère et de haine.

Catherine sourit.

— S'il pouvait m'étrangler, dit-elle en elle-même, il le ferait certainement à cette heure. Mais, par bonheur, il ne le peut pas.

Ainsi l'affectation de tendresse maternelle, les protestations de dévouement, les câlineries félines de Catherine, rien n'avait pu entamer le cœur de François. Aussi la reine mère vit-elle que ce qu'elle avait craint allait se réaliser, et qu'elle était sur le point de perdre, si elle n'y remédiait au plus vite, l'empire qu'elle avait sur lui.

Elle changea complétement et à l'instant même de plan d'attaque.

Elle poussa un soupir, secoua la tête et donna à son visage l'expression du plus profond abattement.

— Ah! mon fils, s'écria-t-elle, il faut donc que j'en arrive à être convaincue de ce que j'hésitais à croire, mais de ce dont il ne m'est plus permis de douter.

— De quoi, madame? demanda François.

— Mon fils, mon fils, dit Catherine en essayant d'appeler une larme à son secours, vous n'avez plus de confiance en votre mère!

— Que voulez-vous dire? répondit le jeune homme avec un air de sombre impatience. Je ne vous comprends pas.

— Je veux dire, François, que vous oubliez tout à coup quinze années de mortelle inquiétude, quinze années de veille à votre chevet; je veux dire que vous oubliez les terreurs où me jetait votre enfance maladive, les soins incessants dont ma sollicitude vous a entouré depuis le berceau.

— Je ne comprends point davantage, madame; mais j'ai été habitué à la patience : j'attends et j'écoute.

Et la main crispée du jeune homme donna un démenti à cette mansuétude dont il se vantait, en serrant le portrait de mademoiselle de Saint-André d'un mouvement presque convulsif.

— Eh bien, reprit Catherine, vous allez me comprendre. Je dis que, grâce à ces soins que j'ai eus de vous, François, je vous connais aussi bien que vous. Or, cette nuit a été pour vous pleine de trouble, je le sais, mais non point parce que vous avez pensé au salut de l'État, non point parce que vous avez hésité entre la rigueur et la clémence, mais parce que le secret de vos amours avec mademoiselle de Saint-André est dévoilé.

— Ma mère!.. s'écria le jeune homme, auquel remontait au

front tout ce qu'il avait avalé de honte et de colère pendant la nuit précédente.

François, habituellement pâle, d'une pâleur mate et malsaine, rougit comme si un nuage de sang passait sur son visage.

Il se leva, mais resta cramponné de la main au dossier de son fauteuil.

— Ah! vous savez cela, ma mère?...

— Que vous êtes enfant, François! dit Catherine avec cette bonhomie qu'elle savait si bien affecter. Est-ce que les mères ne savent pas tout?

François resta muet, les dents serrées, les joues tremblantes.

Catherine continua de sa voix la plus douce :

— Voyons, mon fils, pourquoi m'avoir refusé la confidence de cette passion? Sans doute, je vous eusse fait quelques reproches; sans doute, je vous eusse rappelé à vos devoirs d'époux; sans doute, j'eusse essayé de faire ressortir à vos yeux la grâce, la beauté, l'esprit de la jeune reine...

François secoua la tête avec un sombre sourire.

— Cela n'eût rien fait? reprit Catherine. Eh bien, voyant le mal incurable, je n'eusse plus essayé de le guérir, je vous eusse conseillé. Une mère n'est-elle pas la Providence visible de son enfant, et, en vous voyant si épris de mademoiselle de Saint-André, car vous aimez beaucoup mademoiselle de Saint-André, à ce qu'il paraît?...

— Beaucoup, oui, madame!

— Eh bien, alors, j'eusse fermé les yeux. Cela m'eût été plus facile de les fermer comme mère que de les fermer comme épouse... Pendant quinze ans, n'ai-je pas vu madame de Valentinois partager avec moi le cœur de votre père, parfois même me le prendre tout entier? Or, croyez-vous que ce qu'une femme a fait pour son mari, une mère ne puisse pas le faire pour son fils? N'êtes-vous pas mon orgueil, ma joie, mon bonheur? D'où vient donc que vous avez sournoisement aimé sans me le dire?

— Ma mère, répondit François II avec un sang-froid qui eût fait honneur à sa dissimulation aux yeux de Catherine elle-même si elle eût pu deviner ce qui allait suivre, ma mère, vous êtes en vérité si bonne pour moi, que je rougis de vous tromper plus longtemps. Eh bien, oui, je l'avoue, j'aime mademoiselle de Saint-André!

— Ah! fit Catherine, vous voyez bien...

— Remarquez, ma mère, ajouta le jeune homme, que c'est la première fois que vous me parlez de cet amour, et que si vous m'en aviez parlé plus tôt, n'ayant aucune raison de vous le cacher, attendu que cet amour est non-seulement dans mon cœur, mais encore dans ma volonté, si vous m'en aviez parlé plus tôt, je vous l'eusse avoué plus tôt.

— Dans votre volonté, François? fit Catherine étonnée.

— Oui. N'est-ce pas, cela vous étonne que j'aie une volonté, ma mère? Mais il y a une chose qui m'étonne, moi aussi, dit le jeune homme en la regardant fixement, c'est que vous veniez jouer ce matin vis-à-vis de moi cette comédie de tendresse maternelle, quand c'est vous qui, cette nuit, avez livré mon secret à la risée de la cour, quand c'est vous qui êtes la seule cause de ce qui est arrivé.

— François! s'écria la reine mère de plus en plus étonnée.

— Non, continua le jeune homme, non, madame, je ne dormais pas ce matin quand vous m'avez envoyé chercher. Je recueillais tous les renseignements sur la cause première de ce scandale, et, de tous les renseignements que j'ai recueillis, il est résulté pour moi la certitude que c'est vous qui m'avez tendu le piége dans lequel je suis tombé.

— Mon fils! mon fils! prenez garde à ce que vous dites! répondit Catherine les dents serrées et en jetant sur son fils un regard brillant et acéré comme la lame d'un poignard.

— D'abord, madame, convenons d'une chose, c'est qu'il n'y a plus de fils, c'est qu'il n'y a plus de mère entre nous.

Catherine fit un mouvement qui tenait le milieu entre la menace et la terreur.

— Il y a un roi qui est, grâce à Dieu, devenu majeur; il y a une reine régente qui n'a plus rien à faire, si ce roi le veut, aux affaires de l'État. On règne à quatorze ans en France, madame, et j'en ai seize. Eh bien, je suis las de ce rôle d'enfant que vous continuez à me faire jouer quand je n'en ai plus l'âge. Je suis fatigué de me sentir autour des reins une lisière, comme si j'étais encore au maillot. Enfin, et pour tout dire, madame, à partir d'aujourd'hui, nous reprendrons, s'il vous plaît, chacun notre véritable place. Je suis votre roi, madame, et vous n'êtes que ma sujette...

Le tonnerre tombant au milieu de cette chambre n'eût pas produit un effet plus terrible que cette apostrophe foudroyante tombant au milieu des projets de Catherine. Ainsi donc, ce qu'elle avait cru dire dans son hypocrite raillerie était vrai. Elle avait, pendant seize années, élevé, soigné, conduit, instruit, dirigé cet enfant rachitique; elle avait, comme les dompteurs de bêtes fauves de nos jours, appauvri, épuisé, énervé ce lionceau, et voilà que, tout à coup, ce lionceau se réveillait, grondait, montrait ses griffes, dardait sur elle ses yeux ardents, et s'élançait contre elle de toute la longueur de sa chaîne. Qui pouvait répondre que, s'il brisait cette chaîne, il ne la dévorerait pas?

Elle recula épouvantée.

Pour une femme comme Catherine de Médicis, il y avait de quoi frémir, en effet, à ce qu'elle venait de voir, à ce qu'elle venait d'entendre.

Et ce qui l'effrayait davantage, peut-être, ce n'était pas l'éclat de la fin, c'était la dissimulation du commencement.

Savoir dissimuler, pour elle, c'était tout; la force de cette politique cauteleuse rapportée par elle de Florence, c'était la dissimulation.

Et c'était une femme, une jeune fille, presque une enfant qui avait produit ce changement, régénéré cette créature maladive, donné à cet être chétif la hardiesse de dire ces étranges paroles : « A partir d'aujourd'hui, je suis votre roi, et vous n'êtes que ma sujette. »

— La femme qui a opéré cette étrange métamorphose, songea Catherine, la femme qui a fait de cet enfant un homme, de cet esclave un roi, de ce nain un géant, cette femme-là, je puis entrer en lutte avec elle.

Puis, tout bas, et comme pour se redonner des forces :

— Vrai Dieu! murmura la reine mère, j'étais lasse de n'avoir affaire qu'à un fantôme. Ainsi, dit-elle à François toute prête à soutenir la lutte, si inattendue qu'elle fût, ainsi, c'est moi que vous accusez d'être l'auteur du scandale de cette nuit?

— Oui, répondit sèchement le roi.

— Vous accusez votre mère sans être sûr qu'elle soit coupable. C'est d'un bon fils!

— Direz-vous, madame, que le coup n'est point parti de chez vous?

— Je ne vous dis pas que le coup ne soit point parti de chez moi, je vous dis que le coup n'est point parti de moi.

— Mais qui donc alors a trahi le secret de mon rendez-vous avec mademoiselle de Saint-André?

— Un billet.

— Un billet?

— Un billet tombé de la poche de madame l'amirale.

— Un billet tombé de la poche de madame l'amirale? Quelle plaisanterie!

— Dieu me garde de plaisanter avec ce qui vous est une douleur, mon fils!

— Mais ce billet, de qui était-il signé?

— Il ne portait pas de signature.

— Par qui était-il écrit?

— L'écriture m'en était inconnue.

— Mais, enfin, ce billet, qu'est-il devenu?

— Le voici! dit la reine mère, qui l'avait gardé.

Et elle présenta le billet au roi.

— L'écriture de Lanoue! s'écria le roi.

Puis, après une seconde, avec un étonnement croissant :

— Mon billet, dit-il.

— Oui; mais convenez qu'il n'y avait que vous qui pussiez le reconnaître.

— Et vous dites que ce billet est tombé de la poche de madame l'amirale?

— Si bien tombé de la poche de madame l'amirale, que tout le monde a cru que c'était d'elle qu'il était question et que c'était elle qu'on allait surprendre; sans quoi, ajouta Catherine en levant les épaules et en souriant avec dédain, sans quoi, vous figurez-vous que les deux personnes que vous eussiez aperçues en ouvrant les yeux eussent été le maréchal de Saint-André et M. de Joinville?

— Et le secret de toute cette intrigue dirigée contre moi et une femme que j'aime?

— Madame l'amirale peut seule vous le donner.

François porta à ses lèvres un petit sifflet d'or et fit entendre un sifflement aigu.

Un officier souleva la portière.

— Que l'on coure à l'hôtel de l'amiral, rue de Béthisy, et que l'on dise à madame l'amirale que le roi veut lui parler à l'instant même.

En se retournant, François rencontra le regard fixe et sombre de sa mère rivé sur lui.

Il se sentit rougir.

— Je vous demande pardon, ma mère, dit-il assez honteux que son accusation eût porté à faux, je vous demande pardon de vous avoir soupçonnée.

— Vous avez fait plus que me soupçonner, François; vous m'avez gravement et durement accusée. Mais je ne suis pas votre mère pour rien, et je suis disposée à supporter bien d'autres accusations.

— Ma mère!

— Laissez-moi continuer, dit Catherine en fronçant les sourcils; car, sentant plier son adversaire, elle comprenait que c'était le moment d'appuyer sur lui.

— Je vous écoute, ma mère, dit François.

— Vous vous êtes donc trompé en ceci d'abord, et, en second lieu, vous vous êtes trompé encore, et plus lourdement, en m'appelant votre sujette. Je ne suis pas plus votre sujette, entendez-vous? que vous n'êtes et ne serez jamais mon roi. Je vous répète que vous êtes mon fils, rien de plus, rien de moins.

Le jeune homme grinça des dents et pâlit jusqu'à la lividité.

— C'est vous, ma mère, dit-il avec une énergie que Catherine ne soupçonnait pas en lui, c'est vous qui vous méprenez étrangement : je suis votre fils, c'est vrai; mais c'est parce que je suis votre fils aîné, que je suis en même temps le roi, et je vous le prouverai, ma mère!

— Vous? fit Catherine en le regardant comme une vipère prête à s'élancer; vous... roi?... et vous me prouverez que vous l'êtes, dites-vous?...

Elle éclata d'un rire dédaigneux et saccadé.

— Vous me le prouverez... et de quelle façon? Vous croyez-vous donc de taille à lutter de politique avec Élisabeth d'Angleterre et avec Philippe II d'Espagne? Vous me le prouverez! Comment? En rétablissant la bonne harmonie entre les Guises et les Bourbons, entre les huguenots et les catholiques? Vous me le prouverez! Est-ce en vous mettant à la tête des armées, comme votre aïeul François Ier ou votre père Henri II? Pauvre enfant! vous, roi? Mais vous ne savez donc pas que je tiens entre mes mains votre destinée et votre existence?... Je n'ai qu'à dire un mot, et la couronne vous glisse de la tête; je n'ai qu'à faire un signe, et l'âme s'envole de votre corps. Regardez et écoutez, si vous avez des yeux et des oreilles, et vous verrez, monsieur mon fils, comment le peuple traite son roi. Vous... roi? Malheureux que vous êtes! Le roi, c'est le plus fort... et regardez-vous et regardez-moi.

En prononçant ces dernières paroles, Catherine était effrayante à voir. Elle s'approcha menaçante, comme un spectre, du jeune roi, qui recula de trois pas et alla s'appuyer contre le dossier du fauteuil comme prêt à s'évanouir.

— Ah! dit la Florentine, vous voyez bien que je suis toujours la reine, et que vous n'êtes, vous, qu'un mince et faible roseau, que le moindre souffle courbe à terre; et vous voulez régner!.. Mais cherchez donc autour de vous ceux qui règnent en France, ceux qui seraient les rois, si je n'étais pas là pour les repousser du poing chaque fois qu'ils veulent mettre le pied sur le premier degré de votre trône. Voyez M. de Guise, par exemple, ce gagneur de batailles, ce preneur de villes : mais il a cent coudées, monsieur mon fils, et votre tête même, avec sa couronne, ne lui va pas au talon.

— Eh bien, ma mère, je mordrai au talon M. de Guise. C'est par le talon qu'Achille fut tué, à ce que l'on m'a appris, et je régnerai malgré lui et malgré vous.

— Oui, c'est cela; et, quand vous aurez mordu au talon M. de Guise, quand votre Achille sera mort, non pas de la morsure, mais du venin, qui combattra les huguenots?... Ne vous y trompez pas, vous n'êtes ni beau comme Pâris, ni brave comme Hector. Savez-vous qu'après M. de Guise, vous n'avez plus qu'un grand capitaine en France? Car j'espère bien que vous ne comptez pas pour tel votre idiot de connétable de Montmorency, qui s'est fait battre dans tous les combats qu'il a commandés, ni votre courtisan de maréchal de Saint-André, qui n'a vaincu que dans les antichambres? Non! vous n'avez plus qu'un grand capitaine, et c'est M. de Coligny. Eh bien, ce grand capitaine, avec son frère Dandelot, presque aussi grand que lui, sera demain, s'il ne l'est aujourd'hui, à la tête du plus formidable parti qui ait jamais menacé un État. Regardez-les et regardez-vous; comparez-vous à eux, et vous verrez qu'ils sont des chênes puissamment enracinés dans la terre, et que vous n'êtes qu'un misérable roseau, pliant au souffle de tous les partis.

— Mais, enfin, que voulez-vous, qu'exigez-vous de moi? Ne suis-je donc qu'un instrument entre vos mains, et faut-il que je me résigne à être un jouet pour votre ambition?

Catherine comprima le sourire de joie tout prêt à errer sur ses lèvres et à la trahir. Elle commençait de ressaisir son pouvoir, elle touchait du bout du doigt le fil de la marionnette qui, un instant, avait eu la prétention d'agir seule, et elle allait de nouveau la faire mouvoir à sa guise. Mais elle ne voulut rien laisser paraître de son triomphe, et, ravie de ce commencement de défaite, elle résolut de compléter sa victoire.

— Ce que je veux, ce que j'exige de vous, mon fils, dit-elle de sa voix hypocrite, plus terrible peut-être dans la câlinerie que dans la menace, mais rien de plus simple : c'est que vous me laissiez établir votre puissance, assurer votre bonheur, rien de plus, rien de moins. Que m'importe le reste! Est-ce que je songe à moi, en parlant comme je fais et en agissant comme je parle? Est-ce que tous mes efforts ne tendent pas à vous rendre heureux? Eh! mon Dieu! croyez-vous donc que le fardeau d'un gouvernement soit chose si agréable et si légère, que j'aie plaisir à le porter? Vous parlez de mon ambition? Oui, j'en ai une : c'est de lutter jusqu'à ce que j'aie renversé vos ennemis, ou qu'ils se soient du moins usés les uns après les autres. Non, François, dit-elle avec un apparent abandon, le jour où je vous verrai l'homme que je veux, le roi que j'espère, je vous remettrai avec joie, croyez-le bien, la couronne sur la tête et le sceptre entre les mains. Mais, si je le faisais aujourd'hui, ce serait un roseau que je vous rendrais au lieu d'un sceptre, une couronne d'épines que je vous mettrais sur la tête au lieu d'une couronne d'or. Grandissez, mon fils; fortifiez-vous, mûrissez sous les yeux de votre mère comme un arbre sous le regard du soleil, et alors, et alors grand... fort et mûr, soyez roi!

— Que faut-il donc faire pour cela, ma mère? s'écria François avec un accent presque désespéré.

— Je vais vous le dire, mon fils. Il faut renoncer, avant tout, à la femme qui est la cause première de tout ceci.

— Renoncer à mademoiselle de Saint-André! s'écria François, qui s'attendait à tout, hors à cette condition; renoncer à mademoiselle de Saint-André! répéta-t-il avec une rage concentrée. Ah! c'était donc là que vous en vouliez venir?

— Oui, mon fils, dit froidement Catherine, renoncer à mademoiselle de Saint-André.

— Jamais, ma mère! répondit François d'un air résolu et avec cette énergie dont il avait déjà fait preuve deux ou trois fois depuis le commencement de la conversation.

— Je vous demande pardon, François, dit la Florentine du même ton doux, mais absolu. Il faut renoncer à elle, c'est le prix que je mets à notre réconciliation; sinon... non!

— Mais vous ne savez donc pas que je l'aime éperdument, ma mère?

Catherine sourit de cette naïveté de son fils.

— Où donc serait le mérite de renoncer à elle, si vous ne l'aimiez pas? dit-elle.

— Mais pourquoi donc renoncer à elle, mon Dieu?

— Dans l'intérêt de l'État.

— Qu'a donc à faire mademoiselle de Saint-André avec l'intérêt de l'État? demanda François II.

— Voulez-vous que je vous le dise? demanda Catherine.

Mais le roi, l'interrompant, comme si d'avance il ne doutait pas de sa logique:

— Écoutez, ma mère, dit-il, je connais le génie suprême que Dieu a mis en vous; je reconnais la mollesse et l'inertie qu'il a mises en moi; enfin, je reconnais votre autorité présente et future, et je m'en rapporte aveuglément à vous en matière politique, et dès qu'il s'agit des intérêts du royaume que vous gouvernez si savamment. Mais, à ce prix, ma mère, au prix de cet abandon que je vous fais de tous ces droits, qui seraient si précieux pour un autre, je vous prie de me laisser la libre gestion de mes affaires intimes.

— En toute autre occasion, oui! et je croyais même que vous n'aviez rien à me reprocher à ce sujet. Mais aujour d'hui, non!

— Mais, pourquoi non aujourd'hui? pourquoi cette sévérité, justement à propos de la seule femme que j'aie encore véritablement aimée?

— Parce que cette femme, plus que toute autre, mon fils, peut amener la guerre civile dans vos États, parce qu'elle est la fille du maréchal de Saint-André, un de vos plus dévoués serviteurs.

— J'enverrai M. de Saint-André commander dans quelque grande province, et M. de Saint-André fermera les yeux. D'ailleurs, M. de Saint-André est tout entier en ce moment à son amour pour sa jeune femme, et sa jeune femme sera bien aise de s'éloigner d'une belle-fille, sa rivale en esprit et en beauté.

— Il est possible que cela soit ainsi à l'endroit de M. de Saint-André, dont la jalousie est devenue proverbiale, et qui tient sa femme enfermée ni plus ni moins qu'un Espagnol du temps du Cid. Mais M. de Joinville, M. de Joinville, qui aimait passionnément mademoiselle de Saint-André et qui devait l'épouser, fermera-t-il les yeux, lui? Et s'il consent à les fermer par respect pour le roi, les fermera-t-il à son oncle, le cardinal de Lorraine, à son père, le duc de Guise? En vérité, François, permettez-moi de vous le dire, vous êtes un pauvre diplomate, et, si votre mère n'y veillait pas, avant huit jours, le premier voleur de royauté vous prendrait votre couronne sur la tête, comme le premier tire-laine venu prend un manteau sur l'épaule d'un bourgeois. Une dernière fois, mon fils, il faut renoncer à cette femme, et, à ce prix, entendez-vous? nous nous réconcilions franchement, je vous le répète, et j'arrangerai la chose avec MM. de Guise. Me comprenez-vous et m'obéirez-vous?

— Oui, ma mère, je vous comprends, dit François II: mais je ne vous obéirai pas.

— Vous ne m'obéirez pas! s'écria Catherine se heurtant, pour la première fois, contre un entêtement qui, pareil au géant Antée, reprenait des forces quand on le croyait vaincu.

— Non! continua François II, non, je ne vous obéirai pas

et je ne puis pas vous obéir. J'aime, vous dis-je ; je suis dans les premières heures d'un premier amour, et rien ne saurait me contraindre à y renoncer. Je sais que je suis engagé dans une voix épineuse ; peut-être me conduit-elle à un but fatal ; mais, je vous le dis, j'aime et je ne veux pas regarder au delà de ce mot.

— C'est bien résolu, mon fils?

Il y avait dans ces deux mots : *mon fils,* ordinairement si doux dans la bouche d'une mère, un ton d'indescriptible menace.

— C'est bien résolu, madame, répondit François II.

— Vous acceptez les suites de votre fol entêtement, quelles qu'elles soient?

— Quelles qu'elles soient, je les accepte, oui !

— Alors, adieu, monsieur ! je sais ce qui me reste à faire.

— Adieu, madame !

Catherine fit quelques pas vers la porte et s'arrêta.

— Vous ne vous en prendrez qu'à vous, dit-elle tentant une dernière menace.

— Je ne m'en prendrai qu'à moi.

— Songez que je ne suis pour rien dans cette folle résolution que vous prenez de lutter contre vos véritables intérêts ; que, si malheur arrive soit à vous, soit à moi, toute la responsabilité pèsera sur vous seul...

— Soit ! ma mère, j'accepte cette responsabilité.

— Adieu donc, François ! dit la Florentine avec un rire et un regard terribles.

— Adieu, ma mère ! répondit le jeune homme avec un rire non moins méchant, avec un regard non moins menaçant.

Et le fils et la mère se séparèrent pleins d'une haine profonde l'un contre l'autre.

XVIII

OU M. DE CONDÉ PRÊCHE LA RÉVOLTE AU ROI

On se souvient de la promesse que le prince de Condé avait faite, la veille au soir, à Robert Stuart, et du rendez-vous qu'il avait pris, pour la nuit tombante, avec le jeune homme sur la place Saint-Germain-l'Auxerrois.

Le prince de Condé entrait au Louvre juste au moment où la reine sortait de l'appartement de son fils.

Il venait remplir cette promesse en demandant au roi la grâce d'Anne Dubourg.

On l'annonça chez le roi.

— Qu'il entre! répondit le roi d'une voix faible.

Le prince entra et aperçut le jeune homme plutôt couché qu'assis dans son fauteuil, et essuyant avec son mouchoir son front couvert de sueur.

Il avait les yeux éteints, la bouche béante, le visage livide.

On eût dit une statue de la Peur.

— Ah! ah! murmura le prince, l'enfant a du chagrin.

Qu'on n'oublie pas que le prince avait assisté à la fin de la scène entre le roi et mademoiselle de Saint-André, et avait entendu les promesses que celui-ci avait faites à sa maîtresse.

En apercevant le prince, la figure du roi s'éclaira tout à coup. Le soleil en personne entrant dans la sombre chambre ne l'eût pas plus subitement illuminée. On eût dit que le jeune roi venait de faire une grande découverte. La pensée rayonnait sur son front, pareille à une espérance. Il se leva et marcha au-devant du prince. On eût dit qu'il allait se jeter sur sa poitrine et l'embrasser.

C'était la force attirant à elle la faiblesse, avec la puissance de l'aimant attirant le fer.

Le prince, qui paraissait médiocrement se soucier de l'embrassade, s'inclina dès le premier pas qu'il vit faire au roi pour aller au-devant de lui.

François, réprimant lui-même ce premier entraînement, s'arrêta et tendit la main au prince.

Celui-ci, ne pouvant se dispenser de baiser la main qu'on lui tendait, en prit bravement son parti.

Seulement, en y appuyant ses lèvres, il se demandait à lui-même :

— A quoi diable puis-je lui être bon, qu'il me fait aujourd'hui si bon accueil?

— Oh! que je suis heureux de vous voir, mon cousin! dit le roi avec tendresse.

— Et moi, sire, je suis à la fois heureux et honoré.

— On ne saurait venir plus à propos, prince.

— Vraiment?

— Oui, je m'ennuyais horriblement.

— En effet, dit le prince, Votre Majesté portait sur son front, au moment où je suis entré, les traces d'un profond ennui.

— Profond, c'est le mot. Oui, mon cher prince, je m'ennuie affreusement.

— Royalement, enfin, dit le prince en s'inclinant et en souriant.

— Et ce qu'il y a de triste dans tout cela, mon cousin, continua François II avec un profond sentiment de mélancolie, c'est que je n'ai pas un ami à qui confier mes peines.

— Le roi a des peines? demanda Condé.

— Oui, et de sérieuses, de véritables, mon cousin.

— Et qui donc est assez audacieux pour causer des peines à Votre Majesté?

— Une personne qui, par malheur, en a le droit, mon cousin.

— Je ne connais personne, sire, qui ait le droit de chagriner le roi.

— Personne?

— Personne, sire.

— Pas même la reine mère ?

— Ah ! ah ! pensa tout bas le prince, il paraît que la reine mère a donné le fouet à son poupon.

Puis, tout haut :

— Pas même la reine mère, sire, répéta le prince.

— C'est votre avis, mon cousin ?

— C'est non-seulement mon avis, sire, mais c'est encore, je le présume, celui de tous les fidèles sujets de Votre Majesté.

— Savez-vous que c'est grave, ce que vous me dites là, monsieur mon cousin ?

— En quoi est-ce grave, sire ?

— En ce que vous prêchez à un fils la révolte contre sa mère.

Et il dit ces mots en regardant autour de lui comme un homme qui craint d'être entendu, quoique en apparence il soit seul.

En effet, François n'ignorait pas que, pour quiconque avait leur secret, les murailles du Louvre laissaient passer les sons comme le filtre laisse passer l'eau.

N'osant donc avouer toute sa pensée, il se contenta de dire :

— Ah ! c'est votre opinion que la reine mère n'a pas le droit de me chagriner. Que feriez-vous donc, mon cousin, si vous étiez roi de France et que la reine mère vous chagrinât... en somme, et pour abréger, si vous étiez à ma place ?

Le prince comprit quelle était la crainte du roi ; mais, comme en toute circonstance il avait pris l'habitude de dire ce qu'il pensait :

— Ce que je ferais à votre place, sire ?

— Oui !

— A votre place, je me révolterais.

— Vous vous révolteriez ? s'écria François tout joyeux.

— Oui, dit le prince purement et simplement.

— Mais de quelle façon se révolter, mon cher Louis? demanda François en se rapprochant du prince.

— Mais comme on se révolte, sire : en se révoltant. Consultez ceux qui sont coutumiers du fait. Il n'y a pas un nombre de moyens très-varié : en n'obéissant point, par exemple, ou en faisant, du moins, tout ce qu'on peut pour se soustraire à une autorité injuste, à une tyrannie implacable.

— Mais, cousin, dit François pensif et méditant évidemment les paroles du prince, un serf peut se révolter ainsi contre son seigneur; mais un fils ne peut pas plus, il me semble, dans le sens absolu du mot, se révolter contre sa mère, qu'un sujet contre son roi...

— Que font donc en ce moment, dit le prince, ces milliers de huguenots qui semblent tout à coup sortir de terre du fond de vos plus lointaines provinces, dans les Pays-Bas, en Allemagne, sinon une immense révolte contre le pape? Et c'est un roi, s'il en fut!

— Oui, prince, répondit François, de pensif devenant sombre; oui, vous avez raison, et je vous suis reconnaissant de me parler ainsi. Je vous vois trop rarement, mon cousin; vous êtes un des membres de ma famille, l'homme dans lequel j'ai le plus de confiance, le seigneur de la cour pour lequel j'ai le plus d'amitié. Dès mon enfance, mon cher prince, j'ai eu pour vous une sympathique affection, que votre courageuse franchise justifie pleinement. Nul autre ne m'aurait parlé comme vous venez de le faire : je vous en remercie doublement; et, pour vous donner une preuve de ma reconnaissance, je vais vous faire une confidence que je n'ai faite à personne, et que la reine mère vient de m'arracher tout à l'heure.

— Faites, sire.

Le roi jeta son bras autour du cou de Condé.

— Aussi bien, mon cher prince, continua-t-il, peut-être aurais-je besoin non-seulement de votre conseil, comme je viens de vous le demander, mais encore de votre appui.

— Je suis en tout point aux ordres de Votre Majesté.

— Eh bien, mon cousin, je suis éperdument amoureux.

— De la reine Marie?... Je sais cela, sire, dit Condé, et cela fait véritablement scandale à la cour.

— Non pas de la reine Marie... mais d'une de ses filles d'honneur.

— Bah! s'écria le prince jouant le plus profond étonnement. Et il va sans dire que Votre Majesté est payée de retour?

— On m'aime au delà de toute expression, cousin!

— Et on a donné à Votre Majesté des preuves de cet amour?

— Oui.

— Ce qui me surprendrait, sire, c'est qu'il en fût autrement.

— Tu ne me demandes pas qui, Louis?

— Je ne me permettrai pas d'interroger mon roi; mais j'attends qu'il veuille bien compléter la confidence.

— Louis, c'est la fille d'un des plus grands seigneurs de la cour de France.

— Ah bah!...

— C'est la fille du maréchal de Saint-André, Louis.

— Recevez mes sincères compliments, sire. Mademoiselle de Saint-André est une des plus belles personnes du royaume.

— N'est-ce pas? n'est-ce pas que c'est ton opinion, Louis? s'écria le roi au comble de la joie.

— Il y a longtemps, sire, que j'ai exactement sur mademoiselle de Saint-André la même pensée que Votre Majesté.

— C'est une sympathie de plus entre nous deux, mon cousin.

— Je n'oserais pas m'en vanter, sire.

— Ainsi, tu trouves que j'ai raison?

— Cent fois raison! Quand on rencontre une fille, fût-on roi ou manant, on a toujours raison de l'aimer, et surtout de se faire aimer d'elle.

— Ainsi, c'est ton avis?

— Et ce sera celui de tout le monde, excepté M. de Joinville... Par bonheur, le roi, je le présume, ne lui demandera pas conseil, et, comme il est probable qu'il ignorera toujours l'honneur que le roi a fait à sa fiancée...

— Voilà ce qui te trompe, Louis, dit le roi : c'est qu'il le sait.

— Votre Majesté veut dire qu'il soupçonne quelque chose?

— Je te dis qu'il sait tout.

— Oh! C'est impossible...

— Mais puisque c'est moi qui te le dis !

— Mais c'est incroyable, sire !

— Et cependant il faut bien le croire... Toutefois, continua le roi en fronçant le sourcil, je n'attacherais pas une grande importance à ce fait, s'il n'avait été suivi de circonstances d'une gravité extraordinaire qui ont amené, entre ma mère et moi, la scène violente dont je t'ai dit quelques mots.

— Mais qu'a-t-il donc pu arriver de plus grave, sire? J'attends que Votre Majesté veuille me faire pénétrer au fond de ce mystère, dit avec ingénuité le prince de Condé, qui, mieux que personne, cependant, connaissait l'affaire à fond.

Alors, le roi se mit à raconter d'une voix lamentable, qui, de temps en temps, reprenait une certaine fermeté farouche, la scène violente qui venait d'avoir lieu entre lui et sa mère.

Le prince écoutait avec une attention profonde.

Puis, quand François eut fini :

— Eh bien, mais, sire, dit-il, il me semble que vous vous en êtes assez bien tiré, et que vous voici, pour cette fois, hors de page.

Le roi regarda le prince, et, passant son bras sous le sien :

— Oui, mon cousin, dit-il, oui, je m'en suis assez bien tiré; tant qu'elle a été là, du moins, quelque chose qui ressemblait à la joie d'un esclave qui brise sa chaîne me donnait de la force. J'ai laissé la reine partir avec cette croyance que ma révolte était sérieuse. Mais, la porte refermée derrière elle; mais, resté seul... tenez, il faut que je sois franc avec vous, tous les muscles de mon corps, toutes les fibres de ma volonté se sont détendus, et, si vous n'étiez pas arrivé, mon cousin, je crois que j'allais, comme autrefois, aller la trouver, me jeter à ses pieds et lui demander pardon.

— Oh! gardez-vous-en bien, sire! s'écria Condé : vous seriez perdu!

— Je le sais bien, dit le roi en serrant le bras de Condé, comme un naufragé serre l'épave flottante dont il attend son salut.

— Mais, enfin, pour vous causer une pareille terreur, il faut que la reine mère vous ait menacé de quelque grand malheur, de quelque péril suprême?

— Elle m'a menacé de la guerre civile.

— Ah!... Et où Sa Majesté voit-elle donc la guerre civile?

— Mais où vous la voyiez vous-même tout à l'heure, mon cousin. Le parti huguenot est puissant; mais M. de Guise, son ennemi, est puissant aussi. Eh bien, ma mère, qui ne voit que par les Guises, qui ne mène le royaume que par les Guises, qui m'a marié à une femme qui est parente de MM. de Guise, ma mère m'a menacé de la colère et, qui pis est, de l'abandon de MM. de Guise.

— Et le résultat de tout cela, sire?

— C'étaient les hérétiques maîtres du royaume.

— Et vous avez répondu à cela, sire?

— Rien, Louis. Qu'avais-je à répondre?

— Oh! bien des choses, sire!

Le roi haussa les épaules.

— Une entre autres, continua le prince.

— Mais laquelle?

— C'est qu'il y avait un moyen d'empêcher les hérétiques d'être maîtres du royaume.

— Et ce moyen?

— C'est de vous mettre aussi à la tête des hérétiques, sire.

Le jeune roi resta un instant pensif et le sourcil froncé.

— Oui, dit-il, il y a là une idée supérieure, mon cousin, un de ces jeux de bascule auxquels excelle ma mère Catherine. Mais le parti protestant me hait...

— Et pourquoi vous haïrait-il, sire ? Il sait que, jusqu'ici, vous n'avez été qu'un instrument aux mains de votre mère.

— Instrument ! instrument ! répéta François.

— Mais tout à l'heure ne le disiez-vous pas vous-même, sire ?... Le parti huguenot n'a point de parti pris contre le roi : il hait la reine mère, voilà tout.

— Je la hais bien, moi, murmura le jeune homme à voix basse.

Le prince surprit ces mots, si bas qu'ils eussent été prononcés.

— Eh bien, sire ? demanda-t-il.

Le roi regarda son cousin.

— Si le projet vous paraît bon, continua le prince, pourquoi ne pas l'adopter ?

— Ils n'auront pas confiance en moi, Louis ; il faudra leur donner un gage, et... quel gage leur donner ?

— Vous avez raison, sire ; mais l'occasion est bonne. Vous pouvez leur donner en ce moment un gage, un vrai gage royal, la vie d'un homme...

— Je ne comprends pas, dit le roi.

— Vous pouvez faire grâce au conseiller Dubourg.

— Mon cousin, dit le roi pâlissant, ici-même, là, tout à l'heure, ma mère me disait en parlant de lui : « Il faut qu'il meure ! »

— Vous lui disiez donc, vous, sire, qu'il fallait qu'il vécût ?

— Oh ! faire grâce à Anne Dubourg ! murmura le jeune homme en regardant autour de lui comme effrayé seulement à cette idée qu'il pouvait faire grâce.

— Eh bien, oui, sire, faire grâce à Anne Dubourg. Que voyez-vous donc de si étonnant à cela ?

— Rien certainement, mon cousin.

— N'est-ce pas votre droit?

— C'est le droit du roi, je le sais.

— Eh bien, n'êtes-vous pas le roi?

— Je ne l'ai pas encore été, du moins.

— Eh bien, sire, c'est entrer dans la royauté par une belle porte, c'est monter au trône par un riche degré.

— Mais le conseiller Anne Dubourg?...

— Est un des hommes les plus vertueux de votre royaume, sire. Demandez à M. de L'Hospital, qui s'y connaît.

— Je sais, en effet, que c'est un honnête homme.

— Ah! sire, c'est déjà beaucoup que vous disiez cela.

— Beaucoup?

— Oui: un roi ne fait pas mourir un homme qu'il a reconnu pour un honnête homme.

— Il est dangereux!

— Un honnête homme n'est jamais dangereux.

— Mais MM. de Guise le détestent.

— Ah!

— Mais ma mère le déteste.

— Raison de plus, sire, pour commencer votre rébellion contre MM. de Guise et contre la reine mère en accordant la grâce du conseiller Dubourg.

— Mon cousin!

— Dame! j'espère que Votre Majesté ne se donne pas la peine de se révolter contre la reine mère pour lui être agréable.

— C'est vrai, Louis; mais la mort de M. Dubourg est accordée, c'est chose convenue entre MM. de Guise, ma mère et moi; il n'y a pas à revenir là-dessus.

Le prince de Condé ne put s'empêcher de jeter un regard de dédain sur ce roi, qui regardait comme une chose convenue, et sur laquelle il n'y avait pas à revenir, la mort d'un des plus honnêtes magistrats du royaume, quand ce magistrat était encore vivant et qu'il n'avait qu'un mot à dire pour qu'il ne mourût pas.

— Puisque c'est une *affaire convenue*, sire, dit-il avec un accent de profond mépris, n'en parlons plus.

Et il s'apprêta à saluer le roi pour se retirer, mais le roi l'arrêta.

— Oui, c'est cela, dit-il, n'en parlons plus, ne parlons plus du conseiller; mais parlons d'autre chose.

— Et de quoi, sire? demanda le prince, qui n'était venu que pour cela.

— Mais, enfin, mon cher prince, il n'y a pas qu'une seule voie pour sortir d'une situation embarrassante? Vous avez un génie inventif : trouvez-moi un second moyen.

— Sire, c'est Dieu qui vous avait trouvé le premier. Les hommes n'inventeront rien de pareil.

— En vérité, mon cousin, dit le jeune roi, je me sens ému moi-même à la pensée que je fais mourir un innocent.

— Alors, sire, dit le prince avec une certaine solennité, alors écoutez cette voix de votre conscience. La bonté aussi est féconde, elle aussi fait fleurir dans le cœur du sujet l'amour pour son roi. Faites grâce à M. Dubourg, sire, et, à partir du jour où vous aurez fait cette grâce, c'est-à-dire usé d'un droit royal, tout le monde saura que c'est vous qui régnez souverainement, véritablement !

— Tu le veux, Louis?

— Sire, je vous le demande en grâce, et cela, je vous le jure, dans l'intérêt de Votre Majesté!

— Mais que va dire la reine?

— Quelle reine, sire?

— La reine mère, pardieu!

— Sire, il ne doit y avoir d'autre reine au Louvre que la vertueuse épouse de Votre Majesté. Madame Catherine est reine parce qu'on la redoute. Faites-vous aimer, sire, et vous serez roi !

Le roi parut faire un effort et arrêter une résolution suprême.

— Eh bien, je répéterai le mot que vous avez si bien commenté. C'est convenu, mon cher Louis, dit-il; merci de vos bons conseils, merci de me faire faire acte de justice, merci de m'enlever un remords! Donnez-moi une plume et un parchemin.

Le prince de Condé approcha le fauteuil du roi près de la table.

Le roi s'assit.

Le prince de Condé lui présenta le parchemin qu'il avait demandé ; le roi prit la plume que le prince lui présentait et écrivit la phrase sacramentelle :

« François, par la grâce de Dieu, roi de France, à tous présents et à venir, salut... »

Il en était là, quand l'officier qu'il avait envoyé à l'hôtel Coligny entra et annonça madame l'amirale.

Le roi s'interrompit où il en était, se leva tout à coup, et, de doux qu'il était, son visage prit une indéfinissable expression de férocité.

— Qu'avez-vous, sire? demanda le prince de Condé, étonné lui-même de ce brusque changement de visage.

— Vous allez le savoir, mon cousin.

Puis, se retournant vers l'officier :

— Faites entrer madame l'amirale, dit-il.

— Madame l'amirale a sans doute à entretenir Votre Majesté d'une affaire personnelle, sire? dit le prince; je vais me retirer, si Votre Majesté le permet...

— Non point! je désire, au contraire, que vous restiez, mon cousin, que vous assistiez à notre conversation, que vous n'en perdiez pas un mot. Vous savez déjà comment je pardonne, dit-il en montrant le parchemin; je vais vous montrer comment je punis.

Le prince de Condé sentit passer quelque chose comme un frémissement. Il comprit que cette présence de l'amirale chez le roi, où elle ne venait jamais que contrainte et forcée, se rattachait au motif qui l'y amenait lui-même, et il eut comme un vague pressentiment qu'il allait se passer quelque chose de terrible.

Après être retombée pendant quelques secondes, la tapisserie se releva, et l'amirale parut.

XIX

OU LE ROI CHANGE D'OPINION A L'ENDROIT DE M. DE CONDÉ ET DU CONSEILLER ANNE DUBOURG

Madame l'amirale, avant de voir le roi, avait d'abord aperçu le prince de Condé, auquel elle s'apprêtait à jeter le regard le plus souriant et le plus affectueux, quand ce regard rencontra inopinément le visage du roi.

L'expression de colère empreinte sur ce visage fit baisser la tête à l'amirale, qui s'approcha en tremblant.

Arrivée devant le roi, elle s'inclina.

— Je vous ai fait appeler, madame l'amirale, dit le roi, les lèvres blêmissantes et les dents serrées, pour vous demander le mot d'une énigme que je cherche inutilement à deviner depuis ce matin.

— Je suis toujours aux ordres de mon roi, balbutia l'amirale.

— Même pour déchiffrer des énigmes? reprit François. Tant mieux! je suis enchanté de savoir cela, et nous allons incontinent nous mettre à l'œuvre.

L'amirale s'inclina.

— Veuillez donc nous expliquer, à notre cher cousin de Condé et à nous, reprit le roi, comment il se fait qu'un billet, écrit par notre ordre à une personne de la cour, ait été perdu par vous, hier au soir, dans les appartements de la reine mère?

Ce fut au tour du prince de Condé à comprendre ce que

voulait dire ce frissonnement qu'il avait éprouvé à l'annonce de l'amirale.

Toute la vérité parut à ses yeux comme si elle sortait de terre, et ces mots terribles du roi bourdonnèrent à ses oreilles : « Je vais vous montrer comment je punis ! »

Il regarda l'amirale.

Celle-ci avait les yeux fixés sur lui, car elle semblait lui demander : « Que faut-il répondre au roi ? »

Le roi ne comprit pas la pantomime des deux complices, et continua :

— Eh bien, madame l'amirale, dit-il, voilà l'énigme posée ; nous vous en demandons le mot.

L'amirale se tut.

Le roi continua :

— Mais peut-être n'avez-vous pas bien compris ma question : je vais la répéter. Comment se fait-il qu'un billet, qui ne vous était pas adressé, se soit trouvé entre vos mains, et par quelle maladresse ou quelle perfidie ce billet est-il tombé de votre poche sur le tapis de la chambre de la reine mère, et est-il passé, du tapis de la chambre de la reine mère, dans les mains de M. de Joinville ?

L'amirale eut le temps de se remettre.

— Bien simplement, sire, dit-elle en recouvrant son sang-froid. J'ai trouvé ce billet dans le corridor du Louvre qui conduit à la chambre des Métamorphoses ; je l'ai ramassé, je l'ai lu et, n'en connaissant pas l'écriture, je l'ai porté chez la reine mère, dans l'intention de lui demander si elle était plus savante que moi. Il y avait chez Sa Majesté grande assemblée de poëtes et d'écrivains, et parmi eux M. de Brantôme, lequel a raconté de si prodigieuses histoires, que chacun en a ri aux larmes, moi comme les autres, sire ; si bien, qu'en riant j'ai tiré mon mouchoir, et que mon mouchoir a fait lui-même sortir de ma poche et tomber à terre ce malheureux billet que j'avais oublié. Quand je l'ai voulu chercher, il n'y était plus, ni dans ma poche, ni même autour de moi, et je présume que M. de Joinville l'avait déjà ramassé.

— La chose est très-vraisemblable, dit le roi avec un sourire railleur; mais je ne la tiens pas pour vraie, si vraisemblable qu'elle soit.

— Que veut dire Votre Majesté? demanda l'amirale avec inquiétude.

— Vous avez trouvé ce billet? demanda le roi.

— Oui, sire.

— Eh bien, rien alors ne vous est plus facile que de me dire dans quoi il était enveloppé...

— Mais, balbutia l'amirale, il n'était aucunement enveloppé, sire...

— Il n'était pas enveloppé dans quelque chose?

— Non, dit l'amirale en pâlissant; il était simplement plié en quatre.

Un éclair illumina l'esprit de M. le prince de Condé.

Évidemment mademoiselle de Saint-André avait expliqué au roi la perte de son billet par la perte de son mouchoir. Par malheur, la chose, qui devenait transparente pour M. de Condé, restait obscure pour madame l'amirale.

Elle baissa donc la tête sous le regard inquisiteur du roi, se troublant de plus en plus, avouant, par son silence, qu'elle avait mérité la colère qu'elle sentait peser sur elle.

— Madame l'amirale, dit François, pour une dévote personne comme vous êtes, vous avouerez que voilà un mensonge des plus hardis.

— Sire! balbutia l'amirale.

— Sont-ce là les fruits de la religion nouvelle, madame? continua le roi. Voici notre cousin de Condé qui, quoique prince catholique, nous prêchait tout à l'heure la réforme en termes vraiment émouvants. Répondez donc vous-même à madame l'amirale, notre cher cousin, et dites-lui de notre part, qu'à quelque religion qu'on appartienne, on est toujours mal venu de tromper son roi.

— Grâce! sire, balbutia l'amirale, les larmes aux yeux, en voyant la colère du roi monter peu à peu avec la rapidité de la marée.

— Et, à propos de quoi me demandez-vous grâce, madame l'amirale? dit François. J'aurais mis ma main au feu, il n'y a pas une heure encore, quelque chose que l'on pût me dire de vous, que vous étiez la plus rigide personne de mon royaume.

— Sire! s'écria l'amirale en relevant fièrement la tête, votre colère, soit, mais non vos railleries. C'est vrai, je n'ai point trouvé le billet.

— Ah! vous l'avouez? dit triomphalement le roi.

— Oui, sire, répondit simplement l'amirale.

— Alors, quelqu'un vous avait remis ce billet?

— Oui, sire.

Le prince suivait la conversation avec l'intention visible d'intervenir quand il jugerait le moment arrivé.

— Et qui vous l'a remis, madame l'amirale? demanda le roi.

— Je ne saurais nommer cette personne, sire, répondit fermement madame de Coligny.

— Et pourquoi donc cela, ma cousine? dit le prince de Condé en intervenant et en lui coupant la parole.

— Oui, pourquoi cela? reprit le roi, enchanté du renfort qui lui arrivait.

L'amirale regarda le prince, comme pour lui demander l'explication des paroles qu'il venait de prononcer.

— Sans doute! continua le prince, répondant à l'interrogation muette de l'amirale, je n'ai aucune raison pour cacher la vérité au roi.

— Ah! fit le roi se tournant vers le prince de Condé, vous savez donc le fin mot de cette histoire, vous?

— Parfaitement, sire.

— Et comment cela?

— Mais, sire, répondit le prince, parce que j'y ai joué le rôle principal.

— Vous, monsieur?

— Moi-même, sire.

— Et comment se fait-il que vous ne m'en ayez pas encore dit un mot jusqu'à présent?

— Parce que, sire, répondit le prince sans se déconcerter, parce que vous ne m'avez pas fait l'honneur de m'interroger et que je ne me permettrais pas de raconter une anecdote, quelle qu'elle fût, à mon gracieux souverain, sans y être autorisé par lui.

— J'aime votre déférence, cousin Louis, dit François. Toutefois, le respect a des bornes, et l'on peut prévenir les questions de son souverain quand on croit lui être utile ou tout au moins agréable. Faites-moi donc la grâce, monsieur, de me dire tout ce que vous savez à ce sujet, et quelle espèce de rôle vous avez joué dans toute cette histoire.

— J'ai joué le rôle du hasard. C'est moi qui ai trouvé le billet.

— Ah! c'est vous! dit le roi en fronçant le sourcil et en regardant sévèrement le prince. Alors, je ne suis plus étonné que vous attendiez mes questions. Ah!... c'est vous qui avez trouvé le billet?

— C'est moi, oui, sire.

— Et où cela?

— Mais dans le couloir qui conduit à la salle des Métamorphoses, comme avait tout à l'heure l'honneur de vous le dire madame l'amirale.

Le regard du roi allait du prince à l'amirale et semblait chercher à pénétrer quelle espèce de connivence il pouvait y avoir entre eux.

— Alors, mon cousin, dit-il, puisque c'est vous qui l'avez trouvé, vous devez savoir dans quoi il était enfermé.

— Il n'était pas enfermé, sire.

— Comment! s'écria le roi en blêmissant, vous osez me dire que le billet n'était pas enfermé?

— Oui, sire, j'ai l'audace de dire la vérité, et j'ai l'honneur de répéter à Votre Majesté que le billet n'était pas enfermé, mais délicatement enveloppé.

— Enveloppé ou enfermé, monsieur, dit le roi, n'est-ce point la même chose?

— Ah! sire, dit le prince, il y a entre les deux mots une

différence extraordinaire. On enferme un prisonnier, mais on enveloppe une lettre.

— Je ne vous savais pas si grand linguiste, mon cousin.

— Les loisirs que me laisse la paix me permettent d'étudier la grammaire, sire !

— Enfin, monsieur, pour en finir, dites-moi dans quoi le billet était enveloppé ou enfermé.

— Dans un fin mouchoir brodé aux quatre coins, sire, et c'est dans un des coins que le billet était noué !

— Où est ce mouchoir ?

Le prince tira le mouchoir de sa poitrine.

— Le voici, sire !

Le roi arracha violemment le mouchoir des mains du prince de Condé.

— Bien ! Mais, maintenant, comment se fait-il que le billet trouvé par vous soit entre les mains de madame l'amirale ?

— Rien de plus simple, sire. En descendant les degrés du Louvre, j'ai rencontré madame l'amirale et je lui ai dit : « Ma cousine, voici un billet perdu par quelque gentilhomme ou quelque dame du Louvre. Veuillez vous informer qui peut avoir perdu un billet, la chose vous est facile, par Dandelot, qui est de garde, et remettez, je vous prie, le billet à son propriétaire. »

— C'est très-naturel, en effet, cousin, dit le roi, qui ne croyait pas un mot de toute cette histoire.

— Alors, sire, dit le prince de Condé en faisant mine de se retirer, puisque j'ai eu l'honneur de satisfaire entièrement Votre Majesté...

Mais le roi l'arrêta du geste.

— Encore un mot, mon cousin, s'il vous plaît, dit-il.

— Comment ! sire, volontiers.

— Madame l'amirale, dit le roi en se retournant vers madame de Coligny, je vous reconnais pour une loyale sujette ; car, dans la situation où vous étiez devant M. le prince de Condé, vous m'avez dit tout ce que vous pouviez me dire. Je vous demande pardon de vous avoir dérangée. Vous êtes libre, et demeurez dans nos bonnes grâces. Le reste de l'explication regarde M. de Condé.

L'amirale salua et sortit.

M. de Condé eût bien voulu en faire autant; mais il était retenu par l'ordre du roi.

L'amirale sortie, le roi s'approcha du prince, les dents serrées, les lèvres violettes.

— Monsieur, dit-il, vous n'aviez pas besoin de recourir à madame l'amirale pour savoir à qui était adressé le billet.

— Comment cela, sire?

— Attendu que voici dans un coin du mouchoir les initiales et dans l'autre les armes de mademoiselle de Saint-André.

Ce fut au tour de M. de Condé de baisser la tête.

— Vous saviez que le billet appartenait à mademoiselle de Saint-André, et, le sachant, vous avez exposé ce billet à tomber entre les mains de la reine mère.

— Votre Majesté me rendra au moins la justice de reconnaître que j'ignorais qu'il fût écrit par son ordre, et que ce billet connu pouvait la compromettre?

— Monsieur, vous qui connaissez si bien la valeur des mots de la langue française, vous devez savoir que rien ne compromet ma majesté; je fais ce qui me plaît, et personne n'a rien à y voir ni rien à y dire, et la preuve...

Il alla à la table, prit le parchemin déjà rayé par une ligne et demie de son écriture.

— Et la preuve, tenez...

Il fit le mouvement de déchirer le parchemin.

— Ah! sire, que votre colère tombe sur moi et non sur un innocent!

— Du moment où mon ennemi le protége, il n'est plus innocent pour moi, monsieur.

— Votre ennemi, sire! s'écria le prince; le roi me considère-t-il comme son ennemi?

— Pourquoi pas, puisque de ce moment je suis le vôtre?

Et il déchira le parchemin.

— Sire, sire, au nom du ciel! s'écria le prince.

— Monsieur, voici ma réponse aux menaces que vous faisiez tout à l'heure au nom du parti huguenot. Je le défie, monsieur, et vous avec lui, s'il vous plaît par hasard d'en prendre le commandement. Ce soir, le conseiller Anne Dubourg sera exécuté.

— Sire, c'est le sang d'un innocent, c'est le sang d'un juste qui va couler!

— Eh bien, dit le roi, qu'il coule, et qu'il tombe goutte à goutte sur la tête de celui qui le répand.

— Et celui-là, sire?

— C'est vous, monsieur de Condé!

Et, montrant du doigt la porte au prince :

— Sortez, monsieur! dit-il.

— Mais, sire..., insista le prince.

— Sortez, vous dis-je! grinça le roi en frappant du pied. Il n'y aurait pas sûreté pour vous à rester dix minutes de plus au Louvre.

Le prince s'inclina et sortit.

Le roi, écrasé, tomba dans son fauteuil, les coudes sur la table, la tête entre ses mains.

XX

DÉCLARATION DE GUERRE

On comprend facilement que, si le roi était furieux, le prince de Condé n'était pas en proie à une rage moins grande, et cette rage était d'autant plus intense, qu'il ne pouvait s'en prendre à personne qu'à lui-même de ce qui lui arrivait, puisque c'était lui qui était venu chez mademoiselle de Saint-André, puisque c'était lui qui avait découvert le billet dans le mouchoir, puisque c'était lui, enfin, qui avait remis ce billet à l'amirale de Coligny.

Aussi, comme tous les gens qui se trouvent empêtrés par leur faute dans une mauvaise affaire, résolut-il de mener celle-ci jusqu'au bout et de brûler jusqu'au dernier vaisseau sur lequel il pouvait faire retraite.

D'ailleurs, après avoir souffert tout ce que lui avait fait souffrir mademoiselle de Saint-André, son plus grand désespoir, car il eût ressemblé à une honte et une impuissance, eût été de se retirer sans lancer en se retirant cette flèche de Parthe qui revient si souvent percer le cœur de l'amoureux qui la lance : la vengeance.

Or, la vengeance contre le roi, il l'avait déjà résolue ; mais la vengeance contre mademoiselle de Saint-André, il la méditait encore.

Un instant, il se demanda s'il n'y avait pas une certaine lâcheté à lui, homme, de se venger d'une femme ; mais de même qu'il s'était interrogé, il se répondit à lui-même que ce n'était pas un faible ennemi que cette jeune fille au cœur dissimulé et vindicatif, qui allait devenir, le jour même, sans doute, la maîtresse déclarée du roi.

Oui, certes, il courait un moins grand danger à envoyer un appel au plus brave et au plus adroit gentilhomme de la cour, qu'à se brouiller sans merci avec mademoiselle de Saint-André.

Il savait bien qu'une fois brouillé avec elle, c'était une guerre mortelle, sans paix ni trêve, qu'il lui faudrait soutenir contre elle, et que cette guerre durerait, féconde en périls, en embûches, en attaques ouvertes ou souterraines, tant que durerait l'amour du roi.

Et avec la beauté splendide de son ennemie, avec son caractère multiple, avec son tempérament plein de lascifs enivrements, il comprenait que cet amour, comme celui de

Henri II pour la duchesse de Valentinois, pouvait durer aussi longtemps que sa vie.

Il ne courait donc pas le danger de l'homme brave qui va face à face affronter le lion ; mais il bravait ce péril, bien autrement sérieux, quoique moins grave en apparence, du voyageur imprudent qui, armé d'une simple baguette, s'amuse à agacer ce charmant serpent cobra dont la moindre piqûre est mortelle.

Ce danger était si grand en réalité, que le prince se demanda un instant s'il était bien nécessaire d'ajouter cette foudre nouvelle aux éclairs et aux tonnerres qui grondaient déjà sur sa tête.

Mais, de même qu'il avait hésité quand, avant de réfléchir, il avait craint de tomber dans une lâcheté, de même il se sentit invinciblement poussé en avant quand il vit que son action, lâche en apparence, était, en réalité, téméraire jusqu'à la folie.

S'il lui eût fallu descendre les escaliers, traverser la cour, remonter dans quelque autre corps de logis, mettre enfin le temps d'une réflexion plus sérieuse entre sa sortie de l'appartement du roi et son entrée dans celui de mademoiselle de Saint-André, peut-être la raison fût-elle venue à son aide, et, comme la Minerve antique, tirant par la main Ulysse de la mêlée, la froide déesse l'eût-elle tiré hors du Louvre. Mais, par malheur, le prince n'avait qu'à suivre le corridor dans lequel il se trouvait pour rencontrer à sa gauche, après un ou deux détours, la porte de mademoiselle de Saint-André.

Il sentait que chaque pas qu'il faisait l'en rapprochait ; et, à chaque pas, les pulsations de son cœur redoublaient de rapidité et de violence.

Enfin, il arriva devant cette porte.

Il pouvait détourner la tête, passer, continuer son chemin ; sans doute, c'était le conseil que lui donnait tout bas son bon ange, mais il n'écouta que le mauvais. Il s'arrêta comme si ses pieds prenaient racine au parquet, et Daphné, changée en laurier, ne semblait pas plus immuablement fixée à la terre.

Après un instant, non d'hésitation, mais de réflexion, comme César lançant sa javeline de l'autre côté du Rubicon :

— Allons ! dit-il. *Alea jacta est!*

Et il frappa.

La porte s'ouvrit.

Le prince pouvait encore avoir cette chance, que mademoiselle de Saint-André fût sortie ou ne voulût pas le recevoir.

La destinée était écrite, mademoiselle de Saint-André était chez elle, et ces deux mots : « Faites entrer, » arrivèrent jusqu'au prince.

Dans l'intervalle que l'on mit à le conduire, de l'antichambre où il attendait la réponse, au boudoir, où cette réponse avait été prononcée à voix assez haute pour qu'on l'entendît, Louis de Condé sentit passer, comme un éblouissement devant ses yeux et devant son cœur, tout ce vaste panorama des six mois qui venaient de s'écouler, depuis ce jour où il avait, par une effroyable pluie d'orage, rencontré la jeune fille dans cette mauvaise auberge des environs de Saint-Denis, jusqu'à l'heure où il l'avait vue entrer dans la salle des Métamorphoses avec une branche de myrte enlacée dans les cheveux, et où son regard indiscret ne l'avait point perdue de vue une seconde, jusqu'au moment où, de toute la parure qu'elle avait en entrant dans la salle, elle n'avait gardé que cette branche de myrte.

Et, à mesure que ce panorama se déroulait devant ses yeux, il voyait, si rapidement que ce fût, se répéter, pendant une nuit de Saint-Cloud, cette scène entre la jeune fille et le page ; puis il la retrouvait au bord du grand bassin dans la demi-teinte que projetait sur elle l'ombre tremblante des platanes et des saules ; puis il se regardait lui-même, debout et immobile sous les fenêtres, attendant qu'une persienne s'entr'ouvrît et qu'une fleur ou un billet tombât à ses pieds ; enfin, il se retrouvait sous ce lit où, pendant une première nuit, il avait attendu vainement, où personne n'était venu, et où, pendant une seconde, il avait vu venir, non-seulement ceux qu'il attendait, mais encore ceux qu'il n'attendait pas : et toutes ces sensations diverses, éblouissement de l'auberge, jalousie du témoin caché, contemplation de la jeune fille se mirant dans le bassin, impatience de l'attente sous les fenêtres, angoisse de l'amant dans la chambre des Métamorphoses, toutes ces sensations montant à son cerveau, faisant battre ses tempes, brisant son cœur, tenaillant ses entrailles, toutes ces sensations, s'emparant de lui, l'assaillirent à la fois dans l'espace de quelques secondes.

Aussi se fut en frémissant, et pâle à la fois de jalousie, de colère, d'amour, de honte et de haine, qu'il se retrouva en face de mademoiselle de Saint-André.

Mademoiselle de Saint-André était seule.

Dès qu'elle aperçut le prince cachant tous les sentiments opposés qui luttaient en lui sous un air passablement impertinent, dès qu'elle eut vu le sourire railleur perché sur ses lèvres comme l'oiseau moqueur d'Amérique sur une branche, la jeune fille fronça le sourcil, mais imperceptiblement : c'était, sous le rapport de la dissimulation, une âme bien autrement trempée que celle du prince de Condé.

Le prince la salua d'un air dégagé.

Mademoiselle de Saint-André ne se méprit pas à l'expression de ce salut; elle comprit que c'était un ennemi qui venait à elle.

Mais elle ne fit rien paraître de ces lueurs qui pénétraient en elle, et, au salut dégagé, au sourire moqueur du prince, elle répondit par une longue et gracieuse révérence.

Puis, lui souriant de son œil le plus caressant et lui adressant la parole de sa voix la plus douce :

— A quelle sainte, prince, demanda-t-elle, dois-je adresser mes remerciements pour cette visite aussi matinale qu'inattendue?

— A sainte Aspasie, mademoiselle, répondit le prince en s'inclinant avec un respect affecté.

— Monseigneur, répondit la jeune fille, je doute que je la trouve, si minutieusement que je cherche, sur le calendrier de l'an de grâce 1559.

— Alors, mademoiselle, si vous voulez absolument remercier une sainte pour cette mince faveur de ma présence, attendez que mademoiselle de Valentinois soit morte et ait été canonisée; ce qui ne peut pas manquer de lui arriver, si vous la recommandez au roi.

— Comme je doute que mon crédit aille jusque-là, monseigneur, je me bornerai à vous remercier vous-même, en vous demandant bien humblement ce qui me procure le plaisir de vous voir.

— Comment! vous ne devinez pas?

— Non.

— Je viens vous faire mes compliments bien sincères sur la nouvelle faveur dont Sa Majesté vous honore.

La jeune fille devint pourpre; puis, par une réaction subite, ses joues se couvrirent d'une pâleur mortelle.

Et cependant elle était bien loin encore de soupçonner la réalité; elle crut seulement que l'aventure de la nuit était déjà ébruitée et que l'écho en avait retenti aux oreilles du prince.

Elle se contenta donc de regarder le prince avec une expression qui tenait le milieu entre l'interrogation et la menace.

Le prince fit semblant de ne rien voir.

— Eh bien, demanda-t-il en souriant, qu'y a-t-il donc, mademoiselle, et en quoi le compliment que j'ai l'honneur de vous adresser a-t-il pu instantanément donner à vos joues la couleur de vos lèvres (il est vrai qu'elles ne l'ont pas conservée longtemps) et du mouchoir que vous m'avez fait l'honneur de me donner l'autre nuit?

Le prince appuya sur ces derniers mots d'une façon si significative, qu'il n'y eut plus à se tromper sur l'expression que prit le visage de mademoiselle de Saint-André.

Il tourna tout entier à la menace.

— Prenez garde, monseigneur! dit-elle d'une voix d'autant plus terrible qu'elle affectait un calme parfait. Je crois que vous êtes venu ici avec l'intention de m'insulter.

— Me croyez-vous capable d'une pareille audace, mademoiselle?

— Ou d'une pareille lâcheté, monseigneur. Lequel des deux mots serait le plus convenable en cette circonstance?

— C'est ce que je me suis demandé à la porte, mademoiselle. Je me suis répondu : *Audace!*... et je suis entré.

— Alors vous avouez que telle était votre intention?

— Peut-être. Mais, en y réfléchissant, j'ai préféré me présenter à vous à tout autre titre.

— Et auquel?

— Comme un ancien adorateur de vos charmes, changé en courtisan de votre fortune.

— Et sans doute, en cette qualité, vous venez me demander quelque grâce?

— Une grâce immense, mademoiselle.

— Laquelle?

— Celle de vouloir bien me pardonner d'être la cause de la malencontreuse visite de cette nuit.

Mademoiselle de Saint-André regarda le prince d'un œil de doute, car elle ne pouvait croire qu'un homme marchât si imprudemment et si directement au gouffre. De pâle, elle devint livide.

— Prince, dit-elle, vous avez réellement fait ce que vous dites?

— Je l'ai fait.

— Si cela est vrai, laissez-moi vous dire qu'il fallait tout simplement que vous eussiez perdu l'esprit.

— Je crois tout simplement, au contraire, que je l'avais perdu jusqu'à ce moment-là, et que c'est à ce moment-là seulement que je l'ai retrouvé.

— Mais croyez-vous aussi qu'une pareille insulte restera impunie, monsieur, tout prince que vous êtes, ou espérez-vous que je n'en instruirai pas le roi?

— Oh! c'est inutile.

— Comment, c'est inutile?

— Mon Dieu, oui, attendu que je viens de l'en instruire moi-même.

— Et lui avez-vous dit aussi qu'en sortant de chez lui vous comptiez entrer ici?

— Non, par ma foi! car je n'y songeais pas; l'idée m'est venue en route; votre porte s'est trouvée sur mon chemin, et vous connaissez le proverbe : « L'occasion fait le larron. » Je me suis dit que ce serait une véritable curiosité, si, par bonheur, j'étais le premier à vous faire mon compliment. Suis-je le premier?

— Oui, monsieur, et ce compliment, dit fièrement mademoiselle de Saint-André, je le reçois.

— Ah! puisque vous le recevez si bien, laissez-moi vous en faire un autre.

— Sur quoi?

— Sur le goût de votre toilette dans une circonstance aussi solennelle.

Mademoiselle de Saint-André se mordit les lèvres. Le prince la conduisait sur un terrain où il était difficile qu'elle se défendît avec avantage.

— Vous êtes homme d'imagination, monseigneur, dit-elle, et vous m'avez bien certainement, grâce à cette imagination, fait les honneurs d'une toilette bien supérieure à celle que j'avais en réalité?

— Non pas, je vous jure; elle était simple, au contraire; il y avait surtout une branche de myrte enlacée à ces beaux cheveux.

— Une branche de myrte! s'écria la jeune fille; d'où savez-vous que j'avais une branche de myrte dans les cheveux?

— Je l'ai vue.

— Vous l'avez vue?

Mademoiselle de Saint-André commençait à n'y plus rien comprendre et sentait son sang-froid près de lui échapper.

— Voyons, prince, dit-elle, continuez, j'aime les fables.

— Alors vous devez vous rappeler celle de Narcisso... Narcisse amoureux de lui-même, se regardant dans un ruisseau.

— Après?

— Eh bien, avant-hier, j'ai vu quelque chose de pareil, ou plutôt de bien autrement merveilleux : c'est une jeune fille amoureuse d'elle et se regardant dans un miroir avec non moins de volupté que Narcisse se regardant dans son ruisseau.

Mademoiselle de Saint-André jeta un cri. Il était impossible que le prince eût inventé cela, ou qu'on le lui eût raconté. Elle était seule, ou plutôt elle se croyait seule dans la chambre des Métamorphoses, quand avait eu lieu cette scène à laquelle le prince faisait allusion. La rougeur prit le dessus, elle redevint pourpre.

— Vous mentez! dit-elle.

Mademoiselle de Saint-André rugissait entre ses dents; seulement, elle essaya de dissimuler ce rugissement dans un éclat de rire.

— Oh! reprit-elle, le beau conte que vous nous faites là!

— Oui, vous avez raison; le conte est beau; mais qu'est-il en comparaison de la réalité? Malheureusement, la réalité fut passagère comme un rêve. La belle nymphe attendait un dieu, et voilà que ce dieu ne put pas venir, la déesse, sa femme, étant tombée de cheval comme une simple mortelle et s'étant blessée.

— Avez-vous encore beaucoup de choses dans le genre de celles-là à me dire, monsieur? grinça mademoiselle de Saint-André, toute prête, malgré sa force, à se laisser emporter à la colère.

— Non, je n'ai plus qu'un mot : le rendez-vous fut remis au lendemain. Voilà ce que j'étais venu vous dire; et, sur ce, dans l'espoir de l'avenir, permettez-moi de terminer comme si j'étais déjà roi, la présente visite n'étant à autre fin ; sur ce, je prie Dieu qu'il vous ait en sa sainte et digne garde!

Et, sur ce, en effet, le prince de Condé sortit avec cette

impertinence qui, deux siècles plus tard, fit la réputation des Lauzun et des Richelieu.

Arrivé sur le palier de l'escalier, il s'arrêta, et, jetant un regard en arrière :

— Bon! dit-il, me voilà brouillé avec la reine mère, me voilà brouillé avec le roi, me voilà brouillé avec mademoiselle de Saint-André, et tout cela d'un seul coup. Belle matinée, ma foi! pour un cadet de Navarre... Bah! ajouta-t-il philosophiquement, il est vrai que les cadets passent par où les aînés ne passeraient pas.

Et il descendit lestement l'escalier, traversa cavalièrement la cour et salua la sentinelle, qui lui présentait les armes.

XXI

LE FILS DU CONDAMNÉ

Nous avons dit que le prince avait donné rendez-vous à Robert Stuart, de sept à huit heures du soir, sur la place et devant l'église Saint-Germain-l'Auxerrois.

Pour se rendre à ce rendez-vous, il pouvait parfaitement prendre le pont Notre-Dame et le pont aux Moulins; mais un aimant l'attirait vers le Louvre : il traversa la rivière avec le passeur et aborda devant la tour de Bois.

Son chemin était d'appuyer à droite, il appuya à gauche.

Il allait au danger comme la phalène imprudente va à la lumière.

Il connaissait bien ce chemin : pendant quatre ou cinq mois, tous les soirs, il l'avait fait en espérant.

Maintenant qu'il n'espérait plus, pourquoi le faisait-il encore?

Il repassa donc par la même voie; puis, arrivé sous les fenêtres de mademoiselle de Saint-André, il s'arrêta comme il avait l'habitude de s'arrêter.

Il les connaissait bien, ces fenêtres!

Les trois premières étaient celles de la chambre à coucher et du boudoir de Charlotte; les quatre autres étaient celles du maréchal.

Puis, après les quatre fenêtres du maréchal, venait une autre fenêtre encore, à laquelle il n'avait jamais fait attention.

Cette fenêtre restait toujours sombre, soit que la chambre sur laquelle elle s'ouvrait ne fût jamais éclairée, soit que d'épais rideaux tirés avec soin empêchassent la lumière de filtrer au dehors.

Cette fois, pas plus que les autres, il n'eût fait attention à cette fenêtre, s'il n'eût cru l'entendre grincer sur ses gonds. Puis il lui sembla voir passer une main par l'entre-bâillement des deux volets, et de cette main s'envoler, pareil à un papillon de nuit, un petit papier qui, porté par le vent du soir, semblait faire tous ses efforts pour arriver à son adresse.

La main disparut, la fenêtre se referma, que le papier n'avait pas encore touché la terre.

Le prince l'attrapa au vol, sans bien se rendre compte de ce qu'il était et sans savoir si c'était à lui qu'il était destiné.

Puis, comme la demie après sept heures sonnait à l'église Saint-Germain-l'Auxerrois, il se rappela son rendez-vous et sembla se diriger vers l'endroit où le frémissement du bronze semblait l'appeler.

En attendant, il tournait et retournait le billet entre ses doigts; mais l'obscurité de la nuit l'empêchait de savoir à quoi s'en tenir sur sa frêle conquête.

Au coin de la rue Chilpéric, se trouvait une petite auberge, dans la muraille de laquelle on avait pratiqué une niche;

dans la niche était une petite madone de bois doré, et devant la madone brûlait une chandelle de résine, espèce de torche qui indiquait aux zélés catholiques une auberge chrétienne et un dévot aubergiste, mais qui, pour les voyageurs attardés, prononçait hautement ces paroles : « Ici, on loge à la nuit. »

Le prince de Condé s'approcha de la maison, monta sur le banc de pierre placé près de la porte, et, se plaçant sous les rayons vacillants du fanal, il lut les lignes suivantes, qui le remplirent d'étonnement.

« Le roi est momentanément réconcilié avec la reine mère; ce soir, ils assistent à l'exécution du conseiller Anne Dubourg; je n'ose vous dire : Fuyez! mais je vous dis : Sous quelque prétexte que ce soit, ne rentrez pas au Louvre; il y va de votre tête. »

L'étonnement qu'avaient causé au prince les premières lignes était devenu de la stupéfaction à la dernière phrase. D'où lui venait cet avis? D'un ami certainement. Mais de quel sexe était cet ami? Était-ce un ami ou une amie? Non, c'était une amie; ce n'était point ainsi qu'aurait écrit un homme.

Puis, dans ce palais du Louvre, il n'y avait pas d'homme, il n'y avait que des courtisans, et un courtisan y eût regardé à deux fois avant d'encourir la disgrâce que sa charité méritait.

Ce n'était donc pas un homme.

Mais, si c'était une femme, quelle était cette femme?

Quelle femme pouvait s'intéresser assez vivement à lui, Condé, pour se brouiller d'un seul coup, en supposant que l'avis charitable qu'elle venait de donner au prince fût connu, pour se brouiller d'un seul coup, disons-nous, avec le roi, avec la reine mère, avec mademoiselle de Saint-André?

Mais peut-être était-ce mademoiselle de Saint-André elle-même!...

Oh! quant à cela, avec un moment de réflexion, le prince comprenait bien que c'était impossible : il avait trop cruellement blessé la lionne, et la lionne devait être encore occupée de la blessure qu'il lui avait faite.

Il avait bien au Louvre deux ou trois anciennes maîtresses, mais avec celles-là il était brouillé, et, quand les femmes n'aiment plus, elles haïssent.

Une seule avait peut-être encore quelque reste de tendresse pour lui : la jolie mademoiselle de Limeuil; mais il connaissait depuis vieux temps les pattes de mouche de la charmante enfant; ce n'était pas de son écriture, et l'on ne se hasarde pas à prendre un secrétaire pour écrire un pareil billet. Était-ce, d'ailleurs, une écriture de femme ?

Le prince se haussa sur la pointe des pieds pour se rapprocher autant que possible de la lumière.

Oui, c'était une écriture de femme bien certainement, et, malgré l'allure magistrale de ces caractères que nous ne saurions comparer qu'à une belle écriture anglaise de nos jours, un expert ne se fût pas trompé, et, en écriture de femme, le prince, à force de recevoir des lettres, était devenu expert. Si les pleins des caractères étaient fermes, les déliés avaient quelque chose de fin, de gracieux et d'efféminé.

Puis le petit billet, dans son ensemble, était si net, le papier en était si fin, si velouté, si soyeux, et révélait un si doux parfum de chambre à coucher ou de boudoir féminin, que, bien décidément, c'était d'une femme.

Alors revenait cette question qui, elle, ne recevait point de réponse : Quelle est donc cette femme ?

Le prince de Condé, qui avait parfaitement oublié son rendez-vous pour ne s'occuper que de sa lettre, eût passé la nuit à chercher le nom de cette femme, et, selon toute probabilité, à le chercher inutilement, si, heureusement pour lui, Robert Stuart, qui le voyait de loin perché sur son banc, et dont le cœur était agité d'une préoccupation bien autrement grave, ne fût apparu tout à coup, comme s'il sortait de terre, dans le cercle de lumière que projetait la torche.

Il salua le prince profondément.

Le prince rougit d'être surpris lisant ce billet, et la façon dont il rougissait le confirma dans cette certitude que le billet venait d'une femme.

— C'est moi, prince, dit le jeune homme.

— Vous voyez, monsieur, que je tiens à ma parole, dit le prince en sautant à bas de son banc de pierre.

— Et moi, dit Robert Stuart, j'attends l'occasion de vous prouver que je tiendrai la mienne.

— J'ai une triste nouvelle à vous annoncer, monsieur, dit le prince d'une voix émue.

Le jeune homme sourit avec amertume.

— Parlez, prince, dit-il, je suis préparé à tout.

— Monsieur, dit le prince avec une gravité qu'on eût été étonné de trouver dans un homme que l'on tenait, en général, pour un des plus frivoles de son temps, nous vivons à une époque où les notions du bien et du mal sont confuses, vacillantes, indécises; le monde, depuis quelques années, semble dans une sorte d'enfantement, et les douleurs qu'occasionne ce travail jettent dans l'âme de quelques-uns de sinistres clartés, tandis qu'elles plongent celles des autres dans de profondes ténèbres. Que résultera-t-il du choc des passions qui se heurtent en ce moment? Je l'ignore...

— Pourquoi ne pas dire tout de suite, prince... « Jeune homme, ton père est condamné; je t'avais promis la grâce de ton père, et la grâce m'a été refusée; je t'avais dit que ton père ne mourrait pas, et ton père va mourir ce soir. »

— Monsieur, dit le prince, presque honteux du mensonge à l'aide duquel il tentait de tromper le jeune homme, monsieur, tout n'est peut-être pas aussi bas que vous le dites.

— Me dites-vous d'espérer, prince? demanda Robert Stuart.

Condé n'osa répondre; il y avait dans le regard du jeune homme une expression qui arrêtait la parole sur ses lèvres.

— Hier, l'arrêt de mort n'était pas encore approuvé, pas encore signé par le roi; aujourd'hui, malgré mes efforts, il est signé, il a été signifié; dans une heure peut-être il sera exécuté...

— Une heure! gronda sourdement le jeune homme entre ses dents. On fait bien des choses en une heure!

Il s'élança et fit vingt pas à peu près; puis, revenant vers le prince et saisissant sa main, qu'il couvrit de baisers et baigna de pleurs :

— A partir d'aujourd'hui, à partir de cette minute, prince, dit-il, vous n'avez pas de serviteur plus fidèle ni plus dévoué que moi. Mon corps, mon âme, ma tête, mon bras, mon cœur, sont à vous, et je vous donne ma vie jusqu'à la dernière goutte de mon sang!

Puis, cette fois, il s'éloigna à pas lents et disparut à l'angle du quai, après avoir fait au prince un dernier signe de tête.

XXII

HORS DE PAGE

Le jeune homme était déjà à la hauteur de la pointe de la Cité, que le prince n'était pas encore sorti de sa préoccupation.

Il est vrai que cette préoccupation avait peut-être, par un de ces fréquents caprices de la mémoire, fait retour de Robert Stuart à ce billet tombé d'une fenêtre du Louvre et que le prince venait de lire, une demi-heure auparavant, à la lueur de la lampe de la madone.

Quel que fût l'objet de sa préoccupation, il en fut tiré par un incident nouveau et inattendu.

Un jeune homme, tête nue et sans pourpoint, la respiration râlante, sortait du Louvre et traversait la place en courant, comme s'il eût été poursuivi par quelque chien enragé.

Le prince crut le reconnaître pour le page du maréchal de Saint-André, qu'il avait vu une première fois dans l'auberge près de Saint-Denis, une seconde fois dans les jardins de Saint-Cloud.

— Hé! cria le prince quand il le vit à dix pas de lui, où courez-vous ainsi, mon jeune maître?

Le jeune homme s'arrêta aussi subitement que s'il se fût présenté sur ses pas un infranchissable obstacle.

— C'est vous, monseigneur? s'écria-t-il, reconnaissant à son tour le prince, malgré le manteau sombre qui l'enveloppait et le chapeau à larges bords qui lui couvrait les yeux.

— Parbleu! oui, c'est moi; et c'est vous aussi, si je ne m'abuse? Vous êtes Mézières, le jeune page de M. de Saint-André?

— Oui, monseigneur.

— Et, de plus, si j'en crois les apparences, l'amoureux de mademoiselle Charlotte? ajouta le prince.

— Oh! je l'étais, oui, monseigneur, mais je ne le suis plus.

— Bon!

— Pour cela, je vous le jure!

— Vous êtes bien heureux, jeune homme, dit, moitié gaîment, moitié tristement, le prince, de pouvoir donner ainsi congé à vos amours; mais je n'en crois rien.

— Comment! monseigneur?

— Si vous n'étiez pas amoureux comme un fou, ou fou comme un amoureux, rien ne m'expliquerait cette course échevelée au milieu de la nuit et à cette heure de la nuit.

— Monseigneur, dit le page, je viens de recevoir le plus mortel outrage qu'un homme ait jamais reçu.

— Un homme! dit le prince souriant : de qui est-il question? Ce n'est pas de vous?

— Pourquoi ne serait-ce pas de moi?

— Mais parce que vous n'êtes qu'un enfant.

— Je vous dis, monseigneur, continua le jeune homme, je vous dis que j'ai été traité de la plus épouvantable façon; homme ou enfant, comme j'ai le droit de porter une épée au côté, je m'en vengerai.

— Si vous aviez le droit de porter une épée au côté, il fallait vous en servir.

— J'ai été pris par des valets, saisi, garrotté, et...

Le jeune homme s'arrêta avec un geste de suprême colère, et ses yeux bleus, comme ceux des animaux de nuit, lancèrent un double éclair dans l'obscurité.

A ce signe, le prince reconnut l'homme de haine et de sang.

— Et?... répéta le prince.

— Et fouetté, monseigneur! dit le jeune homme avec un cri de rage.

— Alors, dit le prince en raillant, vous voyez bien que ce n'est pas comme un homme qu'on vous a traité, mais comme un enfant.

— Monseigneur, monseigneur, s'écria Mézières, les enfants deviennent vite des hommes, quand ils ont dix-sept ans et une pareille injure à venger!

— A la bonne heure! dit le prince reprenant son sérieux, j'aime que l'on parle ainsi, jeune homme. Et comment avez-vous pu encourir un pareil affront?

— J'étais, comme vous venez de le dire, monseigneur, amoureux fou de mademoiselle de Saint-André. Pardonnez-moi cet aveu fait à vous, monseigneur...

— Et pourquoi aurais-je quelque chose à vous pardonner?

— A vous qui l'aimez presque autant que moi.

— Ah! ah! dit le prince, vous vous étiez aperçu de cela, jeune homme?

— Prince, vous ne me rendrez jamais en bien la centième partie du mal que vous m'avez fait souffrir.

— Qui sait?... Continuez.

— J'aurais donné ma vie pour elle, continua en effet le page, et, quelle que fût la barrière que la naissance avait mise entre elle et moi, je me sentais destiné, sinon à vivre, du moins à mourir pour elle.

— Je connais cela, dit le prince en souriant et en faisant un signe de la main, comme s'il voulait écarter de lui un objet désagréable... Continuez.

— Je l'aimais tant, monseigneur, que j'eusse consenti à la voir la femme d'un autre, à la condition que cet autre l'eût aimée et respectée comme je l'eusse aimée et respectée moi-même. Oui, la savoir aimée, heureuse et honorée, m'eût suffi. C'est vous dire, monseigneur, où s'arrêtaient mes vues ambitieuses et mes désirs amoureux.

— Eh bien, dit le prince, qu'est-il arrivé ?

— Eh bien, monseigneur, quand j'ai appris qu'elle était la maîtresse du roi, quand j'ai appris qu'elle trompait non-seulement moi, qui étais plus que son amant : son esclave ! non-seulement moi, dis-je, mais vous qui l'adoriez, mais M. de Joinville qui allait l'épouser, mais toute la cour qui, au milieu de cette escouade de filles éhontées et perdues, la croyait une enfant chaste, pure, candide; quand j'ai eu cette révélation, monseigneur, quand j'ai su qu'elle était la maî-d'un autre homme...

— Pas d'un autre homme, monsieur, dit Condé avec un accent intraduisible, d'un roi.

— Soit ! d'un roi; mais il n'en est pas moins vrai qu'il m'est venu à l'idée de tuer cet homme, tout roi qu'il était.

— Diable ! mon beau page, dit-il, vous n'y allez pas de main morte ! Tuer le roi pour une aventure amoureuse ! Si l'on ne vous a que fouetté pour cette idée, il me semble que vous avez tort de vous plaindre.

— Oh ! ce n'est point pour cette idée que l'on m'a fouetté, dit Mézières.

— Pourquoi donc ? Savez-vous que votre histoire commence à m'intéresser ? Seulement, vous est-il égal de me la raconter en marchant ? D'abord parce que j'ai les pieds littéralement gelés, et ensuite parce que j'ai affaire du côté de la Grève.

— Peu m'importe où je vais, monseigneur, dit le jeune homme, pourvu que je m'éloigne du Louvre.

— Eh bien, cela tombe à merveille, dit le prince en faisant résonner ses bottes sur le pavé. Venez avec moi, je vous écoute.

Puis, le regardant avec un sourire :

— Voyez cependant ce que c'est qu'un malheur commun, dit-il. Hier, c'était moi que vous croyiez aimé, et c'était moi que vous aviez envie de tuer. Aujourd'hui que c'est le roi qu'on aime, l'infortune nous rapproche et me voilà votre confident, et confident en la loyauté duquel vous avez si grande confiance, que vous venez lui avouer la bonne envie que vous avez de tuer le roi. Enfin, vous ne l'avez pas tué, n'est-ce pas ?

— Non ; seulement, j'ai passé une heure dans ma chambre, en proie à une fièvre ardente.

— Bon ! murmura le prince, c'est comme moi.

— Au bout de deux heures, n'ayant pris aucune résolution, j'ai été frapper à la porte de mademoiselle de Saint-André pour lui reprocher son infâme conduite.

— Toujours comme moi, murmura le prince.

— Mademoiselle de Saint-André n'était pas chez elle.

— Ah ! dit le prince, ici la similitude disparaît. J'ai été plus heureux que vous, moi !

— Ce fut le maréchal qui me reçut. Le maréchal m'aimait beaucoup ; il le disait, du moins. En me voyant si pâle, il fut effrayé.

« — Qu'avez-vous, Mézières ? me demanda-t-il. Êtes-vous donc malade ?

« — Non, monseigneur, lui répondis-je.

« — Qu'avez-vous alors qui vous trouble à ce point ?

« — Oh ! monseigneur, j'ai le cœur gonflé d'amertume et de haine.

« — De haine, Mézières, à votre âge ? La haine sied mal à l'âge de l'amour.

« — Monseigneur, je hais, je veux me venger. Je venais demander conseil à mademoiselle de Saint-André.

« — A ma fille ?

« — Oui ; et, puisqu'elle n'y est pas...

« — Vous voyez.

« — Ce conseil, c'est à vous que je le demanderai.

« — Parlez, mon enfant.

« — Monseigneur, continuai-je, j'aimais ardemment une jeune...

« — A la bonne heure, Mézières ! me dit en riant le maréchal, parlez-moi de vos amours ; les mots d'amour viennent naturellement sur les lèvres de votre âge, comme au printemps viennent les fleurs dans les jardins ; et êtes-vous payé de retour par celle que vous aimez si ardemment ?

« — Monseigneur, je n'y prétendais même pas. Elle était tellement au-dessus de moi par sa naissance et par sa fortune, que je l'adorais au fond de mon cœur comme une divinité dont j'osais à peine baiser le bas de la robe.

« — C'est une dame de la cour, alors ?

« — Oui, monseigneur, répondis-je en balbutiant.

« — Je la connais, alors ?

« — Oh ! oui.

« — Eh bien, que vous est-il arrivé, Mézières ? Votre divinité va se marier, devenir la femme d'un autre, et c'est ce qui vous trouble ?

« — Non, monseigneur, répondis-je enhardi par la colère que ces mots réveillaient en moi ; non, la femme que j'aime ne va pas se marier.

« — Et pourquoi cela ? demanda le maréchal en me regardant d'un air inquiet.

« — Parce que la femme que j'aime est publiquement la maîtresse d'un autre.

« A ces mots, ce fut au maréchal de se troubler à son tour.

« Il devint pâle comme un mort, et, faisant un pas en avant en me regardant fixement et durement :

« — De qui voulez-vous parler? me demanda-t-il d'une voix brisée.

« — Ah! vous le savez bien, monseigneur! répondis-je; et quand je viens vous parler de ma vengeance, c'est parce que je présume qu'à cette heure vous cherchez quelqu'un pour la vôtre.

« En ce moment, le capitaine des gardes entra.

« — Silence! me dit le maréchal. Sur votre tête, silence!

« Puis, comme s'il eût jugé qu'il était plus prudent encore de m'éloigner tout à fait :

« — Sortez! dit-il.

« — Je compris, ou plutôt je crus comprendre. S'il arrivait malheur au roi, et que le malheur vînt de ma part, le maréchal, vu causant avec moi par le capitaine des gardes, était compromis.

« — Oui, monseigneur, répondis-je, oui, je sors.

« Et je m'élançai par une des portes de dégagement de l'intérieur pour ne point rencontrer le capitaine des gardes soit dans le corridor, soit dans l'antichambre.

« Seulement, une fois hors de la salle, une fois hors de vue, je m'arrêtai; puis je revins sur la pointe du pied, puis j'appliquai mon oreille à la tapisserie, seul obstacle qui m'empêchait de voir ce qui allait se passer, mais sans m'empêcher d'entendre.

« Jugez de mon étonnement, de mon indignation, monseigneur!

« C'étaient les lettres patentes de gouverneur de Lyon que l'on apportait à M. de Saint-André.

« Le maréchal reçut titre et faveurs avec l'humilité d'un sujet reconnaissant, et l'officier fut chargé de reporter les actions de grâces du père à l'amant de la fille!

« A peine fut-il sorti, que je ne fis qu'un bond de l'endroit où j'étais caché jusqu'en face du maréchal.

« Je ne sais ce que je lui dis, je ne sais de quelle injure

je flétris ce père qui vendait sa fille ; mais ce que je sais, c'est qu'après une lutte désespérée où je cherchais, où je demandais la mort, je me trouvai lié, garrotté, aux mains des laquais, livré au fouet, aux verges, à l'infamie !

« Au milieu des larmes, ou plutôt à travers du sang qui coulait de mes yeux, je vis le maréchal qui me regardait d'une fenêtre de son appartement ; alors, je fis un serment terrible : c'est que cet homme, qui faisait frapper de verges celui qui lui venait offrir de le venger, c'est que cet homme ne mourrait que de ma main.

« Je ne sais si ce fut la douleur ou la colère, mais je m'évanouis.

« En revenant à moi, je me retrouvai libre et je m'élançai hors du Louvre, renouvelant le serment terrible que j'avais fait. Monseigneur ! monseigneur ! continua le page avec une exaltation croissante, je ne sais s'il est vrai que je ne sois qu'un enfant ; à mon amour, à ma haine, je me croyais autre chose ! Mais vous êtes un homme, vous ! mais vous êtes un prince ! eh bien, je vous le dis comme je l'ai dit alors : le maréchal ne mourra que de ma main !

— Jeune homme !

— Et moins encore pour l'injure qu'il m'a faite que pour celle qu'il a reçue.

— Jeune homme, dit le prince, savez-vous qu'un pareil serment est un blasphème ?

— Monseigneur, dit le page, tout entier à la pensée qui le maîtrisait et comme s'il n'eût pas entendu les paroles du prince, monseigneur, c'est un miracle de la Providence qui a permis qu'en sortant du Louvre vous fussiez la première personne que je rencontrasse ; monseigneur, je vous offre mes services ; notre amour était semblable, si notre haine n'est pas la même, monseigneur, au nom de cet amour commun, je vous prie de me recevoir parmi vos serviteurs ; ma tête, mon cœur, mon bras seront à vous, et, à la première occasion, je vous prouverai qu'on ne peut pas m'accuser d'ingratitude. Acceptez-vous, monseigneur ?

Le prince demeura un instant pensif.

— Eh bien, monseigneur, répéta le jeune homme impatient, acceptez-vous l'offre de ma vie?

— Oui, dit le prince en prenant les deux mains du jeune homme dans les siennes, mais à une condition.

— Laquelle, monseigneur?

— C'est que vous renoncerez à votre projet d'assassiner le maréchal.

— Oh! tout ce que vous voudrez, monseigneur, s'écria le jeune homme au comble de l'exaltation, mais pas cela!

— Tant pis, alors! car c'est la première condition que je vous impose pour entrer à mon service.

— Oh! monseigneur, je vous en prie à genoux, n'exigez pas de moi une pareille chose!

— Si vous ne me faites pas le serment que je vous demande, quittez-moi à l'instant même, monsieur; je ne vous connais pas, je ne veux pas vous connaître.

— Monseigneur! monseigneur!

— Je commande à des soldats et non à des bravi.

— Oh! monseigneur, est-il possible qu'un homme refuse à un autre homme la permission de venger une injure mortelle?

— De la façon que vous dites, oui.

— Mais est-il quelque autre moyen au monde?

— Peut-être.

— Oh! dit le jeune homme en secouant la tête, jamais le maréchal ne consentira à croiser l'épée avec un de ses anciens domestiques.

— Naturellement, répondit le prince, dans un duel régulier, non; mais il peut se rencontrer telle occasion où le maréchal ne puisse vous refuser cet honneur.

— Laquelle?

— Supposez le cas où vous le rencontriez sur un champ de bataille.

— Un champ de bataille!

— Eh bien, ce jour-là, Mézières, je m'engage à vous céder ma place, quand même ce serait moi, et non pas vous, qui me trouverais en face de lui.

— Mais, ce jour-là, monseigneur, se présentera-t-il jamais? demanda fiévreusement le jeune homme; est-il possible qu'il se présente?

— Peut-être plus tôt que vous ne pensez, répondit le prince.

— Oh! si j'étais sûr de cela! s'écria le jeune homme.

— Qui diable est sûr de quelque chose en ce monde? dit le prince; il y a des probabilités, voilà tout.

Le jeune homme, à son tour, resta un instant pensif.

— Tenez, monseigneur, dit-il, je ne sais d'où me vient le pressentiment qu'il y a, en effet, quelque chose d'étrange et de menaçant dans l'air; d'ailleurs, on m'a fait une prédiction... J'accepte, monseigneur.

— Et vous faites serment?

— De ne point assassiner traîtreusement le maréchal, oui, monseigneur; mais si je le rencontre sur un champ de bataille...

— Oh! là, je vous le cède, je vous le donne, il est à vous; seulement, prenez garde!

— A quoi?

— Le maréchal est un rude soldat.

— Oh! ceci, monseigneur, c'est mon affaire; que mon bon ou mon mauvais ange me conduise devant lui, c'est tout ce que je demande.

— Alors, c'est dit, et, à cette condition, vous êtes des miens.

— Oh! monseigneur!

Le jeune homme se jeta sur la main du prince et la baisa.

Ils étaient arrivés à la hauteur du pont aux Moulins; le quai commençait à s'encombrer de monde qui se pressait vers la place de Grève. Le prince jugea qu'il était prudent de se débarrasser de Mézières comme il s'était débarrassé de Robert Stuart.

— Vous connaissez l'hôtel de Condé? dit le prince au jeune homme.

— Oui, monseigneur, répondit celui-ci.

— Eh bien, rendez-vous-y, dites que vous faites, à compter de cette heure, partie de ma maison, et demandez une chambre dans le corps de logis destiné à mes écuyers.

Puis le prince ajouta, avec ce sourire charmant qui, lorsqu'il le voulait, lui faisait des amis de ses ennemis, et des fanatiques de ses amis :

— Vous voyez que je vous traite comme un homme, puisque je vous mets hors de page.

— Merci, monseigneur! répondit respectueusement Mézières; à partir de ce moment, disposez de moi comme d'une chose qui vous appartient tout entière.

XXIII

CE QUE PESAIT LA TÊTE DU PRINCE DE CONDÉ

Pendant que s'accomplissaient les événements que nous avons racontés dans les précédents chapitres, c'est-à-dire pendant la double conversation du prince de Condé avec Robert Stuart et Mézières, disons un peu ce qui se passait au Louvre.

Nous avons vu comment M. de Condé avait pris congé du roi, et comment mademoiselle de Saint-André avait pris congé de M. de Condé.

M. de Condé sorti, la jeune fille était restée anéantie par la douleur; mais bientôt, comme une lionne blessée qui, d'abord tombée sous le coup, revient peu à peu à elle, secoue et relève la tête, allonge et regarde ses griffes, et gagne le prochain ruisseau pour s'y regarder à loisir et voir si elle est toujours bien elle-même, mademoiselle de Saint-André était allée à son miroir pour voir si, dans la lutte terrible, elle n'avait rien perdu de sa merveilleuse beauté, et, se voyant toujours aussi séduisante sous le sourire redoutable dont elle recouvrait sa haine, elle ne douta plus de la puissance de ses charmes et prit le chemin des appartements du roi.

Chacun savait déjà l'événement de la veille, de sorte que toutes les portes s'ouvrirent devant mademoiselle de Saint-André, et que, lorsqu'elle fit signe qu'elle désirait ne pas être annoncée, officiers et huissiers se rangèrent contre la muraille et se contentèrent d'indiquer du doigt la chambre à coucher.

Le roi était pensif et méditant dans son fauteuil.

A peine venait-il de se décider à être roi, que déjà le fardeau de la royauté retombait sur ses épaules et l'écrasait.

Aussi, à la suite de sa discussion avec le prince de Condé, avait-il fait dire à sa mère qu'elle lui donnât ses ordres pour qu'il passât chez elle, ou qu'elle lui fît la grâce de venir chez lui.

Il attendait donc, n'osant regarder la porte, de peur de voir apparaître le visage sévère de la reine mère.

Au lieu de ce visage sévère, ce fut la gracieuse figure de la jeune fille qui se dessina sous la tapisserie soulevée.

Mais François II ne la vit pas : il avait la tête tournée du côté opposé à la porte, pensant qu'il serait toujours temps de se retourner quand il entendrait le pas grave et un peu pesant de sa mère faire crier les parquets sous les tapis.

Le pas de mademoiselle de Saint-André n'était point de ceux qui font crier les parquets. Comme les ondines, la belle jeune fille eût, sans les courber, couru sur la tête des joncs; comme les salamandres, elle se fût élevée au ciel sur le chapiteau d'une colonne de fumée.

Elle entra donc dans la chambre sans être entendue, elle s'approcha du jeune roi, et, quand elle fût près de lui, lui jeta amoureusement les bras autour du cou, et, au moment où il relevait la tête, lui appuya ses lèvres brûlantes sur le front.

Ce n'était point Catherine de Médicis ; la reine mère n'avait point pour ses enfants de si ardentes caresses, ou, si elle en avait, elle les gardait pour le favori de ses amours maternelles, pour Henri III. Mais, pour François II, cet enfant conçu par ordonnance du médecin, dans un moment de malaise et de maladie, venu au monde chétif et malsain, à peine avait-elle pour lui l'affection qu'une mercenaire a parfois pour son nourrisson.

Ce n'était donc pas la reine mère.

Ce n'était pas non plus la petite reine Marie.

La petite reine Marie, un peu négligée par son époux, blessée, deux jours auparavant, d'une chute de cheval, couchée sur une chaise longue par ordre des docteurs, qui craignaient une fausse couche à la suite de cette chute, la petite reine, comme on l'appelait, n'était pas en état de venir chez son mari et n'avait aucune raison de lui prodiguer ses caresses, qui furent, du reste, si mortelles à tous ceux qui les reçurent.

C'était donc mademoiselle de Saint-André.

Aussi le roi n'eut-il pas besoin de voir le visage qui souriait au-dessus du sien pour s'écrier :

— Charlotte !

— Oui, mon bien-aimé roi ! dit la jeune fille, Charlotte ; vous pouvez même dire *ma* Charlotte, à moins que vous ne me permettiez plus de dire *mon* François.

— Oh ! toujours, toujours ! dit le jeune prince, qui se rappelait à quel prix il venait d'acheter ce droit dans la discussion terrible qu'il avait eue avec sa mère.

— Eh bien, votre Charlotte vient vous demander une chose.

— Laquelle ?

— Ce que pèse, ajouta la jeune fille avec un charmant sourire, ce que pèse la tête d'un homme qui l'a mortellement insultée.

Une vive rougeur passa sur le front blafard de François II, qui sembla vivre un instant.

— Un homme vous a mortellement insultée, ma mie? demanda-t-il.

— Mortellement.

— Ah! ah! c'est le jour des insultes, dit le roi : car un homme aussi m'a mortellement insulté; malheureusement, je ne puis pas me venger. Tant pis alors pour le vôtre, ma belle amie! dit François II avec le sourire d'un enfant qui étouffe un oiseau, le vôtre payera pour les deux.

— Merci, mon roi! Je ne doutais pas que plus la jeune fille qui vous a tout sacrifié était déshonorée, plus vous ne fussiez disposé à prendre le parti de son honneur.

— Quelle peine demandez-vous pour le coupable ?

— Ne vous ai-je pas dit que l'injure était mortelle?

— Eh bien?

— Eh bien, à l'injure mortelle, peine de mort!

— Oh! oh! dit le prince, la journée n'est pas à la clémence, et tout le monde veut la mort de quelqu'un, aujourd'hui. Et quelle est la tête que vous me demandez, voyons, ma belle cruelle?

— Je vous l'ai dit, sire, la tête de l'homme qui m'a insultée.

— Encore, pour vous donner la tête de cet homme, dit François II en riant, faut-il que je sache son nom.

— Je croyais que la balance du roi n'avait que deux plateaux : celui de la vie et celui de la mort; celui de l'innocent et celui du coupable.

— Mais encore le coupable est-il plus ou moins lourd, l'innocent plus ou moins léger. Eh bien, voyons, qu'est-ce que le coupable? Est-ce encore un conseiller du parlement comme ce malheureux Dubourg, que l'on brûle demain? En ce cas, cela irait tout seul, ma mère est en haine dans ce moment-ci ; on en brûlerait deux au lieu d'un, et personne ne s'en apercevrait que le second brûlé.

— Non, ce n'est point un homme de robe, sire, c'est un homme d'épée.

— Pourvu qu'il ne tienne ni à MM. de Guise, ni à M. de Montmorency, ni à votre père, nous en viendrons encore à bout.

— Non-seulement il ne tient à aucun des trois, mais encore il est leur ennemi mortel.

— Bon! dit le roi; maintenant tout va dépendre de son rang.

— Son rang?
— Oui.
— Je croyais qu'il n'y avait pas de rangs pour un roi, et que tout ce qui était au-dessous de lui était à lui.

— Oh! ma belle Némésis, comme vous y allez! Croyez-vous, par exemple, que ma mère soit au-dessous de moi?

— Je ne vous parle pas de votre mère.
— Que MM. de Guise soient au-dessous de moi?
— Je ne vous parle pas de MM. de Guise.
— Que M. de Montmorency soit au-dessous de moi?
— Il n'est pas question du connétable.

Une idée traversa comme un éclair l'esprit du roi.
— Ah! dit-il, et un homme, prétendez-vous, vient de vous insulter?

— Je ne prétends pas, je l'affirme.
— Quand cela?
— Tout à l'heure.
— Où cela?
— Chez moi, où il est entré en sortant de chez vous.
— Bon! dit le roi, je comprends. Il est question de mon cousin, M. de Condé.

— Justement, sire.
— Et vous venez me demander la tête de M. de Condé?
— Pourquoi pas?
— Peste! comme vous y allez, ma mie! un prince royal!

— Beau prince !

— Un frère de roi !

— Beau roi !

— Mon cousin !

— Il n'en est que plus coupable ; car, étant des vôtres, sire, il vous devait un plus grand respect.

— Ma mie, ma mie, vous demandez beaucoup, dit le roi.

— Oh ! parce que vous ne savez pas ce qu'il a fait.

— Si, je le sais.

— Vous le savez ?

— Oui.

— Dites, alors.

— Eh bien, il a trouvé par les degrés du Louvre le mouchoir que vous y aviez perdu.

— Après ?

— Dans ce mouchoir était le billet que Lanoue vous avait écrit.

— Après ?

— Ce billet, il l'a remis à madame l'amirale.

— Après ?

— Méchamment ou par mégarde, madame l'amirale l'a laissé tomber au cercle de la reine.

— Après ?

— M. de Joinville l'a trouvé, et, croyant qu'il était question de toute autre que vous, l'a montré à la reine mère.

— Après ?

— De là cette méchante plaisanterie qui a fait que, sous les yeux de votre père et de votre fiancé...

— Après ?

— Comment ! après ?

— Oui.

— N'est-ce pas tout ?

— Où était M. de Condé pendant ce temps ?

— Je ne sais, à son hôtel, ou courant les bonnes fortunes.

— Il n'était pas à son hôtel, il ne courait pas les bonnes fortunes.

— En tout cas, il n'était point parmi ceux qui nous entouraient.

— Non ; mais il était dans la chambre.

— Dans notre chambre ?

— Dans notre chambre.

— Où cela ? Je ne l'ai pas vu.

— Mais il nous a vus, lui ! mais il m'a vue, moi !

— Il vous a dit cela ?

— Et bien d'autres choses encore, comme, par exemple, qu'il était amoureux de moi.

— Qu'il était amoureux de vous ! s'écria le prince rugissant.

— Oh ! quant à cela, je le savais ; car il me l'avait déjà dit ou écrit vingt fois.

François pâlit à faire croire qu'il allait mourir.

— Et depuis six mois, continua mademoiselle de Saint-André, tous les jours, de dix heures à minuit, il se promène sous mes fenêtres.

— Ah ! dit le roi d'une voix sourde et en essuyant la sueur qui perlait sur son front, ceci, c'est autre chose.

— Eh bien, sire, la tête de M. le prince de Condé est-elle devenue plus légère ?

— Si légère que, si je ne me retenais, le feu de ma colère l'emporterait de dessus ses épaules.

— Et pourquoi vous retenez-vous, sire ?

— Charlotte, ceci est une affaire grave, et je ne puis la résoudre seul.

— Oui, il vous faut la permission de votre mère, pauvre enfant en nourrice, pauvre roi au maillot !

François lança un regard menaçant à celle qui venait de lui faire cette double insulte ; mais il rencontra le regard de la jeune fille si menaçant lui-même, qu'il détourna les yeux.

Il arrivait ce qui arrive dans un assaut d'armes : le froissement du fer écartait le fer.

Le plus fort désarmait le plus faible.

Et tout le monde était plus fort que le pauvre François II.

— Eh bien, dit François, s'il me faut cette permission, je la demanderai, voilà tout.

— Et si la reine mère vous la refuse?

— Si elle me la refuse!... dit le jeune prince en regardant sa maîtresse avec une expression de férocité dont on eût cru son œil incapable.

— Oui, si elle vous la refuse?

Il se fit un instant de silence. Puis, après cet instant de silence, on entendit grincer comme un sifflement de vipère.

C'était la réponse de François II.

— Je m'en passerai, dit-il.

— C'est vrai, ce que dit là Votre Majesté?

— Vrai comme il est vrai que je veux mal à mort à M. de Condé.

— Et combien de minutes me demandez-vous pour mettre à exécution ce beau projet de vengeance?

— Ah! de pareils projets ne mûrissent pas en quelques minutes, Charlotte.

— Combien d'heures?

— Les heures passent vite, et l'on ne fait rien de bon en se pressant.

— Combien de jours?

François réfléchit.

— Je demande un mois, dit-il.

— Un mois?

— Oui.

— C'est-à-dire trente jours?

— Trente jours.

— Trente jours et trente nuits, alors?

François II allait répondre, mais la tapisserie se souleva et l'officier de service annonça :

— Sa Majesté la reine mère!

Le roi indiqua à sa maîtresse la petite porte de l'alcôve,

laquelle donnait dans un cabinet qui avait lui-même sa sortie sur le corridor.

La jeune fille, pas plus que son amant, n'était disposée à braver la présence de la reine mère ; elle s'élança dans la direction indiquée ; mais, avant de disparaître, elle eut encore le temps de jeter ces dernières paroles au roi :

— Tenez votre promesse, sire !

La dernière vibration de ces paroles n'était pas éteinte, que la reine mère, pour la seconde fois de la journée, franchissait le seuil de la chambre à coucher de son fils.

* *

Un quart d'heure après l'exécution d'Anne Dubourg, la place de Saint-Jean-en-Grève, sombre et déserte, éclairée seulement par les dernières lueurs du bûcher qui rayonnaient de temps en temps, avait l'aspect d'un immense cimetière, et les étincelles qui voltigeaient aidaient à la ressemblance en figurant ces feux follets qui dansent au-dessus des tombes pendant les longues nuits d'hiver.

Et cette illusion était encore complétée par deux hommes qui traversaient si lentement et si silencieusement la place, qu'ils semblaient deux spectres.

Sans doute avaient-ils attendu, pour commencer leur promenade de nuit, que la foule fût dispersée.

— Eh bien, prince, demanda l'un des deux hommes en s'arrêtant à dix pas du bûcher et en croisant tristement les bras, que dites-vous de ce qui vient de se passer ?

— Je ne sais que vous répondre, mon cousin, répondit l'homme désigné sous le titre de prince ; mais ce que je sais, c'est que j'ai déjà vu mourir bien des créatures humaines ; j'ai assisté à des agonies de toutes sortes, j'ai entendu vingt fois le dernier râle d'un mourant : eh bien, jamais, monsieur l'amiral, ni la mort d'un brave ennemi, ni la mort d'une femme, ni la mort d'un enfant, n'ont produit sur moi une émotion semblable à celle que j'ai ressentie au moment où cette âme a quitté la terre.

— Pour moi, monsieur, dit l'amiral, lequel n'était point suspect quand il parlait de courage, je me suis senti saisi d'une terreur inexplicable ; et j'aurais été à la place du condamné, que mon sang ne se serait pas plus effroyablement figé dans mes veines. En un mot, mon cousin, ajouta l'amiral en tenant le poignet du prince, j'ai eu peur.

— Peur, monsieur l'amiral ! dit le prince regardant Coligny avec étonnement. Avez-vous dit que vous aviez eu peur, ou ai-je mal entendu ?

— J'ai bien dit cela et vous avez bien entendu. Oui, j'ai eu peur ; oui, il m'a passé je ne sais quel frisson de glace dans les veines, quelque sombre pressentiment de ma fin prochaine dans le cœur. Cousin, je suis sûr que, moi aussi, je mourrai de mort violente.

— Alors, donnez-moi la main, monsieur l'amiral, car on m'a prédit, à moi, que je serais assassiné.

Il se fit un moment de silence.

Tous deux se tenaient debout et immobiles, teintés d'une nuance rougeâtre, reflet des dernières flammes du bûcher.

Le prince de Condé semblait plongé dans quelque mélancolique rêverie.

L'amiral de Coligny méditait profondément.

Tout à coup, un homme de haute taille et enveloppé d'un grand manteau surgit devant eux, sans qu'ils eussent même, tant leur préoccupation était grande, entendu le bruit de ses pas.

— Qui va là ? dirent les deux hommes en tressaillant et en portant machinalement la main à leur épée.

— Un homme, répondit le nouveau venu, que vous avez, hier au soir, monsieur l'amiral, honoré de votre conversation, et qui eût été probablement assassiné en sortant de chez vous, s'il n'avait été secouru par monseigneur.

Et, disant cela, après avoir ôté son feutre aux larges bords et avoir salué l'amiral, le nouveau venu s'était tourné vers le prince de Condé et l'avait salué plus profondément encore qu'il n'avait fait de l'amiral.

Le prince et l'amiral le reconnurent.

— Le baron de la Renaudie ! s'écrièrent-ils tous deux à la fois.

La Renaudie dégagea son bras de son manteau et l'étendit vivement vers l'amiral.

Mais, si rapide qu'eût été son mouvement, une troisième main devança la sienne.

C'était celle du prince de Condé.

— Vous vous trompez, mon père, dit-il à l'amiral; nous sommes trois.

— Est-ce bien vrai, mon fils? dit l'amiral avec un cri de joie.

Aux dernières lueurs du bûcher, on aperçut une troupe qui débouchait par le fond de la place.

— Ah! dit l'amiral, voici M. de Mouchy et ses hommes. Retirons-nous, amis, et n'oublions jamais ni ce que nous venons de voir, ni ce que nous venons de jurer.

De même qu'à la lueur des flammes les trois conspirateurs avaient vu M. de Mouchy, M. de Mouchy les avait vus, mais sans les reconnaître, enveloppés qu'ils étaient dans leurs manteaux.

Il donna l'ordre à ses hommes de marcher au groupe suspect.

Mais, comme si elle n'eût attendu que cet ordre pour s'éteindre, la flamme disparut, et la place rentra dans la plus profonde obscurité.

Et dans cette obscurité disparurent les trois chefs futurs de la réforme protestante, qui devaient tomber l'un après l'autre victimes du serment qu'ils venaient de faire.

FIN

TABLE DES MATIÈRES

I. — La foire du Landi....................................	1
II. — Où il est expliqué pourquoi, lorsqu'il pleut le jour de la Saint-Médard, il pleut quarante jours plus tard...................................	10
III. — L'auberge du Cheval rouge.....................	20
IV. — Les voyageurs......................................	29

I. — Marche triomphale du président Minard......	52
II. — La fête du président Minard.....................	58
III. — Le bouquet de la fête du président Minard....	70
IV. — Chez les montagnards écossais.................	82
V. — Au pied de la tour Neuve.........................	92
VI. — La sirène...	115
VII. — La vertu de mademoiselle de Saint-André....	122
VIII. — La salle des Métamorphoses..................	132
IX. — La toilette de Vénus..............................	139
X. — Les deux Écossais...................................	148
XI. — Ce qui peut se passer sous un lit..............	158
XII. — Les poëtes de la reine mère...................	168
XIII. — Mars et Vénus...................................	175
XIV. — Où M. de Joinville est forcé de narrer sa mésaventure...................................	181
XV. — Gorge chaude......................................	192
XVI. — Tire-laine et tire-soie.........................	200
XVII. — Telle mère, tel fils...........................	212
XVIII. — Où M. de Condé prêche la révolte au roi.....	231
XIX. — Où le roi change d'opinion à l'endroit de M. de Condé et du conseiller Anne Dubourg......	242
XX. — Déclaration de guerre............................	249
XXI. — Le fils du condamné.............................	253
XXII. — Hors de page.....................................	263
XXIII. — Ce que pesait la tête du prince de Condé......	273

FIN DE LA TABLE

LAGNY. — Typographie de A. VARIGAULT et Cie.

www.ingramcontent.com/pod-product-compliance
Lightning Source LLC
Chambersburg PA
CBHW050630170426
43200CB00008B/960